サマリー
会社法〈第2版〉

楠元 純一郎〔著〕

Summary in Corporate Law

中央経済社

Summary in Corporate Law
サマリー会社法

第 2 版はしがき

　本書初版を2016年3月に上梓して以来およそ6年が経った。2019（令和元）年に会社法が改正されたのでその改正部分を織り込むべく，ここに第2版を上梓する。

　今回の改正は株主総会と取締役等に関する規律の見直しであり，株主総会に関する規律の見直しは①株主総会資料の電子提供制度の新設，②株主提案にかかる議案数の制限に関するものである。取締役等に関する規律の見直しは，①取締役等の適切なインセンティブ付与を念頭に入れた報酬規制，②会社補償契約に関する規定の新設，③役員等賠償責任保険契約に関する規定の新設，④社外取締役が欠格事由とならない業務執行の明確化および一定の会社における社外取締役の設置強制，⑤社債管理補助者制度の新設，⑥株式交付制度の新設等に関するものである。

　日本国憲法が国家組織の統治機構（ガバナンス）について定めているように，わが国の会社法も会社組織の効率的で適法な運営のあり方を模索しつつ世界経済の変化にも対応すべく改正を繰り返してきている。とりわけアメリカのデラウエア州会社法の動向には目が離せない。会社法は人類の新しい知恵を探究し続ける実験の舞台でもあるため，そこには思考の実践である哲学の視点も極めて重要である。

　本書は大学の講義用テキスト向けに書かれたものであるが，原稿を親交のある哲学者や留学生にも読んでもらうことにより「わかりやすさ」を心がけたつもりである。また会社法の考え方は会社の組織にとどまらずあらゆる組織の運営の参考となると思われるので，学生諸氏のみならず実務家や一般市民の方々にも読んでいただけると幸いである。

　原稿の読み合わせにお付き合いいただいた方々には，ここでお名前を記して謝意を表したい。哲学者・大学外部総合評価者の松尾欣治先生，東洋大学大学院博士後期課程の賈林さん，何激さん，東洋大学大学院博士前期課程の張暁良

さん，劉耀鴻さん，張智航さん，東洋大学法学部の安彧さん，劉凱戈さん。

　本書第 2 版の上梓にあたり，中央経済社の編集長の露本敦様には今回もたいへんお世話になった。ここに厚くお礼申し上げる。

2022（令和 4 ）年 2 月22日

楠元純一郎

目　　次

法令等略称

一般法人	一般社団及び一般財団法人に関する法律
会社	会社法
会社計算	会社計算規則
会社則	会社法施行規則
金商	金融商品取引法
金商令	金融商品取引法施行令
刑	刑法
公認会計士	公認会計士法
財務規	財務諸表等の用語，様式及び作成方法に関する規則
商	商法
商登	商業登記法
手	手形法
独禁	私的独占の禁止及び公正取引の確保に関する法律
担信	担保付社債信託法
破	破産法
不正競争	不正競争防止法
振替	社債，株式等の振替に関する法律
民	民法
民訴	民事訴訟法
民訴費	民事訴訟費用等に関する法律
民保	民事保全法
労働承継	会社分割に伴う労働契約の承継等に関する法律

判例集等略称

下民	下級裁判所民事裁判例集
金判	金融・商事判例
金法	金融法務事情
商事	旬刊商事法務
裁判集民	最高裁判所裁判集民事
資料版商事	資料版商事法務
判時	判例時報
判タ	判例タイムズ
民（刑）集	大審院・最高裁判所民（刑）事判例集

第1章 会社法総論

1 会社の法的性質

　会社の法的性質については「会社は法人とする」（会社3条）とだけ定められているが，それには法人性の他に営利性，社団性，そして商人性もある。よって会社は法的には営利社団法人であり，かつ商人である。

　まず，会社の法人性は会社が出資者である社員（株式会社の場合は株主）とは別個独立の法主体（権利義務の帰属主体）であることを意味する。

　そもそも自然人は「私権の享有は出生に始まる」とする規定（民3条1項）に基づき，法律上権利を有し義務を負うことのできる能力（権利能力）を有しており権利義務の帰属主体である。

　また，自然人と同様に法人にも権利能力があることは「法人は法令の規定に従い，定款その他の基本約款で定められた目的の範囲内において権利を有し義務を負う」とする規定（民34条）から明らかである。

　さらに，「学術，技芸，慈善，祭祀，宗教その他の公益を目的とする法人，営利事業を営むことを目的とする法人その他の法人の設立，組織，運営及び管理についてはこの法律その他の法律の定めるところによる」とする規定（民33条2項）により，民法34条の規定が「営利事業を営むことを目的とする法人」，すなわち会社にも適用されることがわかる。もっとも法人の場合，定款所定の目的によってもその権利能力が一定の制限を受け（民34条），原則として権利能力が制限されない自然人とは異なる。

　しかし，いずれにせよ法人である会社にも権利能力が備わっており，会社は自己の名（商号）において権利を有し義務を負い，社員（株主）の財産とは区別される会社独自の財産（会計）を有し，また会社の名で訴えたり訴えられたりすることができる（民訴28条）。さらに法人には自然人のような自然死がな

く解散しない限り永続性がある。

　次に，会社の営利性とは対外的な取引活動による収益と費用との差である利益の追求と剰余金（利益）および残余財産の出資者への分配を意味しており，これらの二つが営利性の本質である。株式会社の株主には剰余金配当請求権および残余財産分配請求権があり（会社105条1項1号・2号），持分会社の社員には利益配当請求権および残余財産分配手続があるが（会社621条，666条），剰余金（利益）および残余財産の分配請求権は定款の定めをもってしても一部の株主（社員）から奪うことのできない株主（社員）の固有権である（会社105条2項）。

　それに対して，たとえば生命保険業を営む相互会社や大学の生活協同組合等は対内的活動（相互扶助）が前提となっていることから営利性が否定される。さらに一般社団法人は社員に，一般財団法人は寄付者に剰余金または残余財産を分配することが認められていないことからこれらも分配に関する営利性が否定されている（一般法人11条2項，153条3項2号）。

　そして，会社の社団性とは複数人の集合体，つまり出資者である複数の社員から構成される団体を意味するが，しかしそれだけでは構成員（組合員）が契約によって直接結び付いている民法上の組合と区別がつかない。社団には社員総会が存在し，その構成員（社員）は団体を通じて間接的にしか結び付いていない。また民法上の組合には法人格を認める法律がなくその財産は組合員全員に帰属するが（民668条），社団の場合，会社のように法人格が認められれば社団それ自体（法人）に財産が帰属する。

　ただし，社団である会社のうち合資会社以外の株式会社・合名会社・合同会社においては株主または社員が一人しか存在しない一人会社も認められており，これは複数人の集合体であるとされる社団性の定義と一見矛盾する。しかし，一人会社でもその一人の株主または社員がその株式や持分を譲渡しさえすれば新たに株主や社員の数が増えることから潜在的には社団であると説明され，そもそも会社の社団性はそれを論じる実益はないとする意見もあるが，学説には株式会社財団論もあり，会社の団体理論を究明する上で講学上はいまなお意味を失っていない。

　なお，会社の商人性として前述の会社の営利性および法人性と関連して後述のように会社がその事業としてする行為およびその事業のためにする行為は商行為であるとされ（会社5条），商人とは自己の名をもって商行為をすること

を業とする者であることから（商4条1項），会社は商人であるといえる。たとえば携帯電話・インターネット通信事業等は商行為法には商行為として掲げられてはいないがこれらの事業を会社が行えば商行為となり得，今後新しいビジネスモデルが出現しようとも同様である。

2　会社法総則と商法総則関連規定

(1)　会社法総則と商法総則との関係

　商法総則は商人一般の物的施設と人的施設に関する法律（商法典第一編）である。その物的施設に関する制度には商号・商業登記・商業帳簿・名板貸し・営業譲渡などがあり，人的施設に関する制度には商人・商業使用人（支配人・表見支配人・ある種類または特定の事項の委任を受けた使用人・物品の販売等を目的とする店舗の使用人）・代理商がある。会社も商人であることから会社法にも商人一般に関する商法総則と同様の規定がいくつか設けられており，これを会社法総則という。

　もともと会社に関する法規定は2005（平成17）年に会社法として独立単行法化されるまでは商法典の中に存在していたが，会社法制定後も会社の商人性に鑑みて商法総則の規定と同様の規定を会社法にも別途設けたのである。

(2)　商人としての会社

　商人（固有の商人）は自己の名をもって商行為をすることを業とする者である（商4条1項）。自己の名をもってとは自己に法律効果が帰属することを意味し，会社は法人であることから（会3条）権利義務の帰属主体となることができ，商行為を営利の目的で反復継続する会社も商人であるといえる。またたとえ会社がする行為が絶対的商行為（商501条）にも営業的商行為（商502条）にも該当しない場合であっても会社がその事業として，または事業のためにする行為は商行為であるとされるので（会社5条），いずれにしても会社は商人であるといってよい。

　商人の行為はその営業のためにするものと推定され（商503条2項），ここで営業とは会社の事業と同義と解される。そして推定が働く以上はその推定を覆そうとする側に立証責任（反証責任）があるということになる。

4

会社の行為が商行為であるかどうかの主張・立証責任について判例は，会社の行為は商行為と推定され，これを争う者において当該行為が当該会社の事業のためにするものでないこと，すなわち当該会社の事業と無関係であることの立証責任を負うとしている（最判平20・2・22民集62・2・576）。

ところで，会社の行為が商行為なのか民事行為なのかを争う実益は従来，以下の点等にあった。たとえば行為の性質の違いにより，①多数当事者間の債務が連帯債務（商511条1項）か分割債務（民427条）か，②保証債務が連帯保証（商511条2項）か単純保証（民446条）か，③商人の法律上当然の報酬請求権（商512条）か民事行為の無償性（民648条1項，656条，665条，666条，701条，702条）か，④商人間の貸金または立替金の利息請求権（商513条1項・2項）か民事消費貸借の無償性（民587条，589条1項）・民事立替費用（民650条1項，665条，701条，702条）か，⑤流質契約の許容（商515条）かその禁（民349条）か，⑥法定利息年利6％（旧商514条）か年利5％（旧民404条）か，⑦債権の消滅時効が5年（旧商522条）か10年（旧民167条1項）かであった。

しかし，2017（平成29）年民法改正に伴う商法改正により商事法定利率および商事債権消滅時効に関する商法の規定は削除され，民事法定利率が当初年3％で3年ごとに見直す変動制となり（民404条2項・3項），民事債権消滅時効が「債権者が権利を行使することができることを知った時から5年」となったことにより（民166条1項1号），民商法が統一された部分もある。ただ今後もその議論の実益はまったく失われたわけではない。

(3) 会社の商号

商号は商人が自己を表示するための営業上の名称であり，呼称できる文字でなければならない。よって商号は文字の他に図形・模様・記号・立体形状なども使われる商標等とは区別される。商号を登記する場合，日本文字だけでなく法務大臣の指定するローマ字その他の符号も使用することができる（商登則50条1項）。

商人は一つの営業につき一つの商号しか使用することを認められないが（商号単一の原則），個人商人の場合，営業が複数あれば営業ごとに異なる商号を使用することができる。しかし会社の場合，一つの会社に一つの商号しか認められないため会社が複数の事業を営んでいたとしても事業ごとに異なる商号をもてるわけではない。そのため会社の場合，営業に替わり事業という用語が使わ

れている。

　また，商号は自由に選定できるのが原則である（商号選定自由の原則，商11条）。個人商人の場合，個人の自然人としての氏名以外の名称も商号として選定でき，さらにその登記をするかしないかも自由である。しかし会社の場合，その名称を商号とするとされ（商6条1項），そもそも会社設立の際には商号の登記が必要である（会社27条，911条3項2号，912条2号，913条2号，914条2号）。

　会社の商号には当該会社の種類を表示する必要があり（会社6条2項），たとえば株式会社の場合，商号の前後に株式会社の文字を用いなければならない。また会社はその商号中に他の種類の会社であると誤認されるおそれのある文字を用いてはならない（会社6条3項）。また会社でない者はその名称または商号中に会社であると誤認されるおそれのある文字を用いてはならない（会社7条）。

　さらに，商号は長年使用すると社会的信用および財産的価値が高まるため，商号権者保護の要請からも商号選定の自由は一定の制限を受ける。すなわち何人も不正の目的をもって他の会社であると誤認されるおそれのある名称または商号を使用してはならず，それによって営業上の利益を侵害され，または侵害されるおそれがある会社はその営業上の利益を侵害する者または侵害するおそれがある者に対しその侵害の停止または予防を請求することができる（商号使用の差止請求権，会社8条1項・2項）。

　ここで不正の目的は裁判例によれば，他の会社の営業と誤認させる目的，他の会社と不正に競争する目的，他の会社を害する目的など不正な活動を行う積極的な意思を有することを要するとされている（知財高判平19・6・13判時2036・117）。

　判例には，東京瓦斯株式会社が東京都中央区に本店を移転する計画がありそれが広く世間に知られていたにもかかわらず，新光電設株式会社が同区内において商号を「東京瓦斯株式会社」と変更し，かつ目的を「石炭瓦斯の製造販売」と変更する旨の登記をしたところ，新光電設株式会社には石炭瓦斯の製造販売の事業を営むに足る能力も準備もない等の事実があるときは新光電設株式会社は不正の目的で東京瓦斯株式会社の営業と誤認させる商号を使用したものであり，東京瓦斯株式会社はこれにより利益を害されるおそれがあるとして商号使用の差止めを認めたものがある（最判昭36・9・29民集15・8・2256）。

　なお，会社法8条は不正の目的による商号使用の差止めを認めているが，不正競争防止法もまた商号を保護している。不正競争防止法は不正競争目的によ

る侵害行為から，周知性ある，または著名なものに限るとはいえ人の業務にかかる氏名・商号だけでなく商標・標章・商品の容器・包装等（商品等表示）を幅広く保護するものであり，効果として使用の差止請求権（不正競争3条1項）に加え，損害賠償請求権（不正競争4条）や営業上の信用回復措置請求権（不正競争14条）も認めている。

　もちろん，会社法8条に基づき商号使用の差止請求を行う場合でも別途，不法行為（民709条）に基づく損害賠償を請求することも可能であるが，不正競争防止法上の損害賠償請求の場合，不正競争および侵害行為によって得た利益を損害の額と推定する規定がある（不正競争5条2項）。

　このように，不正の目的があれば他の会社の商号を使用することはできないが，ある商号が他の会社で既に使用されているかどうかをあらかじめ確認することは必ずしも容易ではない。同一商号で同一住所の会社は登記ができないが（商登27条），それ以外なら同一商号の登記も可能である。登記がなされていない場合には同一商号の確認は相当困難である。よって他の会社と同一の商号を使用する会社が存在していることは実際にはあり得るし，不正の目的が認定されない限りその使用を差し止められることもない。

(4) 会社の登記

　会社の登記事項は当事者の申請または裁判所書記官の嘱託により，商業登記法の定めに従い商業登記簿にこれを登記する（会社907条）。会社の登記は原則として本店の所在地を管轄する登記所で行う（会社911条1項，912条，913条，914条，915条）。以前は会社に支店があれば支店の所在地でも登記が必要であったが，2019（令和元）年改正会社法で当該規定が削除された（旧会社930条-932条）。

　登記事項に変更が生じ，またはその事項が消滅したときは当事者は遅滞なく変更登記または抹消登記をしなければならない（会社909条）。

　登記事項は登記の後でなければ，これをもって善意の第三者に対抗することはできない（会社908条1項前段）。これを登記の消極的公示力という。たとえば代表取締役が退任したにもかかわらず，会社が退任登記をしていなかった場合，退任の事実を知らなかった取引の相手方に対し会社はその退任の事実を主張することができず，結果として代表取締役が行った無権代理行為につき会社が責任を負うことになる。

　逆にいえば会社は登記さえ済ませてしまえば，たとえ第三者が登記事実を知らなかった場合でもその悪意が擬制され会社は善意の第三者に対しても登記事実を主張することができ，責任を免れることができる。これを登記の積極的公示力という。

　ただし，登記の後であっても第三者が正当な事由によってその登記があることを知らなかったときは会社は善意の第三者に登記事実を主張することができない（会社908条1項後段）。ここで「正当な事由」とは，たとえば交通途絶により登記を知ろうとしても知ることができない客観的な事情があることを意味する。よって病気・海外旅行等，自己都合により登記を知り得なかったような主観的な事情はこれに含まれない。

　この会社法908条1項と民法112条との関係について，民法112条は代理権の消滅は善意・無過失の第三者に対抗することができないとし代理権消滅後の表見代理について規定しているが，判例は代表取締役が退任し退任登記がなされた後でその者が会社の代表者として第三者と取引をした場合において民法112条の適用を排除している（最判昭49・3・2民集28・2・368）。

　ところで，会社登記は当事者の申請によるため登記された事項が必ずしも真実とは限らない。また仮に登記時は登記された事項が真実であったとしても，その後，事実に変更が生じたにもかかわらず変更登記未了の場合には，その登記された事項は不実の状態となっているはずである。この場合，不実登記に公信力が認められるかどうかが問題であり，不実登記は事実を反映していないことからそれが否定されると思われがちである。そもそも公信力とは，権利が存在しているかのような外観があれば，真実の権利が存在していない場合でも，その外観を信頼して取引した者に対して外観どおりの真実の権利が存在しているのと同様の効果を認める効力のことである。

　実際，民法は動産の占有には原則として公信力を認めているが（民192条），不動産登記にはそれを認めていない（民177条参照）。しかしそれでは不実の登記を見て登記事項が真実であると信頼した者が保護されないし，会社登記制度および商業登記制度の存在意義も問われかねない。

　そこで，故意または過失によって不実の事項を登記した者は，その事項が不実であることをもって善意の第三者に対抗することができないとされている（会社908条2項，商9条2項）。その根拠は権利外観法理または禁反言の原則にある。これは会社登記および商業登記に公信力を認めたものとされている。

(5) 名板貸人の責任

　自己の商号を使用して事業または営業を行うことを他人に許諾した会社は，それを許諾した会社が事業を行うものと誤認して当該他人と取引をした者に対し，当該他人と連帯して当該取引によって生じた債務を弁済する責任を負う（会社9条）。これを名板貸人の責任という。

　この責任も権利外観法理または禁反言の原則に依拠し，外観を信頼した第三者を保護するものである。この責任要件は，①名板借人の事業が名板貸人の事業であるかのような外観が存在すること，②名板貸人が名板借人に自己の商号の使用を許諾して外観を作出させた帰責性があること，③そのような外観を名板借人と取引した相手方が善意・無重過失で信頼したことである。

　なお，名板貸人は名板借人の不法行為に基づく損害賠償責任についても連帯責任を負う場合があるが，それは交通事故のような事実的不法行為ではなく詐欺のような取引的不法行為の場合である。

(6) 会社の事業譲渡

　商法総則における商人の営業譲渡（商16条-18条の2）は会社法では事業譲渡（会社21条-24条）という。会社の事業譲渡とは一定の事業目的のために組織化され有機的一体として機能する財産（①物としての動産・不動産，②権利としての物権・債権・有価証券・知的財産権，③財産的価値ある事実関係（暖簾）としての得意先，営業上の秘訣・ノウハウ，創業の年代，社会的信用，立地等）の譲渡，その他，営業上の債務等の譲渡を意味する。

　事業を譲渡した会社（譲渡会社）は，当事者の別段の意思表示がない限り，同一の市町村の区域内およびこれに隣接する市町村の区域内においてはその事業を譲渡した日から20年間は同一の事業を行ってはならず（会社21条1項），また譲渡会社が同一の事業を行わない旨の特約をした場合には，その特約はその事業を譲渡した日から30年の期間内に限りその効力を有する（同条2項）。さらに譲渡会社は不正の競争の目的をもって同一の事業を行ってはならない（同条3項）。これらを事業譲渡会社の競業避止義務という。

　本来，民法の原則からすれば事業を譲り受けた会社（譲受会社）は，債務を引き受けない限り弁済責任を負わされることはないはずであるが，譲受会社が譲渡会社の商号を引き続き使用する場合（商号続用），その譲受会社も譲渡会

社の事業によって生じた債務を弁済する責任を負う（会社22条1項）。

　ただし，その場合でも事業を譲り受けた後，遅滞なく譲受会社がその本店の所在地において譲渡会社の債務を弁済する責任を負わない旨を登記した場合，または事業を譲り受けた後，遅滞なく譲受会社および譲渡会社から第三者に対しその旨の通知をした場合には譲受会社は譲渡会社によって生じた債務を弁済する責任を負わない（会社22条2項）。

　譲受会社が譲渡会社の商号を引き続き使用しない場合であっても，譲渡会社の事業によって生じた債務を引き受ける旨の広告をしたときは，譲渡会社の債権者はその譲受会社に対して弁済の請求をすることができる（会社23条1項）。この場合，その広告により債務引受けの意思表示がなされたことになる。

　事業を譲り受けた会社が譲渡会社の商号を引き続き使用する場合，譲渡会社との事業によって生じた譲渡会社の債権について譲受会社にした弁済は弁済者が善意・無重過失であれば有効である（会社22条4項）。

　この点も本来，民法の原則からすれば債権譲渡がなされない限り債権が譲受会社に移転するわけではないが，譲受会社による商号続用によって譲受会社を債権者であると誤信した譲渡会社の債務者を保護するために善意・無重過失の債務者による弁済の効力を認めているのである。

　なお，2014（平成26）年改正会社法は事業の譲渡会社がその債権者を害することを知って譲受会社に債務を承継させないような，残存債権者を害する事業譲渡を行った場合，残存債権者はその譲受会社に対して承継した財産の価額を限度として当該債務の履行を請求することができる旨の規定を新設した（会社23条の2，24条2項）。

(7)　会社の商業使用人

　特定の商人に従属し，指揮命令に服して当該商人の対外的な営業の履行を補助する者，すなわち原則として雇用契約に基づく使用人（従業員）であり，かつ委任契約に基づき商業代理権（営業または事業上の代理権）を付与されている者を商業使用人といい，会社にも商業使用人が存在する。

　会社は支配人を選任し，その本店または支店においてその事業を行わせることができる（会社10条）。会社の支配人は会社に代わってその事業に関する一切の裁判上または裁判外の行為をする権限を有し（会社11条1項），他の使用人を選任し，または解任することができる（会社11条2項）。支配人のこの包括的

代理権に加えた制限は善意の第三者に対抗することができない（会社11条3項）。

支配人は会社の許可を受けない限り，①自ら営業を行うこと，②自己または第三者のために会社の事業の部類に属する取引を行うこと，③他の会社または商人の使用人となること，④他の会社の取締役，執行役または業務執行社員となることを禁止されている（会社12条1項）。以上の①③④が支配人の営業避止義務であり，②は支配人の競業避止義務である。

支配人が競業避止義務に違反したときは，当該行為によって支配人または第三者が得た利益の額は会社に生じた損害の額と推定される（会社12条2項）。この推定が働くと会社による損害額に関する立証責任が免除され，他方で競業避止義務に違反した支配人が推定された損害額を否定する場合，その立証責任を負うことになる。

ところで，会社の本店または支店の事業の主任者であることを示す名称を付した使用人のことを表見支配人といい，表見支配人は当該本店または支店の事業に関し一切の裁判外の行為をする権限を有するものとみなされる（会社13条本文）。ただし表見支配人制度の趣旨は外観を信頼した者を保護することにあるため，取引の相手方が悪意の場合はその相手方は保護されない（同条但書）。

商業使用人に包括的な商業代理権が付与されていなくてもたとえば店長・支店長等，営業の主任者であるかのような肩書があれば表見支配人となり得る。支店次長や支店長代理は他に上席者のいることを連想させるため営業の主任者ではない。支店庶務係長も同様である（最判昭30・7・15民集9・9・1069）。

判例には，支店管下の一出張所について相場の著しい変動のあるもの以外は支店の許可を要せずに仕入行為をし肥料を県下に販売しその代金の回収と右販売に伴う運送等を行いその日常経費はその取立金で賄う等，本店から離れて独自の営業活動を決定し対外的にも取引し得る地位にあったと認められるときはそれは支店と解してよいとし，同出張所長は表見支配人に該当するとしたものがある（最判昭39・3・10民集18・3・458）。

他方，会社法上の会社ではない生命保険相互会社の支社長について判例は，会社法13条（旧商42条）にいう「本店又は支店」とは商法上の営業所としての実質を備えているもののみを指称し，生命保険相互会社支社は新規契約の募集と第一回保険料徴収の取次ぎがその業務のすべてであって一定の範囲で対外的に独自の事業活動をなすべき従たる事務所としての実質を備えていないから支店の営業の主任者に準ずるものとはいえないとしている（最判昭37・5・1民

集16・5 ・1031）。

　また，会社法13条但書（旧商42条2項）にいう相手方とは当該取引の直接の相手方に限られ，手形行為の場合にはこの直接の相手方は手形上の記載によって形式的に判断されるべきものではなく実質的な取引の相手方をいうとされている（最判昭59・3 ・29判時1135・125）。

　実際には支配人が選任されることはほとんどないと思われ，取引の安全は表見支配人制度によって確保されている。民法にも①代理権授与表示による表見代理（民109条），②権限外の行為の表見代理（民110条），③代理権消滅後の表見代理（民112条）といった表見代理制度があるが，民法の場合，代理権が存在するものと信頼した相手方は無過失（無軽過失および無重過失）の場合または代理権があることを信ずべき正当な理由がある場合にのみ保護されるが，商法および会社法上の表見支配人制度においては相手方は軽過失があっても善意であれば保護されることから不法行為のように過失相殺を受けることもない（民722条1項）。ただしこの場合でも重過失は悪意相当と解される。

　支配人以外の商業使用人としては，ある種類または特定の事項の委任を受けた使用人と物品販売等店舗の使用人が規定されている。支配人が営業に関する包括的代理権が付与されているのに対し，これらの者は営業に関する一部の代理権が付与されているにすぎない。

　事業に関するある種類または特定の事項について委任を受けた使用人は当該事項に関する一切の裁判外の行為をする権限を有し，使用人の代理権に加えた制限は善意の第三者に対抗することができない（会社14条）。

　判例には，支店長在職中に貸し付けた金員の回収に当たっていた銀行の本店審査部付調査役は，右債権の回収事務に関してのみ旧商法43条（会社14条）の委任を受けた使用人に当たるにすぎず，不動産によって担保される銀行の債権の回収が不可能になるような債務免除の代理権までも与えられていたものではないとしたものがある（最判昭51・6 ・30判時836・105）。

　物品の販売等（販売・賃貸・その他これらに類する行為）を目的とする店舗の使用人はその店舗にある物品の販売等をする権限を有するものとみなされる（会社15条本文）。この趣旨は店舗の使用人には通常，販売等の代理権があるものと信頼している相手方を保護し取引の安全に配慮することにある。そのため保護される取引は店舗内でなされたものに限られ，また相手方が悪意の場合は保護されない（会社15条但書）。

(8) 会社の代理商（締約代理商・媒介代理商）

会社のためにその平常の事業の部類に属する取引の代理または媒介をする者でその会社の使用人でない者を，会社の代理商という（会社16条括弧書）。

代理商は特定の商人のための履行補助者である点では商業使用人と共通しているが，商業使用人が商業代理権を有する使用人であるのに対し代理商は独立の商人であり，かつ代理権を有しない場合がある点で異なっている（商4条1項，502条11号・12号）。

代理商には取引の代理をする締約代理商と取引の媒介をする媒介代理商がある。会社の代理商が取引の代理または媒介をしたときは，遅滞なく会社に対してその旨の通知を発しなければならない（代理商の通知義務，会社16条）。

会社の代理商は会社の許可を受けなければ，①自己または第三者のために会社の事業の部類に属する取引をしてはならず（競業避止義務），また②会社の事業と同種の事業を行う他の会社の取締役・執行役・業務を執行する社員となることができない（会社17条1項）。これに違反したときは当該行為によって会社の代理商または第三者が得た利益の額は会社に生じた損害の額と推定される（会社17条2項）。

物品の販売またはその媒介の委託を受けた会社の代理商は，売買の目的物が種類，品質または数量に関して契約の内容に適合しないことを発見した場合の通知（商526条2項），およびその他の売買に関する通知を受ける権限を有している（代理商の通知を受ける権限，会社18条）。

会社の代理商は，取引の代理または媒介をしたことによって生じた債権の弁済期が到来しているときは，当事者が別段の意思表示をしない限り，その弁済を受けるまでは会社のために当該代理商が占有する物または有価証券を留置することができる（代理商の留置権，会社20条）。

なお，会社および代理商は契約の期間を定めなかったときは2ケ月前までに予告しその契約を解除することができるが，「やむを得ない事由」があるときはいつでもその契約を解除できる（会社19条1項・2項）。

3　会社法の全体構造

狭義の会社法（「会社法」という法律）は，第1編「総則」，第2編「株式会

社」，第3編「持分会社」，第4編「社債」，第5編「組織変更，合併，会社分割，株式交換，株式移転・株式交付」，第6編「外国会社」，第7編「雑則」，第8編「罰則」で編纂され，およそ千の条文で成り立っている。

　広義の会社法には，会社法の施行に伴う関連法律の整備等に関する法律，会社法施行規則，会社計算規則，電子公告規則，特例有限会社に関する整備法，商業登記法，「社債，株式等の振替に関する法律」，担保付社債信託法，企業担保法，会社更生法等がある。なお法令ではないが，商慣習（法）や会社の自治規範としての定款も重要である。

　また，他にも会社法と関連する法律に商法・民法・金融商品取引法・独占禁止法・不正競争防止法・労働法・租税法・民事訴訟法・民事保全法・非訟事件手続法・破産法・民事再生法等がある。

4　会社法の目的

　持分会社の出資者である社員は業務執行権限を有し，株式会社の出資者である株主は株主総会を通じて取締役を選任し取締役らに経営を任せ，いわば契約の束である法人を使って事業活動をし（使用），またそれによって得た利益や残余財産の分配を受け（収益），持分や株式を譲渡することによって投下資本の回収をすることもできることから（処分），社員および株主は会社の所有者であるといえる。彼らは会社の所有者であるがゆえに会社の経営いかんによっては投資に成功することもあれば失敗することもある。

　他方，もっぱら会社債権者とは会社と何らかの取引をして債権者となった者であるが，一般に債権者はまず契約段階において相手方の信用調査等によりある程度自己を保護することができる。しかし会社債権者は会社の経営いかんによっては弁済を受けられなくなるリスクを負っている。

　会社法上，株主は，株主権を通じて会社の基本的な意思決定をし経営者を選任し経営の監視監督をしながら会社の経営にも間接的に参画し得，剰余金の配当を受けることができ，他方，会社債権者にはそのような権限がない代わりに社員（株主）の残余財産分配請求権に対して優先弁済権が付与されており，また合同会社や株式会社のように有限責任社員（株主）だけで構成されている会社においては資本を充実・維持させる制度があるなど社員（株主）と会社債権者とでバランスが図られている（会社502条，664条）。

　会社法の目的は，ひとことでいえば出資者である社員（株主）および会社債権者の保護にある。しかし社員（株主）と会社債権者の利害は会社の利益を増進させる点では一致するが，それを分配するとなると利害が衝突するため調整が必要となる。また利害対立は①社員（株主）対会社債権者だけでなく，②多数派社員（大株主）対少数派社員（株主），③経営者対社員（株主），④会社対会社債権者，⑤会社債権者対会社債権者の関係においても存在する。

　会社法の中でも株式会社に関する法は，対内的には株主共同の利益を増進させ，株主平等の原則・資本多数決の原則・株主有限責任の原則の下，定款自治を認めつつ，多数派株主（大株主）の権利の濫用および経営者（取締役・執行役）の権限の濫用からとりわけ少数派株主を保護すべく株主間の利益を調整し，対外的には資本制度に関する原則の下，会社債権者の利益にも配慮している。

　会社経営には公正性と効率性，つまり適法性と妥当性が問われ，そのためコーポレート・ガバナンス（企業統治）の議論がたえずなされてきている。それは具体的には，機関の分化および機関権限の適切な分配と権限の濫用および職務上の過失に対する効率的かつ実効的な監督是正のあり方を模索する議論であり，究極的には「会社は誰のものか」という哲学的な問いでもある。出資者である株主こそが株式会社の所有者であることからまず株主の利益の最大化を図るべきというのが会社法の伝統的な考え方であろうが，会社は法人であるため一義的には「会社は会社のものである」ということもできる。

　会社法上の事前事後の救済制度としては，公示（商業登記），開示（ディスクロージャー），コーポレート・ガバナンスに基づく経営の監視監督，役員の選解任，役員等の会社に対する責任と株主代表訴訟，役員等の第三者に対する責任，会社行為の差止め・取消し・無効，会社債権者保護手続，刑事罰や行政罰による制裁，非訟事件手続制度等がある。

　コーポレート・ガバナンス規整に関して会社法は会社の規模・株主の数に応じて公正かつ効率的と思われる機関設計の一定の型を強制し，その枠の中で定款自治によってその一定の機関設計を会社制度の利用者に自由に選択させている。結果として2005（平成17）年制定会社法は多くの機関設計を提示したのであるが，選択肢の数の割には実際に利用されている型はそれほど多くないと思われる。

　ところで，会社の利害関係者（ステークホルダー）は株主・役員・従業員・取引先・顧客・地域社会・国家等様々である。会社法もこれらの様々な利害関

係者の利害に配慮すべきであるとの見地から会社の社会的責任 (CSR=Corporate Social Responsibility) をめぐる議論もあり，会社が社会的責任を負う旨の明文の規定を会社法に定めるべきとの意見もある。その議論は会社の社会に与える影響力の大きさ，そもそも株主に会社を十分にコントロールできるのかという疑念に基づいている。ステークホルダーとの適切な協働については，金融庁と東京証券取引所が公表しているコーポレートガバナンス・コードでも企業の持続的な成長と中長期的な企業価値の創出の目的を達成する手段として重要視されている。

　もっとも，この「社会的」という言葉が抽象的かつ曖昧であり，かえって取締役等の経営者の責任の所在を不明確にしかねない。伝統的な会社法は株主以外の利害関係者を会社債権者に限っている。会社債権者といえば会社の取引先（仕入先・顧客・取引銀行）がまず想起されるが，役員は報酬債権者，従業員は賃金債権者，会社からの公害で被害を受けた地域住民は不法行為債権者，国家は租税債権者として彼らも会社債権者に位置づけることができる。会社債権者は本来，契約法および不法行為法で保護されるし，また会社債権者にいかに配慮するかは最終的には株主の多様な価値観を多数決で織り込む株主総会の判断によるべきものであろう。

　最近では会社に「モノ言う」アクティビストといわれる比較的短期的利益を目論む機関投資家や ESG（Environment, Social, Governance）をテーマに企業社会の持続可能性に配慮する投資家グループも現れ，株主も多様化してきている。なお機関投資家の行動規範として金融庁が日本版スチュワードシップ・コードを作成しており，そこでは企業価値向上や持続的成長促進のための投資先企業との対話や議決権行使の結果公表等が求められる。しかしこれには法的拘束力はなく，これを受け入れる場合でも遵守しない場合は説明すればよい。

5　会社の種類

　会社法上の会社には株式会社・合名会社・合資会社・合同会社がある（会社2条1号）。それらのうち合名会社・合資会社・合同会社を総称して持分会社という（会社575条1項）。持分会社は株式会社に比べ小規模で社員の個性・閉鎖性がより強い会社である。しかし実際には株式会社も一部の上場会社等を除きそのほとんどは小規模閉鎖会社である。

　会社法は株式会社と持分会社を別々に規定し，持分会社については合名会社・合資会社・合同会社に共通の規定を定め，さらに合同会社については合同会社の計算等に関する特則（会社625条-636条）を，また合資会社についても一部特則（会社639条）を定めている。

　2005（平成17）年制定会社法において有限会社が株式会社に統合されたことにより有限会社制度は廃止されたが，特例として当該改正前から存在していた有限会社に限り有限会社の名称使用にかかる既得権保護のため現在でも「有限会社」と名乗ることのできる株式会社として存続している。すなわち既存の有限会社は「会社法の施行に伴う関係法律の整備等に関する法律」に基づき株式会社か特例有限会社を選択でき，また特例有限会社は引き続き「有限会社」の商号を使うことができ，さらに決算の公告が不要とされる等，従来の有限会社法と同様の規律に服している。

(1)　持分会社に共通する特徴

　持分会社に共通する特徴は，以下のとおりである。

(イ)　均一で細分化された株式とは異なり，単一で必ずしも均一でない持分が発行される。

(ロ)　出資者である各社員は定款に別段の定めがある場合を除き会社の業務を執行することができる（会社590条1項）。

(ハ)　社員が2人以上いる場合，日常業務（常務）以外の業務については定款に別段の定めがある場合を除き社員の過半数で決定することができる（会社590条2項）。

(ニ)　会社の常務については他の社員が異議を述べない限り各社員が単独で決定することができる（会社590条3項）。

(ホ)　業務執行社員を定款で定めた場合で業務執行社員が2人以上いるときは，支配人の選任および解任以外の業務については定款に別段の定めがある場合を除き，業務執行社員の過半数で決定することができる（会社591条1項・2項）。

(ヘ)　業務を執行する社員を定款で定めた場合には，各社員は業務を執行する権限を有しないときであっても，その業務および財産の状況を調査できる（会社592条）。

(ト)　業務執行社員は他に代表社員を定めていない限り各業務執行社員が会社を

代表することができ，定款または社員の互選で代表社員を定めることもできる（会社599条）。

㈗　社員の加入（①既存の社員から持分の譲渡を受ける場合，②既存の社員から持分の譲渡を受けることなく新たに会社に出資をして社員となる場合，③既存の社員の死亡による相続または合併による場合）の効力発生には定款の変更が必要であり，さらに合同会社の場合で新たに出資をして加入する場合には出資の全部履行（全額払込み・全部給付）も必要である（会社604条）。

㈙　会社以外の者に対する持分の譲渡によらない退社の制度（会社の存立中に社員が任意に，または法定事由によりその持分を絶対的に喪失すること）が認められている（会社606条，607条）。

㈚　法定退社事由には，定款で定めた事由・総社員の同意・死亡・合併・破産手続開始の決定・解散・後見開始の審判を受けたこと・除名がある（会社607条）。

㈛　退社した社員は会社から持分の払戻しを受けることができる（会社611条）。

㈜　社員は退社をしなくても出資の払戻しが認められる（会社624条）。

㈝　持分の全部または一部の譲渡には原則として他の社員全員の承諾が必要とされるが（会社585条1項），業務を執行しない有限責任社員が持分を譲渡する場合は業務執行社員全員の承諾でよい（会社585条2項）。

㈞　定款変更には総社員の同意が必要である（会社637条）。

㈟　株式会社と同様にそれに準じた計算書類の作成・保存義務はあるものの（会社617条），決算公告までは必要ない（会社440条参照）。

　以上のように持分会社は所有と経営が一致しており，社員の個性または社員相互間の信頼関係がより重視され，定款自治もより幅広く認められ閉鎖性が強い会社であるといえる。

(2)　株式会社

　株式会社は均一に細分化された株式が発行される会社であり，出資者が出資額を限度として会社に対し間接的に責任を負うだけでよい間接有限責任社員（株式会社の場合，出資者である社員のことを株主ともいう）だけで構成される会社である。株式会社制度は株主が株式の引受価額を限度としてのみ責任を負うとする株主有限責任の原則により（会社104条），株式会社が多くの投資家から遊休資金を幅広く集めることを可能とした。

　株主は株主総会を通じて会社の基本的事項の決定は行うが，株主であるからといって業務決定権・業務執行権・代表権などの経営権が当然にあるわけではなく経営はその専門家である取締役・執行役に委ねられている。そのため株式会社は原則として所有と経営が分離している。もちろん株式会社であっても個人企業に限りなく近い会社，すなわち株主が同時に取締役でもある一人会社等，実質的に所有と経営が一致している小規模閉鎖的な株式会社も少なくない。

　また，株式会社においては株式譲渡自由の原則（会社127条）ゆえに株主が頻繁に交替することも想定されており，株主の個性・株主間の信頼関係はあまり重視されていない。

　さらに，株主有限責任の原則ゆえに会社財産だけが会社債権者にとって唯一の担保的引当てであることから出資の目的は金銭等（金銭または現物）に限られ，また出資の履行にも全額払込み・全部給付主義がとられ（会社34条1項，63条1項），出資の払戻しも原則として禁止され，剰余金の配当等についても財源規制がある（会社461条）。

　なお，株式会社は計算書類（貸借対照表・損益計算書・株主資本等変動計算書・個別注記表）および事業報告，附属明細書を作成し（会社435条2項，会社計算59条1項），貸借対照表（場合によってはその要旨，大会社では貸借対照表および損益計算書）を公告しなければならない（会社440条1項）。

　ところで，株式会社は縦軸と横軸で大きく四つに区分され，そして株式の公開性によって公開会社か公開会社でない会社（以下，「非公開会社」という），会社の規模によって大会社か非大会社（中小会社）に分かれる。つまり株式会社は，①非公開非大会社（中小規模閉鎖会社），②公開非大会社（中小規模公開会社），③非公開大会社（大規模閉鎖会社），④公開大会社（大規模公開会社）に分けることができる。

　公開会社とは，全部または一部の株式に譲渡制限の定め，すなわち株式会社の承認を要する旨の定款の定めを設けていない株式会社である（会社2条5号）。逆にすべての株式に譲渡制限の定め（全部株式譲渡制限）があれば非公開会社となる。ここで会社法上の公開会社は必ずしも証券取引所に株式が上場されている上場会社を意味するものではない。

　なお，大会社は最終事業年度の貸借対照表上の資本金の額が5億円以上または負債の合計額が200億円以上の株式会社である（会社2条6号）。

⑶　合名会社

　合名会社は会社債権者に対して直接無限に連帯して人的責任を負う無限責任社員（会社580条1項）だけで構成される会社であり，出資者（社員）になろうとする者が定款を作成し（会社575条），設立登記をすれば成立する（会社579条，912条）。社員一人でもその設立ができる。

　社員の直接無限連帯責任とは，たとえば会社が会社債権者に会社の資産で債務の弁済をすることができなくなった場合，各社員が連帯して直接，会社債権者に対し社員の個人資産で弁済をしなければならないという意味である。

　この社員による出資は金銭等（金銭または現物）だけでなく労務・信用も認められ（会社576条1項6号），また出資の履行時期については定めがないため未履行でもかまわない。

　合名会社は社員間の信頼関係が濃密で同族的な会社に適しているといわれ閉鎖性の極めて強い会社である。会社債権者にとっては，会社の財産はもとより社員の個人的な信用がより重要である。

⑷　合資会社

　合資会社は会社が債務を弁済できない場合に，会社債権者に対して直接無限に連帯して人的責任を負う無限責任社員と出資の価額を限度として会社債権者に弁済するだけでよく，さらに出資が未履行の場合，会社債権者から直接，弁済請求を受ける有限責任社員（会社576条3項，580条2項）とで構成される会社である。無限責任社員の出資には合名会社の場合と同様に労務または信用も認められるが，有限責任社員の出資は金銭等に限られる（会社576条1項6号括弧書）。合資会社にも出資の履行時期に関する定めがないため，有限責任社員でも出資は未履行でもかまわない。なおこの有限責任社員が配当日の利益額を超える配当を受けていた場合には，それに相当する金銭を会社に対して連帯して支払わなければならない（会社623条1項）。

　有限責任社員も社員であることに変わりはないため原則として業務執行権限を有し，業務決定については社員の過半数で行い（会社590条），業務執行社員を定款で定めた場合は業務執行社員の過半数で業務決定を行う（会社591条）。

　業務を執行する社員を定款で定めた場合には，各社員は業務を執行する権限を有しないときであってもその業務および財産の状況を調査することができる

ことから（会社592条），有限責任社員にも業務財産状況調査権がある。

　持分会社の場合，持分の全部または一部の譲渡には原則として他の社員全員の承諾が必要であるが（会社585条1項），業務を執行しない有限責任社員が持分を譲渡する場合，社員全員ではなく業務執行社員の全員の承諾でよい（会社585条2項）。

　合資会社は最低でも二種類の社員が必要なので社員が一人でも欠けたら解散するか（会社641条4号），合名会社または合同会社への組織変更が必要となる（会社638条2項）。

　合資会社における無限責任社員と有限責任社員との関係は匿名組合における営業者と出資者である匿名組合員との関係に類似しており，実質的な違いは法人格の有無にあるといえる。

(5)　合同会社

　合同会社はベンチャー企業に適した会社を想定し，アメリカのLLC（Limited Liability Company）を参考にして平成17年改正で会社法上の会社に追加された。合同会社は会社が会社債権者に対して弁済できない場合に，出資額を限度とする間接有限責任社員だけで構成される会社であり（会社576条4項），持分会社に属するものの会社債権者にとって会社財産だけが弁済のための担保となっていることから，その保護のため株式会社に準じて合同会社の計算等に関する特則が置かれている（会社625条-636条）。

　また，合同会社は持分会社であるがゆえに退社の制度が認められており（会社606条），その退社に伴う持分の払戻し（会社611条1項）または出資の払戻し（会社624条）を受けることはできるが，退社に伴う持分払戻額が払戻日における剰余金額を超える場合には債権者異議手続が必要となる（会社635条）。すなわち公告または知れている債権者に催告した後に債権者から異議があれば会社は債権者に①弁済をするか，②相当の担保を提供するか，③相当の財産を信託会社等に信託しなければならない。また出資の払戻しまたは持分の払戻しの場合，合同会社は資本金を減少させることができる（会社626条）。

　なお，合同会社の出資者（社員）になろうとする者は，すべての社員の責任が有限責任であることから，出資に際して設立登記までに出資の履行（金銭の全額の払込み，または金銭以外の財産の全部の給付）をしなければならない（全額払込み・全部給付主義，会社578条）。

　合同会社の特徴として，①株式会社と同様に出資者は有限責任の特権を享受できること，②原則として各社員に業務執行権限があること，③設立時に公証人の定款認証が不要であること，④登録免許税も株式会社より少なくて済むこと，⑤定款自治がより柔軟であること，⑥社員の権利（利益分配の割合等）も出資割合によらず属人的に（社員ごとに異なる取扱いをすること）定款で自由に定めることが可能であること，⑦役員の任期の定めがなく役員改選にかかる変更登記が不要であること，⑧大会社の場合であっても会計監査人を設置する義務がないこと，⑨現物出資における検査役の調査等も決算の公告も不要であること等が挙げられる。

　なお，日本版LLCである合同会社では法人課税がなされるが，法人格のない有限責任事業組合（日本版LLP=Limited Liability Partnership）にはパス・スルー課税がなされ，これは分配の際に出資者である社員にのみ所得税が課せられる構成員課税である。

6　会社の権利能力

　権利能力とは権利を有し義務を負う地位・資格のことである。民法によれば私権の享有は出生に始まるとされ（民3条1項），自然人には権利能力が備わっている。

　また，会社も会社法によって法人とされており（会社3条），会社のような営利事業法人（民33条2項）にも権利能力がある旨定めた民法34条が適用され得るため結局，会社にも権利能力が備わっているといえる。

　よって，会社の機関による意思決定（会社の基本的事項の決定・業務決定）および意思表示（業務執行）の法律効果である権利義務は会社に帰属することになる。ただし会社は自然人ではないことからその権利能力には以下のような一定の制限がある。

(1)　性質による制限

　会社は，自然人のように生命・身体・親族関係を前提とする権利義務の帰属主体となる地位・資格をもたず，たとえば親権・扶養請求権はない。しかし自然人と同様に名誉権のような人格権は認められている。

⑵ 法令による制限

　会社が解散・破産した場合は，会社は清算・破産の目的の範囲内でのみ権利を有し義務を負う（会社476条，645条，破4条）。

　また，外国の法令に準拠して設立された法人その他の外国の団体であって会社と同種のものまたは会社に類似するものである外国会社（会社2条2号）も，法律または条約の規定により認許されれば（民35条1項），日本において成立する同種の法人と同一の私権を有するものの外国人が享有することのできない権利および法律または条約中に特別の規定がある権利についてはこの限りでないとされ（民35条2項），外国会社の権利能力も法律または条約によって制限される。

　2005（平成17）年の会社法制定前商法は，会社は他の会社の無限責任社員にはなれないとしており（旧商55条），それがこの法令による制限の典型であったが，会社法ではその規制が撤廃されている。よって現在では，その株主（社員）が有限責任の特権を有している株式会社・合同会社ですら他の会社の無限責任社員となることは可能である。

⑶ 定款所定の目的による制限

　民法上，法人は定款で定められた目的の範囲内において権利を有し義務を負うことから（民34条），その権利能力は定款所定の目的によって制限され目的外の行為は無効となる。現在ではこの規定が営利事業法人である会社にも適用されることに疑いはないが（民33条2項参照），現行民法34条の旧規定（2006（平成18）年改正前民法43条）が公益法人の定款に関するものであったためこれが会社の定款にも適用されるかどうか争いがあった。つまり会社経営者が定款所定の目的外の行為をした場合の効力が問題となっていたのである。

　もし定款所定の目的外の行為が相手方の善意・悪意を問わず無効であり会社にその効力が及ばないと解すれば（制限肯定説），定款所定の目的を信頼しそれに期待して出資をした株主の利益は保護される。他方，その効力が会社に及ぶと解すれば（制限否定説），会社と取引をした会社債権者の利益が保護され取引の安全が確保される。

　判例は制限肯定説に立ちつつも，実際には目的の範囲に目的それ自体の行為だけでなく目的を達成するのに必要な行為をも含め，また目的に必要かどうか

は現実に必要かどうかではなく定款の記載自体から観察して客観的，抽象的に必要となり得るかどうかの基準に従って決すべきものであるとし（最判昭27・2・15民集6・2・77），定款所定の目的を弾力的に幅広く解釈することによって制限否定説と同様の結論を導いている。

　さらにそもそも会社の場合，定款所定の目的が個別具体的な事業目的に限定されず，営利目的それ自体が定款所定の目的の範囲内であるとの考え方も成り立ち得る。

　なお，八幡製鉄政治献金事件においても判例は会社による政治資金の寄附について，目的の範囲内の行為は定款に明示された目的自体に限局されるのではなくその目的を遂行する上で直接または間接に必要な行為も包含されるとし，また目的遂行上現実に必要であったかどうかではなく客観的，抽象的に観察して会社の社会的役割を果たすためになされたものと認められる限りにおいて会社の定款所定の目的の範囲内の行為であるとしている（最大判昭45・6・24民集24・6・625）。

　ところで，法人の権利能力を定款所定の目的の範囲内に限定する考え方は伝統的に能力外（ウルトラ・ヴァイレス）の理論といわれる。定款所定の目的外の行為はその効力の問題だけでなく取締役・執行役の行為の差止め（会社360条1項，385条1項，407条1項，422条1項），取締役・執行役の解任（会社854条1項，403条1項）または損害賠償責任（会社423条1項），監査役等の取締役等への報告義務（会社382条，394条の4，406条），会社の解散命令（会社824条1項3号）等の問題も惹起する。

　しかし判例も示唆しているとおり，定款所定の目的外の行為であっても取引の安全のほうがより重視され実際に取引が無効とされることはほとんどないと思われる。

　実務上，会社設立時の定款には実際に行う事業目的に加え，当面は行わなくても将来行う可能性のある各種の潜在的な事業目的を網羅的に定め，さらに「前各号に付帯関連する一切の事業」という文言を添えておくことが一般的である。

7　会社の行為能力・不法行為能力

　会社（法人）の行為には，意思決定としての株主総会決議，取締役（会）決

議，監査役・会計監査人による監査，意思表示としての代表取締役・執行役等による業務執行等がある。それらの行為はこれら法人の機関を通じて行われ，各機関にはその行為を会社の行為とする権限があり，これを会社の行為能力という。

株式会社は代表取締役その他の代表者がその職務を行うについて第三者に加えた損害を賠償する責任を負う（会社350条）。これを会社の不法行為能力という。この場合，代表取締役も不法行為責任を負い（最判昭49・2・28判時735・97），会社とこの代表者は連帯債務の関係にあるが，会社は代表者に対して求償することができる。

なお，会社の行為能力および不法行為能力は，法人の代表者の行為を法人の自己の行為であるととらえる法人実在説に基づいている。

8　法人格否認の法理

会社とその出資者である社員（株主）とは別人格であるが，その形式的独立性を貫けば第三者との関係において正義・衡平に反する場合があるため特定の事案に限って会社の法人格を否認し，会社（法人）とその背後にいる出資者（社員・株主）とを同一視することによって関係者の利害を調整しようとするのが法人格否認の法理である。法人格否認の法理は法人格を全面的に否定する解散とは異なる。この法理は学説判例によって生成・発展してきたものである。

わが国におけるその実定法上の根拠は権利濫用（民1条3項）にあるとされ，それ以外にはとくに明文の規定があるわけではない。しかし立法政策によって法人格が付与される以上，会社が法人であることを定めた会社法3条にこそ実定法上の根拠があるとする説もある。

法人格否認の法理を最高裁として初めて認めた判例によればその要件には，①会社の法人格がまったくの形骸にすぎない場合（形骸事例），または②会社の法人格が法律の適用を回避するために濫用される場合（濫用事例）があるとされている（最判昭44・2・27民集23・2・511）。

この判例で裁判所は，株式会社形態がいわば「わら人形」にすぎずその実質がまったく個人企業と認められるような場合には，これと取引する相手方は会社名義でなされた取引であっても会社という法人格を否認してその取引を会社の背後者である個人の行為と認めてその責任を追及することができ，また個人

名義でなされた行為であっても商法504条（顕名がなくても本人に商行為の代理の効果を帰属させる規定）を待つまでもなくその行為を会社の行為と認め得るとしている。

　法人格の形骸事例とは，たとえば株主総会や取締役会の不開催，会社と株主の業務または財産の混同等，法人とは名ばかりで実質的に株主の個人企業と認められるような場合をいい，ただ単に株主が会社を親会社が子会社を完全に支配しているというだけでは形骸要件が満たされるわけではないとされている。

　法人格の濫用事例の要件には，①会社の背後の支配者が会社を意のままに支配している場合（支配要件）と②その支配者が違法・不当な目的で法人格を利用している場合（目的要件）がある。濫用事例にはたとえば，①競業避止義務等の不作為義務の潜脱，②債務免脱および強制執行免脱，③不当労働行為目的での子会社解散等がある。しかしいずれにしても法人格否認の法理はその要件が不明確であるという欠点は否めない。

　法人格否認の法理が適用されると効果としては，たとえば会社の債務を株主が負担することになったり逆に株主の債務を会社が負担することになったりして会社の行為と株主の行為とを同一視したり社員（株主）の有限責任を否定したりすることになるのである。

　手続法上の効果として，会社の債務を免脱するために別会社を設立したような場合，法的安定性・明確性確保の要請から既判力・執行力を一方の会社から別会社へ拡張することはできないと解されてきた（最判昭53・9・14判時906・88）。しかし第三者異議の訴えについて判例は，債務名義の執行力が原告に及ばないことを異議事由としてそれが強制執行の排除を求めるものではなく，執行債務者に対して適法に開始された強制執行の目的物について原告が所有権その他目的物の譲渡・引渡しを妨げる権利を有するなど強制執行による侵害を受忍すべき地位にないことを異議事由として強制執行の排除を求めるものであるとすると法人格否認の法理の適用を排除すべき理由はなく，原告の法人格が執行債務者に対する強制執行を回避するために濫用されている場合には強制執行の不許を求めることは許されないとしている（最判平17・7・15民集59・6・1742）。法人格否認の法理が適用された事例は，実際にはこの法理をあえて適用しなくても個別的規範の合理的解釈で解決する場合が多く，またそれが一般条項的で要件が不明瞭であることから問題があるとされているが，法の隙間を埋め立法を促す契機にはなるかと思われる。

第2章 株式会社の設立

1 株式会社の設立の概要

(1) 株式会社の設立

　会社の設立とは団体の実体を形成し最終的に設立登記（会社49条，911条等）をして法人格を取得することである（設立登記の申請に必要な書類は商登47条を参照）。株式会社の場合，発起人が会社設立の企画・実行を請け負うが，持分会社の場合には発起人制度がない。会社が成立すると発起人はそのまま株主となる。

　株式会社の設立過程には実体形成として，①会社の根本規則である定款の作成および公証人による認証（定款認証），②株式発行事項の決定，③株式の引受け，④株式引受人による出資の履行（株主の確定）と会社財産の形成，⑤設立時取締役等の選任など機関の具備がある。このように法律の定める実体を形成し設立登記の申請をすると，特別の法の制定による「特許」，国家の自由裁量による「許可」，主務官庁による「認可」，許可と認可の中間で認可に近い「認証」等を要することなく当然に法人格が付与される。これを準則主義という。

　株式会社の資本金の額は平成17年会社法制定以前は最低1,000万円が必要とされていたが，現行法上この最低資本金制度は撤廃されている。したがって設立時の出資額は1円以上でよいと解されているが，設立時の資本金は会計処理次第では0円でもかまわないとされている（会社計算43条1項）。

　株式会社の設立方法には発起設立と募集設立がある。発起設立とは設立に際して発行される株式（設立時発行株式）の全部を発起人が引き受ける場合であり（会社25条1項1号），募集設立とは設立時募集株式の一部を発起人が引き受

けて残りを発起人以外の者が募集に応じて引き受ける場合である（同項2号）。募集設立は始めから規模の大きな会社を設立するのに適した方法であるが，株式引受人の募集手続が煩雑であること，および役員の選任など創立総会の開催が義務づけられていること（会社88条1項）等から実際には発起設立がよく利用される。発起設立の場合，設立手続が簡単であり，設立時役員の選任は定款で（会社38条4項），もしくは発起人の議決権の過半数で（会社40条1項）決定できる。いずれにしても各発起人は設立時発行株式を一株以上は引き受けなければならず（会社25条2項），設立後，発起人はそのまま株主となる。

(2)　設立中の会社

　発起人が設立行為を開始してから設立登記までの段階においては，団体の実体は形成されつつあるとはいえ未だ法人格は取得されておらず，それは会社であるとはいえないものの講学上便宜的に「設立中の会社」と呼んでいる。

　設立中の会社は権利能力なき社団であり，発起人の設立行為の効果である権利義務は本来，設立中の会社にではなく発起人に帰属しているはずであるが，会社の成立後は特別な移転手続なくその効果を成立後の会社にそのまま帰属させるための方便として，まず設立中の会社に実質的にその効果が帰属していると説明される。

　この立場によれば，設立中の会社と成立後の会社は実質的に同一であると解され（同一性説），発起人は設立中の会社の業務決定機関および業務執行機関ということになる。

　このように，発起人がその権限の範囲内で行った設立行為の効果だけがまず設立中の会社に実質的に帰属し（形式的には発起人に帰属），そして成立後の会社に引き継がれることになる。ただし権限外の行為を行った発起人を無権代理人であると構成すれば，成立後の会社がそれを追認することはできよう（民113条）。しかし後述のように，定款に記載のない財産引受けについては成立後の会社の追認があっても認められないとされている（最判昭42・9・26民集21・7・1870）。

2　発起人とその権限

(1)　発起人

　株式会社の設立手続は発起人によって行われる。発起人は会社の設立事務を請け負う者であり，少なくとも1人いればよく自然人でも法人でもかまわない。法律上の定義として発起人とは，定款に発起人として署名または記名押印あるいは電子署名をし氏名・住所を記載・記録した者である（会社26条，27条5号）。発起人の資格にはとくに制限はない。

　ただし，定款に氏名・住所を記載せず，または署名をしていなかったとしても，会社の設立を賛助する等，事実上発起人として行動していれば擬似発起人として民事責任を問われることがある（会社103条2項）。

　発起人が複数いれば会社設立を目的とした発起人組合が組成されていると観念されており，会社が成立すると発起人組合は解散する。これは民法上の組合に相当し，民法上の組合の場合，業務執行の決定は原則として組合員の過半数でなされるが（民670条1項），設立時発行株式に関する事項（発起人が割当てを受ける設立時発行株式の数・この株式と引換えに払い込む金銭の額・成立後の会社の資本金および資本準備金の額）を定める場合，発起人組合員全員の同意を得なければならない（会社32条1項）。

(2)　発起人の権限

　判例によれば，組合契約その他により業務執行組合員が定められている場合は格別，そうでない限りは対外的には組合員の過半数において組合を代理する権限を有すると解されている（最判昭35・12・9民集14・13・2994）。ただし組合の多数代理を認めた本判決が組合の多数決代理（民670条）を否定する趣旨であるかどうかは必ずしも判然としない。

　前述のように，設立中の会社においては発起人が設立中の会社の実質的な業務決定・執行機関であり，成立後の会社は設立中の会社と実質的に同一のものであるとする同一性説によれば，発起人が設立段階においてその権限の範囲内でなした法律行為の効果をまず設立中の会社に実質的に帰属させ（形式的には発起人に帰属），次に成立後の会社に承継・帰属させることができると解されて

いる。このように発起人の行為の効果を成立後の会社に帰属させることができることを発起人の権限という。

　なお，発起人が権限外の行為をした場合には当然ながらその効果を成立後の会社に帰属させることはできず，その効果は発起人に帰属することとなり，もし発起人組合があり当該行為が発起人組合の目的の範囲内であると解されるならばその効力は発起人組合に実質的に帰属する。

　発起人の権限は通説によれば，①会社設立それ自体の行為だけでなく，②会社設立にとって必要な行為にも及ぶとされているが，③開業準備行為にまで及ぶかどうかは争いがあり，また④事業行為には及ばないと解されている。

　発起人の行為が権限外とされ，成立後の会社に効果が帰属しないとなると取引の安全が害されるおそれがあるが，その効果が誰に帰属すべきかという問題は会社設立時の会社財産の形成が害されるかどうかにかかっているといえる。

　会社設立それ自体の行為には，①定款の作成・認証，②株式の引受け，③出資の履行（金銭の全額払込み・現物の全部給付），④募集設立における株主の募集・確定，⑤設立時役員の選任，⑥創立総会の開催等，会社の実体形成にとって必要最低限の行為がある。

　次に，会社設立にとって必要な行為には，①設立事務所の開設，②設立事務員の雇用，③株式引受人募集のための広告の委託等がある。

　そして開業準備行為には，①営業所・店舗・工場・倉庫等の不動産の賃借・購入，②機械・備品等の賃借・購入，③仕入れ・販売ルートの確保，④営業員の雇用，⑤事業資金の借入れ等，会社成立後の事業活動のための準備行為がある。

　なお，事業行為は定款目的の遂行行為であり，会社設立行為とはまったく関係が認められない。

(3)　開業準備行為

　開業準備行為は，会社成立後ただちに事業を行えるようにするための行為であり，成立後の会社にとっては有益ではあるが会社設立とは直接関係がない。問題は開業準備行為の中の財産引受けについての取扱いである。財産引受けとは，発起人が成立後の会社のために会社の成立を停止条件としてある営業用財産を第三者から譲り受けることを約束する契約である。この場合，目的財産の過大評価により過大な対価を第三者に支払うことになれば成立後の会社の財産

的基礎が害されることから，法は定款に記載しなければその効力を認めず（会社28条2項），さらに原則として検査役の調査も求め（会社33条），厳格に規制している。

通説によれば，開業準備行為一般について会社設立とは関係がないことから発起人の権限外とするものの，開業準備行為の中でも財産引受けについては会社にとってとくに必要性・有益性が高いため法が厳格な要件のもとで例外的に許容したものと解されている。

それに対して少数説によれば，発起人の権限に開業準備行為も幅広く認めつつも財産引受けに限っては濫用の危険が大きいことから，法がとくに厳格な要件を定めたにすぎないものと解されている。

判例は，発起人の権限を設立それ自体の行為に限るとするか設立にとって必要な行為にも及ぶとするか必ずしも明らかではないが，財産引受けではない一般の開業準備行為は発起人の権限外であるとしている。すなわち設立登記未了の設立中の会社の代表取締役と称するYが成立後の会社の広告宣伝のためにプロ野球球団と興行契約をし試合を実施させたにもかかわらず代金を支払わなかった事例において，裁判所はこのような開業準備行為の効果は成立後の会社に帰属すべきものではないとした。そして民法117条1項の規定を類推し，Yに無権代理人の責任を認めている（最判昭33・10・24民集12・14・3228）。

次に，財産引受けに関して定款の記載を欠いている等，法の厳格な要件を満たしていない場合の効力について判例は，たとえ成立後の会社で株主総会特別決議の承認を受けたとしても追認は認められず絶対無効であることを明らかにしている（最判昭28・12・3民集7・12・1299）。

もっとも，定款の記載を欠く財産引受け（本件では事業の譲受け）は無効であるとし成立後の会社が追認をしたとしても有効となり得るものではないとしつつも，本件事業の譲受けから長期間が経過し法が予定していた株主・会社債権者等の利害関係人の利益を保護する意図に基づかず自己の残債務の履行を拒むための無効主張は信義則に反し許されないとした判例もある（最判昭61・9・11判時1215・125）。

民法の原則からすれば無効な行為は追認しても原則として有効とはなり得ないが（民119条），会社法上は株主・会社債権者を害さない限りにおいて追認は認められてしかるべきであると思われる。

3　定款とその記載事項

　定款は，会社の組織および活動に関する自治的根本規則を記載・記録する書面・電磁記録である。定款は発起人が作成し発起人全員が署名または記名押印し（会社26条1項），公証人の認証を受けなければ効力を生じない（会社30条1項）。

　定款は，株式会社の成立前は発起人が定めた場所に，成立後はその本店および支店に備え置かなければならず（会社31条1項），発起人・株主・会社債権者は所定の費用を支払えば，発起人が定めた時間（株式会社の成立後はその営業時間）内はいつでも定款の閲覧・謄写を請求することができる（同条2項・4項）。

　さらに，親会社社員もその権利を行使するため必要があるときは，裁判所の許可を得て所定の費用を支払えば子会社の定款の閲覧等を請求できる（会社31条3項）。

　定款には以下のように，①絶対的記載事項，②相対的記載事項，③任意的記載事項がある。

(1)　絶対的記載事項

　株式会社を設立するには，公証人の認証を受けるための定款（原始定款）に①目的，②商号，③本店の所在地，④設立に際して出資される財産の価額またはその最低額，⑤発起人の氏名または名称および住所を記載・記録しなければならない（会社27条）。

　これらは定款の絶対的記載事項であり，その記載・記録を欠くと定款自体が無効となる。これら以外にも⑥発行可能株式総数があるが，これを原始定款に定めていない場合には発起設立の場合，会社成立時までに発起人全員の同意により，募集設立の場合，創立総会決議により定めなければならず（会社37条1項，98条），広義ではこれも絶対的記載事項に含めることができる。

　「目的」（会社27条1号）とは会社の事業内容のことである。定款所定の目的は会社ができることとできないことに関わってくるので（権利能力の問題），会社設立の際には将来遂行する可能性のある事業目的をあらかじめ想定し得る限り網羅的にかつ具体的に列挙し，末尾に「その他前各号に附帯する一切の事業」などと記載しておくのが一般的である。なぜならその目的は登記事項（会

社911条3項1号）でもあるので目的を追加して定款を変更するたびに登記料（登録免許税）がかかってしまうからである。

「商号」（会社27条2号）は会社の名称であり（会社6条1項），株式会社であれば株式会社の文字を商号中に使用しなければならず，また他の種類の会社であると誤認されるおそれのある文字を用いてはならない（会社6条2項・3項）。商号は登記事項でもあり，呼称できる文字である必要がある。

「本店所在地」（会社27条3号）は会社の住所のことであり（会社4条），定款には独立最小行政区画（たとえば東京都千代田区）まで記載すれば足り，番地まで細かく記載する必要はないとされている。

ちなみに，本店の所在地（支店があればその所在地も）は登記事項であり，本店の所在地と同じ独立最小行政区画（市町村，東京都の23区）内の登記所において登記をしなければならない（会社49条，911条）。たとえば東京都港区から千代田区に本店を移転する場合，転出区と転入区の両方で登記が必要であり，それぞれ登記料が発生する。

なお本店の所在地は債務の履行地であり被告会社の裁判管轄地となる（会社835条1項，848条，856条）。それゆえ日本で会社を設立する場合，その本店を外国に置くことはできない。

「設立に際して出資される財産の価額またはその最低額」（会社27条4号）については設立時発行株式数を定款に記載する必要がないこと，また定款認証時において原始定款に発行可能株式総数を記載する必要がないことから最低出資額さえ記載しておけばよいとされる。最低額とは実際に出資される財産の価額よりも少ない額を意味する。これにより株式を引き受けた者が出資の払込みをしない場合に備え柔軟に対応できる。

「発起人の氏名または名称および住所」（会社27条5号）は法律上の発起人を確定し責任主体の所在を明確にするものである。

「発行可能株式総数」（会社37条1項，98条）は会社が将来にわたり発行することが可能な株式の総数でありこれを定款に定めることにより取締役（会）の権限で発行できる新株の総数（授権枠）が明らかとなる（授権資本制度）。

公開会社の場合，設立時に発行する株式数は発行可能株式総数の4分の1以上でなければならないとされている（会社37条3項）。よって設立時に実際に発行する株式の4倍を発行可能株式総数として定款に定めることが多い。取締役（会）の裁量による新株発行枠の余裕をできるだけ残しておいたほうが機動的

資金調達に役立つからである。公開会社において株主総会決議で定款を変更して発行可能株式総数を増加させる場合も当該定款の変更が効力を生じた時における発行済株式総数の4倍を超えることができない（4倍ルール，会社113条3項1号）。

ただし，旧法下ではこれらの4倍ルールは必ずしも徹底されていない部分があったため，2014（平成26）年改正会社法で手当てがなされた。すなわち，①公開会社において株式会社が株式の併合をする場合も株主総会の特別決議で効力発生日における発行可能株式総数を定めなければならなくなり（会社180条2項4号，309条2項4号），当該発行可能株式総数は当該効力発生日における発行済株式総数の4倍を超えることができなくなった（会社180条3項）。また②公開会社でない株式会社が定款を変更して公開会社となる場合も当該定款の変更後の発行可能株式総数は当該定款の変更が効力を生じた時における発行済株式総数の4倍を超えることができなくなった（会社113条3項2号）。さらに③新設合併・新設分割・株式移転によって設立される株式会社について会社法37条3項を適用しないものとし（会社814条1項），設立会社が公開会社でない場合でも4倍ルールが課せられることとなった（会社37条3項参照）。

(2)　相対的記載事項

定款の相対的記載事項は，定款に記載・記録をしなくても定款の効力自体には影響しないがその記載・記録がなければその事項の効力が認められないというものである（会社29条）。

相対的記載事項には①公告の方法（会社939条1項），②株式の内容等の定め（会社107条，108条）等の他に③変態設立事項（会社28条）がある。

公告の方法として定款に定めることができるのは，①官報への掲載，②時事に関する事項を掲載する日刊新聞紙への掲載，③電子公告による方法（インターネット・ウェブサイトのURL）のいずれかである（会社939条1項）。

相対的記載事項の中でも変態設立事項は，発起人の権限濫用（目的物の過大評価・お手盛り・浪費・搾取等）により会社の財産的基礎が害されるおそれが強い事項（危険な約束）であり，成立後の会社の株主または会社債権者を保護するためとくに厳格な規制が課されている。すなわち前述のように定款への記載・記録がなければその記載・記録すべき事項の効力が認められないことのほか，裁判所の選任する検査役の調査を原則として受けなければならずその結果

次第では発起人は定款を変更しなければならない（会社33条，96条）。

検査役は必要な調査を行った後，調査結果報告書面等を裁判所および発起人に提供し報告しなければならない（会社33条4項-6項）。裁判所は変態設立事項を不当と認めたときは，その事項の変更を決定しなければならず（同条7項），それを受けて発起人は当該決定の確定後1週間以内に限りその設立時発行株式の引受けにかかる意思表示を取り消すことができる（同条8項）。

募集設立の場合，検査役の調査報告を受け創立総会が変態設立事項を不当と認めたときはその決議でその変態設立事項を変更できる（会社96条）。

変態設立事項には①現物出資，②財産引受け，③発起人の報酬・特別利益，④株式会社の負担する設立費用がある（会社28条）。

「現物出資」とは，金銭以外の財産（たとえば動産・不動産・債権・有価証券・特許権や商標権等の知的財産権・事業の全部または一部等）による出資のことである（会社28条1号，58条1項2号・3号）。会社設立時において現物出資を行うことを認められているのは発起人だけである（会社34条1項，58条1項2号・3号，63条1項，52条）。なぜなら発起人以外の株式引受人については現物出資に関する規定が存在しないからである。

現物出資の場合の定款に記載・記録すべき事項には，現物出資者の氏名・名称，出資される財産およびその価額ならびに現物出資者に割り当てる設立時発行株式の種類および数がある（会社28条1号）。現物出資の場合，株式の引受後遅滞なく出資にかかる財産の全部を給付しなければならない（会社34条1項）。

現物出資の規制目的は，現物出資の目的財産の過大評価により会社の財産的基礎の充実が害されるおそれがあり，さらに割り当てられる株式の対価の相当性が失われることにより金銭出資をした株主との不公平・不平等の問題も生じるため，定款に記載・記録させることにより透明性を高め裁判所の選任する検査役の調査を通じて公正性を担保することにあるといえる。

なお，現物出資を詐害行為として取り消せるかどうかについて，少なくとも株式会社の資本を毀損しない範囲では設立行為を直接取り消すことにはならないから詐害行為として取り消せるとした裁判例がある（東京地判平15・10・10金判1178・2）。

「財産引受け」は，発起人が会社のために会社の成立を停止条件として行う成立後の会社が特定の財産を譲り受けることを約する契約であり，開業準備行為の一種である。財産引受けの場合の定款に記載・記録すべき事項には目的財

産およびその価額ならびにその譲渡人の氏名・名称がある（会社28条2号）。財産引受けについて規制する理由は，目的財産の過大評価により成立後の会社の財産的基礎が害され，さらに現物出資規制の潜脱の可能性があるからである。

　前述のように，定款に記載のない財産引受けは無効であり，判例も原則として絶対無効の立場を採ってはいるが，たとえば無効主張が長い年月を経た後になされ，それまで両当事者が無効を主張してこなかったような特段の事情がある場合には信義則を理由にそれを許さないとしたものがある（最判昭61・9・11判時1215・125）。

　ところで，現物出資と財産引受けの財産（現物出資財産等）については検査役の調査が免除される場合がある。すなわち，①目的財産の価額の総額が500万円以下の場合，②目的財産が市場価格のある有価証券であってその価額が市場価格を超えない場合，③目的財産の価額の相当性について弁護士等（弁護士・弁護士法人・公認会計士・監査法人・税理士または税理士法人）の証明（不動産の場合，弁護士等の証明に加え不動産鑑定士の鑑定評価も必要（会社33条10項3号））がある場合には検査役に関する規定は適用されない（会社33条10項1号・2号）。

　なお，財産引受けの潜脱行為の可能性として事後設立がある。事後設立とは会社の成立後2年以内におけるその成立前から存在している財産であってその事業のために継続して使用する財産を取得することである（会社467条1項5号）。

　事後設立は会社設立の場面ではないので定款記載や検査役の調査に関する規制には服しないが，事業譲渡と同様の規制が課され株主総会の特別決議による承認を受けなければならない。ただし当該財産の対価として交付する財産の帳簿価額の合計額がその会社の純資産額の5分の1を超えない場合はこの限りではない（会社467条1項5号，309条2項11号）。

　「発起人の報酬・特別利益」（特別利益として会社の施設利用権・募集株式の優先的引受権等）は発起人の会社設立の功労に報いるものであり，発起人はそれを受け取ることもできる。ただしこの場合にも発起人が不相応に過大な要求をするいわゆるお手盛りの危険があり，会社の財産的基礎が害されるおそれがある。

　そこで，発起人がこれを受け取るためには，定款に発起人が受ける報酬その他の特別利益およびその発起人の氏名・名称を記載・記録し（会社28条3号），さらに検査役の調査を受けなければならない（会社33条1項・4項）。

「株式会社の負担する設立費用」には，たとえば設立事務所の開設費，設立事務員の人件費，株式申込書・目論見書等の印刷費，創立総会の会場費，株主募集の広告費等があり，これらは発起人が会社設立のために支出する費用である。この設立費用についても発起人の浪費・過大請求等により会社の財産的基礎が害されるおそれがあるため，定款に記載し（会社28条4号），検査役の調査を受ける必要がある。ただし定款認証料・払込取扱銀行に支払う手数料・検査役の報酬・登録免許税等については，金額に客観性があり発起人の濫用の危険がないため厳格な規制を受ける設立費用から除外される（会社28条4号括弧書）。

なお，定款に記載すべき設立費用の金額については個別の取引内容および金額を記載する必要はないが，総額の上限は記載しなければならないとされている。

判例は，株主募集広告費用の金額が定款に記載され創立総会において承認された場合に限りその権利義務は当然に会社に移転し，会社が広告料の支払義務を負い，発起人はまったくその義務を負担しないとしている（大判昭2・7・4民集6・428）。

逆に，設立費用が定款に記載された総額を超えるなど会社の負担に帰すべき限度を超えている場合，その限度超過額は最終的には発起人の負担になる。

ただし，実際の設立費用の総額が定款記載の設立費用の額を超えた場合の債務の帰属については学説上争いがある。すなわち，①設立のために必要な行為から生じた権利義務は会社の成立によってすべて会社に帰属し超過額については会社が発起人に求償できるとする説，②設立費用は会社が成立しても発起人に帰属し発起人は必要な法定手続を経た額の範囲内で会社に求償できるにすぎないとする説，③会社成立後，権利義務は会社に帰属するが発起人も重畳的に責任を負うとする説に分かれている。

①説および③説はいわゆる同一性説と整合的であり，取引の安全に資することになり，②説は設立費用を変態設立事項として会社の財産的基礎の充実を図ろうとしている趣旨に沿ったものといえる。

(3) 任意的記載事項

定款の任意的記載事項は記載・記録してもしなくても自由であり，記載・記録がないからといって必ずしもその事項の効力が否定されるわけではないが，定款に定めることによってより明確性が高まるものの，いったんそれに定める

とその事項を変更するのに定款変更の厳格な手続によらねばならなくなるというものである（会社466条，309条2項11号）。

　たとえば，①株式の名義書換手続，②定時株主総会の招集時期，③株主総会の議長，④取締役・監査役の員数，⑤社長・会長・専務取締役・常務取締役等の役職，⑥取締役会の招集権者等がそれに当たる。

4　出資（株主の確定）

(1)　設立時発行株式の発行の決定

　株式会社の設立に際して発行する株式を設立時発行株式というが（会社25条），設立時発行株式を発行するにあたり発起人は発起人全員の同意で当該株式に関する事項を決定しなければならない（発起設立の場合，会社32条。募集設立の場合，会社58条2項）。

　その決定事項は，①発起人が割当てを受ける設立時発行株式の数，②設立時発行株式と引換えに払い込む金銭の額，③成立後の株式会社の資本金および資本準備金の額に関する事項である（会社32条1項1号-3号，種類株式については，会社32条2項，58条2項）。

　それ以外の発行事項，たとえば発起人が出資を履行すべき日・払込取扱機関等については発起人の過半数の決議で決定できる（民670条1項）。

(2)　発起設立における株式の引受け・出資の履行・失権

　設立の際の株式の引受けについて，各発起人が設立時発行株式の全部を引き受ける方法（会社25条1項1号）は発起設立と呼ばれ，発起人は最低一株を引き受けなければならない（会社25条2項）。

　株式の引受けに関する意思表示には，民法の心裡留保（民93条但書）・通謀虚偽表示（民94条1項）の規定は適用されない（会社51条1項）。設立中の会社が株式引受人の真意を知っていたとしても引受けの意思表示は無効とはならないし，株式の引受けに関する引受人と設立中の会社との通謀虚偽表示の無効は，第三者（株式引受人の地位を譲り受けた者等）に対して主張できない。また，会社の成立後は発起人は錯誤（民95条），詐欺または強迫（民96条）を理由として設立時発行株式の引受けの取消しをすることはできないとされている（会社51

条2項)。このように株式引受けの意思表示の無効・取消しを制限するのは法的安定性を確保するためである。ただし株式申込人が制限行為能力者である場合，民法が適用される。

　出資の履行について，発起人は設立時発行株式の引受け後，遅滞なくその引き受けた株式につき出資金の全額を払い込み，または金銭以外の財産（現物）の全部を給付する必要があり（会社34条1項本文），これを全額払込主義・全部給付主義という。

　金銭の払込みまたは金銭以外の財産の給付を出資の履行といい，出資の履行をすれば社員である株主が確定する。

　金銭の払込みは，発起人があらかじめ定めた銀行等（銀行・信託会社その他）払込取扱機関の口座にしなければならない（会社34条2項）。発起設立の場合，設立登記の申請には払込みがあったことを証する書面の添付が求められるが（商登47条2項5号），発起設立の場合，発起人の預金通帳の写しでかまわない。

　失権について，発起人のうち出資を履行していない者がある場合には発起人は当該出資の履行をしていない発起人に対して期日を定めその期日までに当該出資の履行をしなければならない旨の通知をその期日の2週間前までにしなければならない（会社36条1項・2項）。その期日までに出資の履行をしなければ，当該発起人は設立時発行株式の株主となる権利を失うことになる（同条3項）。これを失権といい，法がいわゆる打切発行を認めたことを意味する。

(3)　募集設立における株式の引受け・出資の履行・失権

　募集設立の場合，まず発起人が設立時発行株式の一部を引き受け，次にその残りについて発起人以外の者に対して株式引受けの募集をする（会社25条1項2号）。この場合，発起人は募集ごとに（種類株式発行会社の場合，種類および募集ごとに）その都度，発起人全員の同意を得て均一の条件で，①設立時募集株式の数，②払込金額，③払込期日または期間，④一定の日までに設立登記がなされない場合に設立時募集株式の引受けを取り消すことができることとするときはその旨の募集事項を定めなければならない（会社58条）。なお募集は実際には縁故募集が多いといわれている。

　株式引受けの申込みをしようとする者には発起人から所定事項の通知がなされるので（会社59条1項），それに応じてその者は氏名または名称・住所・引き受けようとする設立時募集株式の数を記載し，書面の交付または電磁的方法で

発起人に申込みをしなければならない（同条3項・4項）。

　発起人は，申込者の中から設立時募集株式の割当てを受ける者・割り当てる株式数を定めなければならず（会社60条1項），払込期日の前日または払込期間の初日の前日までに当該申込者に対し通知をしなければならない（同条2項）。申込者の中から誰に何株割り当てるかは発起人の自由裁量であり，これを割当自由の原則という。

　出資の履行（金銭の払込み・金銭以外の財産の給付），失権等については発起設立の場合と同様であるが，金銭の払込みについては募集設立の場合，払込取扱機関は発起人の請求により発起人および設立時募集株式の引受人から払い込まれた金額に相当する金銭の保管に関する証明書（株式払込金保管証明書）を交付しなければならない（会社64条1項）。これは設立登記申請の際に求められる添付書類でもある（商登47条2項5号）。

　株式払込金保管証明書を交付した払込取扱機関は，当該証明書の記載が事実と異なること（実際には払込みがなされていない等）または払い込まれた金銭の返還に関する制限があることを理由に成立後の株式会社に対抗すること（返還拒否の主張）ができない（会社64条2項）。

　なお法的安定性のため，民法の意思表示の瑕疵に関する一般原則が適用されないことも発起設立の場合と同様である（会社102条3項・4項）。

(4)　権利株

　発起設立の場合でも募集設立の場合でも株式を引き受けた者を株式引受人といい，会社成立前の株式引受人の地位（株主となる権利）を権利株という。

　会社成立前の権利株の譲渡は当事者間では有効とされるが，譲渡人の側からも譲受人の側からも成立後の会社に対してはその譲渡を対抗（主張）することはできない（会社35条，50条2項，63条2項）。

(5)　仮設人または他人名義による株式の引受け

　仮設人または他人名義で株式の引受けがなされた場合，誰が発起人または成立後の会社に対し株式引受人または株主の地位を主張できるのか（名義貸与者か名義借用者か）については明文の規定がない。

　判例は，他人の承諾を得てその名義を用い株式を引き受けた場合においては名義人すなわち名義貸与者ではなく実質上の引受人，すなわち名義借用者がそ

の株主となるものと解するのが相当であるとして実質説の立場を採っている（最判昭42・11・17民集21・9・2448）。

通説も民法117条1項を類推適用して，仮設人の名義で設立時募集株式を引き受けた者または他人の承諾を得ないでその名義で株式を引き受けた者は当然にその者が株式引受人であると解している。

この実質説に対して，名義貸与者こそが株主とされるべきであるとする形式説があり，それは画一的処理が求められるべき会社と株主間の関係における大量性・集団性等を根拠としている。

(6) 仮装の払込み

払込みには仮装の問題があり，その典型は預合いと見せ金である。

預合いは発起人が払込取扱機関から借入れをした後，払込金として預金に振り替えるものの発起人が借入金を返済するまでは預金を引き出さない，引き出させない旨の約束（通謀）があるものであり，これを行うと預合罪として刑事罰（5年以下の懲役等）が科せられる（会社965条）。

見せ金は発起人が払込取扱機関以外の第三者から借入れをした後，払込みをし，会社の成立後にこれを引き出して借入先に返済するものであり，現実の資金の移動がある点では預合いと異なっているが，預合いの脱法行為であるとされている。

ただし，第三者から資金を借り入れて出資金の払込みをなし，会社の成立後それを引き出すこと自体は必ずしも違法というわけではなく，その意味では見せ金の定義はそれほど容易ではない。要するに全体として見た場合，初めから真実の払込みの意思があったのかどうかが問題となる。

判例には，新株発行の際の見せ金について商業登記簿の原本にその旨記載した行為が公正証書原本不実記載罪（刑157条）に当たるとしたものがある（最判昭47・1・18刑集26・1・1，最決平3・2・28刑集45・2・77，最決平17・12・13刑集59・10・1938）。

ところで，預合いも見せ金も実質的な払込みがあったものとは認められないため私法上の効力としてはいずれも無効であると解されてきた。しかし預合いについては会社は払込取扱機関から払込金の返還を受けていないことから会社債権者が払込取扱機関に債権者代位請求ができるようむしろ有効とすべきとする説もある。

　なお，2014（平成26）年改正会社法は仮装の払込みを行った引受人等（出資の履行を仮装した払込義務者・関与した業務執行者等）の責任等および株主権の行使の可否について新たに規定を設けている。以下では会社設立の場合に限らず会社成立後に新株や新株予約権を発行・行使する場合も併せて説明する。

　すなわち，払込義務者として①発起設立の場合の引受発起人（会社52条の2第1項），②募集設立の場合の設立時募集株式の引受人（会社102条の2第1項），③募集株式の発行等の場合の募集株式の引受人（会社213条の2第1項），④募集新株予約権の発行の場合の新株予約権の引受人または悪意・重過失の譲受人（会社286条の2第1項1号），⑤新株予約権の行使の場合の行使した新株予約権者（会社286条の2第1項2号・3号）は払込期日または払込期間の経過後も株式引受人等の地位は失効することなく，仮装した払込金額の全額の支払い・仮装した現物出資財産の全部の給付（株式会社が当該財産の価額に相当する金銭の支払いを請求した場合は当該金銭の全額の支払い）を行う義務を負う。この義務は総株主の同意がなければ免除できず（会社55条，102条の2第2項，213条の2第2項，286条の2第2項），株主による責任追及等の訴え（株主代表訴訟）の対象となる（会社847条1項）。

　また，これに関与した業務執行者等（発起設立の場合の他の発起人または設立時取締役・募集設立の場合の発起人または設立時取締役・募集株式の発行等の取締役または執行役・募集新株予約権発行の場合の取締役または執行役・新株予約権の行使の場合の取締役または執行役）は，職務を行うについて注意を怠らなかったこと（無過失）を証明しない限り連帯して支払義務を負う（会社52条の2第2項，103条2項，213条の3第2項，286条の3第1項）。発起設立および募集設立における仮装の払込みに関与した業務執行者等の責任は総株主の同意がなければ免除できない（会社55条，103条3項）。

　さらに，支払義務者は支払いをした後でなければ株主権を行使することができず，他方，当該株式の譲受人はその者に悪意・重過失がなければ株主権を行使することができる（会社52条の2第4項・5項，102条3項・4項，209条2項・3項，282条2項・3項，282条2項・3項）。

5　機関の具備

(1)　発起設立の場合

　発起設立の場合，発起人は出資の履行を完了した後，遅滞なく設立時役員等（設立時取締役，場合によっては設立時会計参与・設立時監査役・設立時会計監査人）を発起人の議決権の過半数により選任しなければならない（会社38条1項，40条1項）。この場合の議決権は株式引受人としての地位に基づくものであるため，設立時発行株式一株につき一議決権とされる（会社40条1項）。

　また，原始定款でも設立時役員等を定めることができ，その場合，出資の履行が完了した時に選任されたものとみなされる（会社38条4項）。

　取締役会設置会社の場合，設立時取締役は3人以上，監査役会設置会社の場合，設立時監査役は3人以上でなければならない（会社39条1項・2項）。

(2)　募集設立の場合の創立総会

　募集設立の場合，発起人は払込期日または払込期間の末日のうちもっとも遅い日以後，遅滞なく設立時株主による創立総会を招集しなければならない（会社65条）。招集通知は会日の2週間前までの発送が必要である（会社68条1項）。

　創立総会は会社の設立事項に限り決議することができる（会社66条）。創立総会の決議要件は原則として設立時株主の議決権の過半数であって出席した当該設立時株主の議決権の3分の2以上に当たる多数であるため（会社73条1項），株主総会の特別決議（会社309条2項）より厳格である。なお議決権の数は原則として設立時発行株式一株につき一議決権である（会社72条1項）。

(3)　設立時取締役による設立時役員の選定等

　設立時取締役はその過半数の決議で，設立しようとする会社が取締役会設置会社（指名委員会等設置会社を除く）の場合，設立時取締役の中から設立時代表取締役を，監査等委員会設置会社の場合，設立時監査等委員である設立時取締役を除く設立時取締役の中から設立時代表取締役を選定しなければならない（会社47条1項・3項）。

　また，設立時取締役はその過半数の決議で，設立しようとする会社が指名委

員会等設置会社の場合，設立時取締役の中から設立時委員（指名委員会の委員・監査委員会の委員・報酬委員会の委員）を選定しなければならず，さらに設立時取締役の中からに限らず設立時執行役を選任しなければならず，設立時執行役の中から設立時代表執行役を選定しなければならない（会社48条1項・3項）。

6　設立経過の調査・報告・設立時役員等の解任

(1)　発起設立の場合

　発起設立の場合，設立時取締役（監査役設置会社の場合，設立時取締役・設立時監査役）はその選任後遅滞なく①検査役の調査が不要な場合の現物出資財産等の定款記載価額の相当性，②弁護士等の証明の相当性，③出資の履行の完了，④設立手続の法令・定款違反の有無についての設立事項を調査しなければならない（会社46条1項）。

　もし法令・定款違反または不当な事項があったときは発起人（指名委員会等設置会社の場合，設立時代表執行役）に通知しなければならず（会社46条2項・3項），発起人が定款を変更して公証人の再認証を受ければその瑕疵は治癒される。

　なお，発起人は設立時役員等を解任することができる（会社42条）。解任の方法は発起人の議決権の過半数で決定できるが，「設立時監査等委員である設立時取締役」または設立時監査役を解任する場合には発起人の議決権の3分の2以上の多数でなければ決定できない（会社43条1項）。

(2)　募集設立の場合

　募集設立の場合，まず発起人が設立の経過を創立総会に報告しなければならない（会社87条）。次に設立時取締役等を決議によって選任し（会社88条），設立時取締役等はその選任後遅滞なく発起設立の場合と同様，設立事項について調査し，結果を創立総会に報告しなければならない（会社93条1項・2項）。設立時取締役には創立総会における設立時株主の求めに応じた説明義務もある（同条3項）。

　創立総会には設立時取締役等による設立事項の調査結果と変態設立事項がある場合の検査役の報告・弁護士等の証明等資料が報告されるが（会社87条2項，93条2項），創立総会決議によって定款の変更（会社96条）や設立の廃止もでき

る（会社73条4項但書）。

　なお，創立総会が変態設立事項を不当であるとしその結果，定款を変更する場合，この変更は判例によれば監督是正が目的であることから，その縮小・削減だけが認められ追加・拡張は認められない（最判昭41・12・23民集20・10・2227）。

7　設立登記

　株式会社は，その本店の所在地において設立の登記をすることによって成立する（会社49条）。設立登記には法人格を取得させる創設的効力がある。設立登記は現物出資および財産引受けにかかる財産の設立時取締役の調査（会社46条1項）が終了した日，または発起人が定めた日のいずれか遅い日から2週間以内にしなければならない（会社911条1項）。

　設立の登記は会社を代表すべき者（代表取締役・指名委員会等設置会社においては代表執行役）が申請し，登記申請書には定款・役員の就任承諾書・出資の払込みがあったことを証する書面等を添付しなければならない（商登47条1項2項，会社47条1項，349条1項，420条3項，349条4項）。

　株式会社の登記事項（会社911条3項）と定款の記載事項は共通するものもあるがまったく同じというわけではない。取引に入ろうとする者に対して広く周知させる必要のある事項を公示するための登記と会社の根本規則である定款はそれぞれ趣旨が異なるからである。

　登記所の登記官は会社設立のための法定要件が満たされていれば当然に登記を受理し形式審査を経て登記をする。これを準則主義という。

　設立登記の効果として，設立中の会社が法人格を取得することによって株式会社が成立し（会社49条），設立中の会社に発起人組合があればそれが解散し，出資の履行をした発起人・設立時株主は株主となり（会社50条1項，102条2項），また設立時取締役等は取締役等（指名委員会等設置会社においては設立時執行役が執行役）となり，設立時株式は株式となり，いずれも「設立時」が外れる。

　株式会社の成立後は，発起人は錯誤を理由として設立時発行株式の引受けの無効を主張し，または詐欺もしくは強迫を理由として設立時発行株式の引受けの取消しをすることができない（会社51条2項，102条4項）。

　登記事項証明書（登記簿に記載されている事項を証明した書面）は誰でも手数

料を納付すればその交付を請求できる（商登10条）。その場合，履歴事項全部
証明書の交付を請求するのが一般的である。

8 設立の瑕疵

(1) 会社の不成立

　会社の設立が途中で挫折し設立登記まで至らない場合を会社の不成立という。
この場合，発起人は株式会社の設立に関して行った行為につき連帯して責任を
負い（無過失責任），株式会社の設立に関して支出した費用を負担しなければな
らない（会社56条）。
　発起人が設立に関してなした行為について判例によれば，設立それ自体の行
為および設立に必要な行為はそれに含まれるものの設立に必要な行為に要する
費用の借入行為までは含まれないとされている（大判昭14・4・19民集18・472）。

(2) 設立無効の訴え

　設立登記がなされたとしても設立手続に重大な瑕疵があれば設立が無効とな
る。本来，民法の原則によれば無効は誰でもいつでもどのような方法でも主張
できるはずである。しかしいったん会社が成立するとその時点から取引行為等
により様々な法律関係が発生している可能性がある。そこで法的安定性確保の
ため設立の無効は一定の者が一定の期間に一定の方法でしか主張できないよう
制限されている。すなわち会社を被告とする「設立無効の訴え」（会社828条1
項1号）という訴えの方法によらなければならない。提訴権者は株主・取締
役・清算人・監査役設置会社における監査役・指名委員会等設置会社における
執行役に限られ，そこに会社債権者は含まれていない（会社828条2項1号）。
これは設立無効の訴えの制度が債権者保護ではなく株主保護にあるからである。
ちなみに会社債権者は後述のように発起人等の第三者に対する責任によって保
護されることになる。なお提訴期間は会社成立の日から2年以内である（会社
828条1項1号）。
　設立無効原因については明文の規定はない。一般に設立無効原因には社員に
意思の欠缺があるような主観的無効原因と法の規定に違反しているような客観
的無効原因があり，株式会社の場合には客観的無効原因だけが認められると解

されている。客観的無効原因は具体的には，①定款の絶対的記載事項について記載が欠けているか違法の場合，②設立時株式を一株も引き受けない発起人がいる場合，③定款につき公証人の認証がない場合，④設立時発行株式の発行事項について発起人全員の同意がない場合，⑤設立に際して出資される財産の価額に相当する出資がない場合，⑥必要な創立総会が開催されていない場合，⑦申請資格のない者によって登記申請がなされた場合等が考えられている。

　なお，この設立無効の訴えは形成の訴えであり，その請求が裁判で認容されるまでは会社の設立は有効と扱われる。この判決の効力には，訴訟当事者である原告と被告会社との間に限らず第三者に対してもその効力を有する対世効が認められている（会社838条）。これは法律関係の画一的処理の要請に基づくものである。また既存の法律関係に影響を及ぼさないよう将来に向けて無効とする将来効のみが認められており遡及効はない（会社839条）。

(3)　会社の不存在

　会社設立手続の履践がほとんどないか，そもそも会社の実体すら存在しないにもかかわらず設立登記だけがなされているような場合を会社の不存在といい，設立無効に比べて瑕疵がより重大であることからこの場合，誰でもいつでもどのような方法でもその不存在を主張することができると解されている。なお会社の不存在確認の訴えの方法による場合，対世効はない。

9　設立関与者の責任

　違法な設立行為については，設立関与者には刑事責任としての罰則（会社960条1項等）・行政上の過料（会社976条等）・民事責任が課せられる。以下では設立関与者の民事責任について述べる。

　なお，以下の民事責任については株主代表訴訟が認められ（会社847条），また総株主の同意がなければその責任は免除されない（会社55条，102条の2第2項，103条3項）。

(1)　財産価額塡補責任

　現物出資財産等（現物出資・財産引受けの目的である財産）の会社成立時の価額が定款に定めた価額に著しく不足する場合，発起人および設立時取締役は会

社に対してその不足額を連帯して支払う義務を負う（会社52条1項）。これを財産価額填補責任という。

　この義務は総株主の同意があれば免除できることから（会社55条），その規制目的は会社債権者保護ではなく，現物出資者とそれ以外の設立時株主との公平・平等性確保や過大評価された財産引受けに基づく会社成立後の株式価値の低下から設立時株主を保護することにあると思われる。

　発起設立の場合，現物出資者または財産引受けの目的財産の譲渡人である発起人・設立時取締役を除く発起人・設立時取締役は，現物出資・財産引受けにつき検査役の調査を受けた場合（会社52条2項1号），またはその職務を行うにつき注意を怠らなかったこと（無過失）を証明した場合（会社52条2項2号）は免責される。しかし募集設立の場合，設立時募集株式引受人を保護するため，現物出資者または当該財産の譲渡人に限らずすべての発起人・設立時取締役が無過失責任となる（会社103条1項）。

　発起設立・募集設立のいずれの場合においても，現物出資や財産引受けの価額が相当であることについて証明をした弁護士等（会社33条10項3号）も連帯して財産価額填補責任を負うが，証明をするにつき注意を怠らなかったことを証明すれば免責される（会社52条3項）。

⑵　仮装出資の履行責任

　発起人または設立時募集株式引受人が出資の履行（金銭の払込み・現物出資の目的財産の給付）を仮装した場合，当該株式引受人は成立後の会社に対して仮装した出資にかかる金銭の全額の支払義務または現物出資財産の全部の給付義務を負う（会社52条の2第1項，102条の2第1項）。そして出資の履行の仮装に関与した発起人または設立時取締役（会社則7条の2，18条の2）も連帯の支払義務を負う（会社52条の2第2項・3項，103条2項）。

　出資履行の仮装人の責任は無過失責任であるが，出資履行の仮装に関与した発起人または設立時取締役の責任は職務を行うについて注意を怠らなかったことを証明した場合に免責される過失推定責任である（会社52条の2第2項但書，103条2項但書）。

⑶　株式会社に対する任務懈怠責任

　発起人・設立時取締役・設立時監査役は，株式会社の設立につき任務（会社

46条，93条）を怠り株式会社に損害が発生した場合，当該会社に対して連帯して賠償する責任を負う（会社53条1項，54条）。これを発起人等の株式会社に対する任務懈怠責任という。

この場合の任務懈怠とは設立中の会社に対する善管注意義務違反（債務不履行）でありその責任は過失責任であるが，任務懈怠責任は民法上の債務不履行責任よりも厳格な会社法上特別の法定責任である。

なお，この責任は総株主の同意があれば免除できる（会社55条，847条1項）。

(4) 第三者に対する責任

発起人・設立時取締役・設立時監査役は，職務を行うにつき悪意または重過失があった場合には第三者に対しても連帯して賠償する責任を負う（会社53条2項，54条）。これを発起人等の第三者に対する責任という。

この場合の第三者には，たとえば資本充実が不十分なまま発起人の悪意・重過失で会社が設立されたものの設立無効となった場合に損害を受けた会社債権者か，目論見書・設立時募集株式の引受申込者に対する通知（会社59条1項）の内容に虚偽があった場合に損害を受けた設立時株主等が該当するといわれている。

(5) 擬似発起人の責任

前述のように，発起人とは定款に発起人として署名した者をいうが，署名をしていなくても募集設立において株式引受人の募集に関する書面または電磁的記録に自己の氏名または名称および株式会社の設立を賛助する旨を記載し，または記録することを承諾した者は発起人とみなされ発起人と同様の責任が発生する（会社103条4項）。これを擬似発起人の責任といい，これは禁反言の原則に基づいている。

第 **3** 章　株　式

1　株　式

　会社（社団）の構成員である出資者のことを社員というが，株式会社においてはこの社員のことをとくに株主という。

　株式とは株主（社員）としての地位（資格・法律関係の総体＝株主権）を意味し，均一に細分化された割合的単位のことである。ここで株主（社員）としての地位とは株主権（社員権）のことである。株式は均一の単位であり，それをどれだけ保有しているかによって株主の地位（株主権）が異なる。また株式は複数人でそれを共有することもできる（会社106条）。ちなみに持分会社の社員の地位は持分と呼ばれ，持分は出資額に応じてその大きさが異なるが各社員は一個の持分しか保有していない。

　株式を取得するには株式会社の設立時に，または会社成立後の新株発行時に出資をして会社から株式の発行・割当てを受ける方法と，会社成立後に他の株主から譲渡・相続・合併等により承継取得する方法がある。

　株式を割合的単位に細分化する方法には理論的には額面方式と無額面方式がある。額面方式とは定款で一株の金額が定められ，それが株券の券面に表示されているものであり，その金額を券面額または額面金額という。しかし株式発行の際に発行価額を自由に決定し株式の分割も自由な割合で行うことができることから2001（平成13）年の商法改正で額面株式は廃止され，現行法上は無額面株式しか存在しない。無額面株式は株券に券面額の表示がなく，表章する株式数だけが表示されている。

2 株　券

　現行法上，有価証券としての株券は発行しないこと（株券不発行）が原則となっており，例外的に株券を発行する場合にはその旨を定款に定める必要がある（会社214条）。株券発行会社は株式発行後遅滞なく株券を発行しなければならない（会社215条1項）。

　株券は株式（株主権）を表章（化体）する有価証券である。有価証券とは財産的価値ある私権を表章する証券（紙片）であり，権利の発生・移転・行使の全部または一部について証券を必要とするものである。

　株券発行会社における株式譲渡の効力発生要件は譲渡に関する合意と株券の交付であり（会社128条1項），株式譲渡の対抗要件は株式会社に対しては株券取得者の氏名または名称および住所を株主名簿に記載・記録すること（名義書換）である（会社130条2項）。この場合，会社以外の第三者に対する対抗要件の規定はないが，株券を所持（占有）することで権利そのものを主張できる（会社131条1項・2項）。ちなみに株券不発行会社の株式譲渡の効力発生要件は譲渡に関する合意だけでよく，対抗要件は会社に対しても会社以外の第三者に対しても名義書換である（会社130条1項）。

　株券の占有者は当該株券にかかる株式についての権利を適法に有するものと推定され（会社131条1項），株券の交付を受けた者は悪意または重大な過失がない限り当該株券にかかる株式についての権利を取得する（会社131条2項）。これを善意取得という。

　株券を喪失した場合，当該株主は当該株券が善意取得されることを阻止するため会社に対して株券喪失登録簿への登録請求ができ（会社222条，223条），登録後は株式の名義書換ができなくなり（会社230条1項），また登録した日の翌日から1年後には当該株券は無効となり，登録した者は株券の再発行を受けることができる（会社228条1項・2項）。これが株券の失効制度である。

　このように株券発行会社においては株券の紛失・盗難の危険があるため，株券の不所持を希望する株主は会社にその旨を申し出ることによって株券不所持制度を利用できる（会社217条）。

3　株主権（社員権）

(1)　自益権・共益権

　株主権（社員権）は講学上，自益権と共益権とに分けられる。

　自益権は会社から直接，個人的な経済的利益を受ける権利であり，それには
①剰余金配当請求権（会社105条1項1号，453条），②残余財産分配請求権（会
社105条1項2号，504条），③株式買取請求権（会社116条，182条の4，469条，
785条，797条，806条，816条の6），④名義書換請求権（会社130条1項，133条），
⑤株券発行請求権（会社215条1項−3項，230条2項），⑥会社が特別に認めた場
合の募集株式引受権（会社202条），⑦株券不所持措置請求権（会社217条1項），
⑧株券再発行請求権（会社217条6項，230条2項）等がある。このうち剰余金配
当請求権と残余財産分配請求権については，株主にその全部を与えない旨を定
款で定めたとしても無効である（会社105条2項）。

　剰余金分配請求権および残余財産分配請求権は，当然の具体的な権利という
わけではなく抽象的な権利にすぎない。そもそも会社に分配資力がなければこ
れらの権利を行使しようとしても無意味であるし，残余財産の分配については
会社の解散が前提となっているからである。これらの権利は会社がその旨を決
定して初めて株主の請求権として具体化する。よって剰余金の配当については
会社に分配可能利益があったとしても会社が内部留保を選択し，配当しないこ
とを決定することもできる。

　株式買取請求権は，会社が株主にとって重大な影響を及ぼすような行為を行
う場合に，それに反対する株主または単元未満株主がその保有する株式を公正
な価格で買い取るよう会社に請求できる権利である。これは株式会社において
出資の払戻しを禁じた原則の例外である。

　他方，共益権は会社の意思決定に参与したり，経営を監督是正したりする権
利である。それには，①株主総会における議決権（会社105条1項3号，308条1
項，325条），②質問権・説明請求権（会社314条，325条，491条），③提案権（会
社303条−305条，325条，491条），④総会招集権（会社297条，325条，491条），⑤総
会検査役選任請求権（306条），⑥累積投票請求権（会社342条），⑦会計帳簿の
閲覧・謄写（以下，「閲覧等」という）請求権（会社433条），⑧定款の閲覧等請

求権（会社31条2項），⑨株主名簿の閲覧等請求権（会社125条2項），⑩株主総会議事録の閲覧等請求権（会社318条4項），⑪取締役会議事録の閲覧等請求権（会社371条2項），⑫計算書類等の閲覧等請求権（会社442条3項），⑬業務執行に関する検査役選任請求権（会社358条1項），⑭取締役・執行役の違法行為差止請求権（会社360条，422条），⑮取締役等の責任軽減に対する異議権（会社426条7項），⑯取締役等の解任請求権（会社854条，479条），⑰総会決議の取消訴権（会社831条），⑱株式発行・自己株式処分・新株予約権発行の無効訴権（会社828条1項2号-4号・2項），⑲設立・資本減少・組織変更・合併・会社分割・株式交換・株式移転・株式交付の無効訴権（会社828条1項1号5号-13号，2項），⑳株主代表訴訟提起権（会社847条-847条の3），㉑特別清算等申立権（会社511条1項，会更30条2項），㉒解散請求権（会社833条1項）等がある。

　共益権は株主共同の（会社全体の）利益を追求すべき権限のように思われがちであるが，共益権も結局は株主各自の経済的利益を受ける権利を確保するためのものでありその意味で自益権と共益権は目的と手段の関係にあるともいえる。

(2)　単独株主権・少数株主権

　株主権の講学上の分類方法は他にもある。株主の権利には一株でも保有すればそれを行使できる単独株主権と一定割合または一定数以上の株式・議決権を保有しなければ（持株要件・議決権保有要件）それを行使できない少数株主権がある。自益権はすべて単独株主権であり共益権には単独株主権と少数株主権の両方がある。

　その他，単独株主権であると少数株主権であるとにかかわらず，権利行使前6ケ月以上株式を保有しなければそれを行使できない株式保有期間要件もある。

　共益権でもとくに株主の権利保護に重要なものは単独株主権となっており，それには①議決権（会社105条1項3号，308条1項，325条），②設立無効の訴権（会社828条2項1号等），③累積投票請求権（会社342条），④募集株式発行差止請求権等（会社210条等），⑤株主代表訴訟（責任追及等の訴え）提起権（会社847条-847条の2），⑥取締役・執行役の違法行為差止請求権（会社360条，422条）があるが，この株主代表訴訟提起権および取締役・執行役の違法行為差止請求権については，さらに権利行使前6ケ月以上の保有期間要件が定められている。

　少数株主権は要件別に，①総株主の議決権の1％以上または300個以上で権

利行使前6ケ月以上保有（株主提案権，会社303条-305条），②総株主の議決権の
1％以上で権利行使前6ケ月以上保有（総会検査役選任請求権，会社306条），③
総株主の議決権の1％以上または発行済株式総数の1％以上で権利行使前6ケ
月以上保有（多重代表訴訟提起権，会社847条の3），④総株主の議決権の3％以
上または発行済株式総数の3％以上保有（会計帳簿閲覧等請求権，会社433条，
検査役選任請求権，会社358条），⑤総株主の議決権の3％以上保有（取締役等の
責任軽減への異議権，会社426条7項），⑥総株主の議決権の3％以上または発行
済株式総数の3％以上で権利行使前6ケ月以上保有（取締役等の解任請求権，会
社854条，479条），⑦総株主の議決権の3％以上で権利行使前6ケ月以上保有
（総会招集権，会社297条），⑧総株主の議決権の10％以上または発行済株式総数
の10％以上保有（解散判決請求権，会社833条）等に分類できる。

4　株主有限責任の原則

　株主は，その有する株式の引受価額である出資額を限度としてしか会社に責
任を負わず（会社104条），会社または会社債権者に対して出資額以上の責任を
負うことはない。これを株主有限責任の原則という。

　この原則は株主のリスクを制限していることから，株式会社はその資金を投
資家から幅広く大量に調達することを可能にする。株式会社制度が世界中に普
及したのはこの原則によるところが大きい。ただし，この原則は会社債権者の
利益を害するおそれがあるため，会社法は資本金の制度や計算書類等の開示制
度を設けており，また支配株主等による権利濫用等により正義・衡平に反する
ことがあれば，裁判所が法人格否認の法理等でこの原則を修正する場合がある。

5　株主平等の原則

　公開会社であろうと非公開会社（全部株式譲渡制限会社）であろうと，株式
会社は株主をその有する株式の内容および数に応じて平等に取り扱わなければ
ならないのが原則であり（会社109条1項），これを株主平等原則という。ただ
し非公開会社では，剰余金の配当を受ける権利・残余財産の分配を受ける権
利・株主総会における議決権について株主ごとに異なる属人的な取扱い（差別
的取扱い）をすることを定款で定めることもできる（会社109条2項）。

　株主平等原則は会社法のその他の条文でも具体化されており，株主総会における議決権（会社308条1項）・募集株式の割当てを受ける権利（会社202条2項）・剰余金の配当（会社454条3項）・残余財産の分配（会社504条3項）・株式の無償割当て（会社186条2項）・新株予約権の株主割当て（会社241条2項）・新株予約権の無償割当て（会社278条2項）・組織再編行為の対価の交付（会社749条3項，753条3項，768条3項，773条3項）について持株比率に応じた平等的取扱いが求められている。

　株主平等原則における「株式の内容に応じて」とは種類株式なら株式の種類ごとに平等に取り扱うべきことを意味しており，株式の種類が異なれば株主の差別的取扱いも可能である。

　また，「株式の数に応じて」とは，通常はたとえば株主総会における議決権または剰余金の配当のように持株数に比例した取扱い（比例的取扱い）をすべきことを意味している。しかし広く個人投資家を呼び込もうとして導入される株主優待制度（会社がその事業に関連する便益を株主に付与する事実上の会社慣行であり，会社法上の株主権とは異なる制度）のように一定の持株数に応じた段階的な優待（必ずしも比例的でない）の差別が軽微であり，かつその必要性があればそれも許容される場合もある。結局「株式の数に応じて」とは，単に「株式の数に着目して」という意味にすぎない。

　株主平等原則の目的は，経営権の濫用または支配株主の多数決の濫用から少数派株主を保護することにある。従来，解釈上その存在が知られており，その射程は「株主としての資格（地位）に基づく法律関係」に及ぶと考えられてきた。しかし2005（平成17）年制定会社法で初めて明文化され，「株式の内容および数に応じて」と規定されたことから，かえって射程が狭く限定されることとなった。

　ところで，株主平等原則に反する定款の定め・株主総会の決議・取締役会決議・取締役等の業務執行（契約等）は無効となる。判例は，無配決議案に反対する特定の株主（本件では，発行済株式総数の3％以上を保有する株主）に対して，無配による損失の填補のために会社が金員を支払う贈与契約は特定の株主のみを特別に有利に待遇し利益を与えるものであるから株主平等原則に違反し，商法293条本文（現行会社454条3項）の趣旨に徴して無効であるとする（最判昭45・11・24民集24・12・1963）。また残余財産の分配に関する属人的な定めは定款変更がなくても全株主が同意していた場合は有効であるとする裁判例がある

（東京高判平28・2・10金判1492・55）。

　なお，①種類株式における種類の異なる株式，②非公開会社における一定の権利に関する定款による属人的な定め，③株主権行使のための一定の持株要件および株式保有期間要件，④単元株式制度等は，株主平等原則の例外と位置付けることができる。

6　一株一議決権の原則

　株式には原則として一株につき一個の議決権が与えられており（会社308条1項），これを一株一議決権の原則という。この原則は株主平等原則および資本多数決の原則の重要な基礎となっている。

　ただし，一株一議決権の原則にも例外がある。すなわち，①単元株式数を定款で定めている場合，一単元につき一個の議決権が与えられ（一単元一議決権），単元未満株式には議決権がない（会社308条1項但書）。また②株式相互保有規制として，議決権の4分の1以上の株式をB社によって保有されたA社はB社の株式を保有していたとしても議決権が認められない（会社308条1項括弧書，325条，会社則67条，95条5号）。株式相互保有による安定株主工作は取締役の地位を維持強化し会社支配の公正を害するからである。ちなみに議決権制限の問題ではないが，子会社は親会社の株式を取得することすらできない（会社135条1項）。さらに③完全無議決権種類株式のような議決権制限種類株式（会社108条1項3号・2項3号）にも議決権が認められないか制限される。加えて④会社の保有する自己株式についても議決権は認められない（会社308条2項）。会社が保有する自己株式に議決権を認めるとやはり取締役によって会社支配の公正が害されるからである。

7　単元株式制度

　単元株式制度は，発行する株式の種類ごとに一定数まとめたものを一単元とし一単元につき一個の議決権を行使することができる旨（一単元一議決権）を定款で定めることができるとするものである（会社188条1項）。これは「一株一議決権の原則」の例外の一つである。

　単元株式制度は上場会社で数多く採用され，一単元は証券取引所における売

買単位にもなっている。一株当たりの株価が低く投資単位が小さいと株式会社にとっては株主管理コスト（株主総会の招集にかかる招集通知，参考書類等の印刷費，通信費等）が嵩んでしまうので，その費用を節減できるという意味でこの制度は会社にとって合理的である。

　一単元当たりの株式数は定款で原則として自由に定めることができる。しかし単元未満株主には議決権が認められないことから，一単元当たりの株式数を大きくしすぎると少数派株主の議決権が排除されるなど株主の利益が害されることになる。そこで一単元の株式数の上限は1,000株とされ，また発行済株式総数の200分の1を超えることもできないとされている（会社188条2項，会社則34条）。

　単元株式制度の導入に際しては，取締役は株主総会でその理由を説明する必要がある（会社190条）。もちろん定款変更には原則として株主総会の特別決議が必要である（会社466条，309条2項11号）。

　しかし，株式の分割と同時に単元株式数を増加する等，株式分割の前後で株主の議決権数の減少をもたらさないような場合においては，株主総会の決議によらないで定款変更をすることができる（会社191条）。また単元株式数を減少させるか単元株式制度を廃止する場合も株主にとって不利益とはならないので，取締役（会）の決定で定款の変更ができる（会社195条1項）。

　なお，単元未満株主は株式会社に対して単元未満株式の株式買取請求権を有し（会社192条，193条），また単元未満株主は株式会社に対して単元未満株式と合計して一単元となる数の株式の売渡請求をすることができる旨（単元未満株主の単元未満株式売渡請求権）を定款に定めることができる（会社194条）。この場合，分配可能額に関する財源規制はない（会社461条参照）。

8　株式の共有

　株式を複数人で所有することは認められており，これを株式の共有という。もっとも株式は所有権以外の財産であることから，正確には株式の準共有（民264条）という。たとえば2人以上の者が意思に基づき共同で株式を引き受けるか株式を共同相続（民898条）する場合，株式が共有状態にあることになる。

　株式の共有者は権利行使者を1人定め，株式会社に対してその者の氏名または名称を通知しなければ当該株式についての権利を行使することができない

（会社106条本文，126条3項・4項参照）。ただしこれは株式会社の事務処理上の便宜を図る趣旨であるため，株式会社が当該権利を行使することに同意した場合はこの限りではない（会社106条但書）。

　ところで，株式の共有者間で対立がある場合，権利行使者を決定することは容易ではない。判例は，持分の価格に従いその過半数をもってこれを決することができるとしている（最判平成9・1・28判時1599・139）。

　また本条但書は，株式の共有者間で議決権の行使に関する協議が行われ意思統一が図られている場合にのみ，権利行使者の指定および通知の手続を欠いていても会社の同意を要件として権利行使を認めたものであるとされている（東京高判平24・11・28判タ1389・256）。

　さらに，権利行使者の指定を欠く議決権の行使について株式会社の同意がある場合，当該議決権の行使をもって直ちに株式を処分し，または株式の内容を変更することになるなど特段の事情のない限り株式の管理に関する行為として民法252条本文により各共有者の持分の価格に従い，その過半数で決せられるべきとされる（最判平27・2・19民集69・1・25）。

9　利益供与の禁止

　株式会社は，何人に対しても株主の権利の行使に関して株式会社またはその子会社の計算で，財産上の利益を供与してはならない（会社120条1項）。この規定はいわゆる総会屋を排除することをねらいとして，1981（昭和56）年の商法改正で導入されたものである。本規定の趣旨は株主総会の運営・会社経営の健全性を確保し，会社財産の浪費を防止しようとするものであるが，利益供与の相手方は必ずしも株主である必要はない。

　「株主の権利の行使に関し」という要件で縛りがかけられているが，これは株主権の行使・不行使，行使の態様・方法等を広く含む趣旨であるといわれている。

　判例によれば，株式の譲渡は株主たる地位の移転でありそれ自体は「株主の権利の行使」とはいえないとしながらも，会社から見て好ましくないと判断される株主が議決権等の株主の権利を行使することを回避する目的で当該株主から株式を譲り受けるための対価を何人かに供与する行為も，これに当たるとされている（最判平成18・4・10民集60・4・1273）。

　また裁判例には，銀行の株主総会の議事進行に協力する総会屋への迂回融資を利益供与と認定したもの（東京地判平11・9・8判タ1042・285），会社が株主提案に対抗して会社提案についての有効な議決権行使を条件に株主一名につきQuoカード一枚を交付したことは会社提案に賛成する議決権行使の獲得をも目的としたものであることから利益供与に該当するとしたもの（東京地判平19・12・6判タ1258・69），従業員の持株会会員に対してなす奨励金の支払いは従業員に対する福利厚生等が目的であるから株主の権利の行使に関してなしたものとの推定は覆るとしたもの（福井地判昭60・3・29判タ559・275）がある。

　会社が特定の株主に対して無償で財産上の利益を供与したとき，または有償で財産上の利益を供与した場合であっても株式会社またはその子会社の受けた利益が当該財産上の利益に比して著しく少ないときは株主の権利行使に関する利益供与があったものと推定される（会社120条2項）。このように「株主の権利の行使に関し」の立証が困難であることへの一定の配慮もなされている。

　利益供与を受けた者はそれを株式会社または子会社に返還しなければならない（会社120条3項）。株式会社または子会社による返還請求には株主代表訴訟が認められる（会社847条1項）。

　また，利益供与に関与した取締役・執行役は株式会社に対して連帯して，供与した利益の額に相当する額を支払う義務を負う（会社120条4項，会社則21条）。この場合，利益供与をした取締役・執行役は無過失責任を負い，利益供与に関与したその他の取締役・執行役は無過失を立証すれば責任を免れる（会社120条4項但書）。取締役・執行役のこの支払義務は総株主の同意がなければ免除されない（同条5項）。

　なお，取締役・執行役には利益供与罪としての罰則もある（会社970条）。

10　株式買取請求権

　株式買取請求権の制度は，たとえば投下資本の回収の困難な閉鎖的株式会社において，株主が当初期待した投資内容に変化が生じ会社の経営に不満を持つに至ったような場合，または上場会社において会社の基礎的変更によって市場株価が下落したような場合に株主が公正な価格でその株式を買い取ってもらえるというものである。これは株式会社に持分会社のような退社の制度（会社606条）がないため，一定の場合に会社が公正な価格で株式を買い取ることに

より少数株主を保護する制度である。その株式買取りの財源は会社財産であり本来なら株主有限責任原則とのバランス上，会社債権者を保護するために株式の払戻しは原則として禁止されているが，これはその例外といえる。

株式買取請求権には総会決議に反対の株主の株式買取請求権（会社116条，182条の４，469条，785条，797条，806条，816条の６）と単元未満株式の株式買取請求権（会社192条）がある。

反対株主の株式買取請求権は，会社の基礎に重要な変更がもたらされるような一定の場合に，総会決議に反対した株主が自己の有する株式を公正な価格で株式会社に買い取ってもらうよう株主が株式会社に請求する権利である。

株式会社が反対株主から株式を買い取るきっかけとなる行為には，以下のような株主に不利益を及ぼすおそれのある定款変更がある。

すなわち，①定款変更決議により株式の全部または一部の種類株式に株式譲渡制限を付す場合（会社116条１項１号・２号），②定款変更決議により種類株式に全部取得条項を付す場合（同条１項２号），③ある種類株主に損害を及ぼすおそれのある一定の行為を行う場合で，種類株主総会の決議を要しない旨を定款で定めている場合，すなわち株式の併合・株式の分割・株式無償割当て・単元株式数についての定款の変更・当該株式会社の株式を引き受ける者の募集・当該株式会社の新株予約権を引き受ける者の募集（会社116条１項３号），④事業譲渡等にかかる総会決議（会社469条），⑤組織再編としての合併・会社分割・株式交換・株式移転・株式交付にかかる総会決議（会社785条，797条，806条，816条の６）がある。

会社法116条１項に規定する反対株主とは，同条２項各号の行為をするために株主総会（種類株主総会を含む）の決議を要する場合の①当該株主総会に先立って当該行為に反対する旨を当該株式会社に対し通知し，かつ当該株主総会において当該行為に反対した株主（会社116条２項１号イ），②当該株主総会において議決権を行使することができない株主（同号ロ），③それ以外の（総会決議を要しない）場合のすべての株主（同項２号）である。

ところで，会社法116条１項所定の行為をしようとする株式会社は，当該行為が効力を生ずる日（効力発生日）の20日前までに株主に通知するか公告しなければならない（会社116条３項・４項）。これは反対株主に株式買取請求権を行使する機会を与える趣旨である。

反対株主の株式買取請求は効力発生日の20日前の日から効力発生日の前日ま

でにその株式買取請求にかかる株式の数（種類株式発行会社にあっては株式の種類および種類ごとの数）を明らかにした上で行わなければならない（会社116条5項）。株券発行会社において株式買取請求をするときは，当該株式の株主は株式会社に対し当該株式にかかる株券を提出しなければならない（会社116条6項）。

　いったん株式買取請求をした株主は，投機的行為の防止および買取会社の事務処理混乱防止の観点から，株式会社の承諾を得なければその株式買取請求を撤回することができず（会社116条7項），株式会社が会社法116条1項所定の行為を中止した場合は，株式買取請求はその効力を失う（同条8項）。

　株式買取請求にかかる株式の価格の決定については株主と株式会社との間の協議で決め，株式会社は効力発生日から60日以内にその支払いをしなければならず（会社117条1項），効力発生日から30日以内に協議が調わない場合には，株主または株式会社はその期間満了の日後30日以内に，裁判所に対し価格の決定の申立てをすることができる（同条2項）。効力発生日から60日以内に価格決定の申立てがなされない場合，株主はいつでも株式買取請求を撤回することができる（同条3項）。株式会社は，効力発生日から60日の期間後は，裁判所の決定した価格に対する利息を支払わなければならない（会社117条4項）。しかし株式会社は株式の価格の決定があるまでは，株主に対し当該株式会社が公正な価格と認める額を支払うことができる（同条5項）。株式買取請求にかかる株式の買取りは効力発生日にその効力を生じる（会社117条6項）。株券発行会社は，株券が発行されている株式について株式買取請求があったときは，株券と引換えにその株式買取請求にかかる株式の代金を支払わなければならない（会社117条7項）。

　なお，2014（平成26）年改正会社法では，この株式買取請求権制度についてもその合理化が図られている。株式買取請求の撤回は株主に投機の機会を与えかねず，他の株主との公平性確保の観点から同改正前も株式買取請求の撤回制限の規定が設けられてはいたものの実際には買取請求後も当該株式を市場取引や相対取引で売却することが可能であったためその実効性に限界があった。そこで同改正に伴い買取口座が創設され，反対株主は買取対象となった振替株式については買取口座に振替申請しなければならなくなり（振替155条3項），これによって反対株主は株式買取請求後に当該振替株式を処分することができなくなった。また株券発行会社においては組織再編等に反対の株主が株式買取請求を行う場合，当該株券を提出しなければならなくなり（会社469条6項，785

条6項，797条6項，806条6項，816条の6第6項），また株券不発行会社においては，買取請求の対象となった株式が振替株式でない場合において買取対象となる株式を譲り受けた者も，株主名簿の名義書換請求（会社133条）をすることができなくなった（会社469条9項，785条9項，797条6項，806条9項，816条の6第9項）。これによって撤回制限の実効性が強化された。さらに株式買取請求の効力発生日が組織再編等の効力発生日に統一されたことにより（会社470条6項，786条6項，798条6項，807条6項），株式買取請求後，裁判所によって買取価格が決定されるまでの間の反対株主による利息と剰余金配当の二重取りの弊害が是正された。加えて裁判所による価格決定の申立てがあった場合，株式会社は効力発生日から60日の期間後は裁判所の決定した価格に対する法定利息を支払わなければならないが（会社117条4項），その法定利息目当ての濫用防止のため裁判所の決定前に会社は自らが公正な価格と認める額を支払うことができることとなり（会社117条5項），これにより会社の利息負担が軽減されることとなった。その他，簡易組織再編，簡易事業譲渡においては株主等への影響が軽微であることから反対株主の株式買取請求権は廃止され（会社469条1項2号，785条1項2号，797条1項但書，806条1項2号），また略式組織再編等においても特別支配会社が反対株主となることは想定できず特別な保護も必要ないことから特別支配会社の株式買取請求権も廃止された（会社469条2項・3項，785条2項・3項，797条2項・3項）。

　なお，反対株主の株式買取請求権は，株主の権利保護の観点から財産の帳簿価額が当該請求の日における分配可能額（会社461条2項）を超えている場合でも，その限度額に関する規制を受けない（会社461条参照）。つまりその限度額を超えている場合でも請求に応じた当該株式の取得は認められる。ただしこの場合，当該職務を行った業務執行者は職務を行うについて注意を怠らなかったことを証明できない限りその超過額を株式会社に対して連帯して支払わなければならない（会社464条1項）。

11　株式の評価

　市場価格が存在しない非上場会社の場合はとくにそうであるが，市場価格が存在する上場会社の場合でも株式評価が必要になる場合がある。株式の価格は会社が決定するか株主と会社等との協議で，または協議が調わない場合には裁

判所が訴訟または売買価格の決定の申立てに基づく非訟事件手続で決定することになる。

　株式の評価をしなければならない場面には，非上場会社の株式譲渡の場面以外にも，たとえば総会決議に反対した株主が株式買取請求をする場合において株主と会社との間で株式の公正な売買価格について協議するかその協議が調わない場合（会社117条，182条の5，470条，786条，798条，807条，816条の7），単元未満株式の株式買取請求にかかる取得（会社193条），または株式譲渡制限会社において株式の譲渡を希望する株主と会社または指定買取人との間で株式の売買価格について協議するかその協議が調わない場合（会社144条），その他，自己株式の取得（会社157条），取得請求権付株式の取得（会社167条），取得条項付株式の取得（会社169条），全部取得条項付種類株式の取得（会社171条，172条），相続人等に対する売渡請求にかかる取得（会社177条），特別支配株主の株式等売渡請求にかかる取得（会社179条の8）がある。

　株式の評価方法には次のようなものがある。

　たとえば，組織再編における反対株主の株式買取請求にかかる公正な価格とは，当該行為（吸収分割）が企業価値を毀損しない場合は現実の市場価格であるとされ（最決平23・4・19民集65・3・1311），当該行為（株式交換）が企業価値を毀損した場合は当該行為がなければ買取請求日にその株式が有したであろう価格（なかりせば価格）であるとされる（最決平23・4・26判時2120・126）。

　株式が上場されている場合の市場価値法では買取請求日に近接する一定期間の市場株価の平均値が採用され（東京地決平21・4・17金判1320・31，東京地決平22・3・5金判1339・44），その上で買取請求日までの市場全体の変動が考慮されることもあれば（東京高決平22・10・19判タ1341・186），それが考慮されない場合もある（東京地決平22・3・31金判1344・36）。

　市場価格がない場合，最近では配当還元方式の一種であるDCF（ディスカウント・キャッシュ・フロー）法が用いられることが少なくない。これは将来生み出す配当等のフリー・キャッシュ・フローを予測し，そこから投資リスク等を考慮した適切な割引率で割り引き，さらに会社の負債を差し引くことによって現在価値を導き出そうとする方法であるが，この方法は予測が困難であるといわれている。この方式はカネボウ事件決定でも採用された（東京高決平22・5・24金判1345・12）。このように，①DCF法を含む配当還元方式の他にも，②収益還元方式（将来の収益を織り込む方式），③類似会社比準方式（業種が類似した

上場会社の市場価格を参考にする方式），④純資産方式（純資産を発行済株式総数で除して一株当たりの株価を算出する方式）等がある。

　株式譲渡制限会社における譲渡等承認請求の場合，裁判例には同族会社で少数者による支配が確立している会社では配当額の決定には不確定要素が高いことから配当還元方式だけでは不十分であり，純資産方式および収益還元方式をも併用すべきとするもの（東京高決平元・5・23判時1318・125），株式会社自身が指定買取人である場合，その株式会社は自己株式の取得によって配当を受け取れなくなるため将来配当利益を受けることを目的として自己株式を取得することはあり得ないから買い手の立場からは収益方式が，売り手の立場からは配当還元方式と純資産方式が合理的でありこれらを併用すべきとするもの（札幌高決平17・4・26判タ1216・272），ベンチャー企業である当該会社の場合，資産に含み益がある不動産等は存在しないが，成長力が大きく売上は順調に推移しており，その後も同程度の利益が確実に見込まれることを考慮すると，純資産方式を採用すると株式価値を過小に評価するおそれがあり収益還元方式のみで評価すべきとするものがある（東京高決平20・4・4判タ1284・273）。

12　全部の株式の内容についての特別な定め

　株式に特別な内容（一定の条件）が付加されていない場合，その株式を普通株式というが，株式会社はその発行する全部の株式について一律に定款で一定の事項すなわち①譲渡制限，②取得請求権，③取得条項を定めることができる（会社107条）。

　全部の株式の内容についてこれらの特別な定めを会社設立時に創立総会で定款に定める場合，設立時株主の半数以上であって当該設立時株主の議決権の3分の2以上に当たる多数で行わねばならない（会社73条2項）。ただし全部の株式に取得条項を定める場合には，設立時株主全員の同意を得なければならない（同条3項）。

　全部の株式に取得請求権を設立後に定款変更によって定款に定める場合は，株主総会の特別決議（議決権を行使することができる株主の議決権の過半数を有する株主が出席し〔定足数〕，出席した当該株主の議決権の3分の2以上で可決）でよいが（会社466条，309条2項11号），全部の株式に譲渡制限または取得条項を設立後に定款変更によって定款に定める場合，株主にとって重大な不利益変更と

なることから手続は後述のようにより厳格化する。

(1) 譲渡制限株式

株式の譲渡制限（会社107条1項1号）は譲渡による当該株式の取得について「会社の承認を要する」とする旨の定款の定めによりなされる。

この承認を行う会社の機関は，定款に別段の定めがある場合を除き取締役会設置会社では取締役会，非取締役会設置会社では株主総会である（会社139条1項）。なおすべての株式に譲渡制限の定めを置く会社（全部株式譲渡制限会社）は公開会社でない会社（非公開会社）となる（会社2条5号参照）。譲渡制限株式は，多くの株主を必要としない小規模の同族会社等が自社にとって好ましくない人物が株主となることを防止するために用いられることが少なくない。すべての株式に譲渡制限を設ける場合，会社設立時からでもできるが設立後に定款を変更することによってもそれをすることもできる。

ただし，株式の譲渡が制限されることにより株主にとっては投資の回収が困難になる等，重大な不利益変更となるので，この場合の定款変更に伴う株主総会決議は総会において議決権を行使することができる株主の半数以上で，かつ行使された議決権の3分の2以上の多数を必要とする厳格な特殊決議（会社309条3項1号）が求められ，さらに反対株主には株式買取請求権が与えられている（会社116条1項1号）。この反対株主の株式買取請求権は，前述のように分配可能額を超えている場合でも請求に応じた当該株式の取得は認められる。

なお，譲渡制限種類株式の譲渡を株式会社が否認する場合において株式会社が当該株式を買取請求に応じて取得する場合，株主総会特別決議を要し（会社140条1項・2項，309条2項1号），またこの取得は分配可能額を超える場合は認められない（会社461条1項1号）。

(2) 取得請求権付株式

株式の取得請求権（会社107条1項2号）は当該株式について株主が当該株式会社に対してその取得を請求することができるというものである。取得請求権を定款で定める手続は前述のとおりである。

会社は株主からの請求に基づき当該株式を取得した場合，一定の対価を交付することになる。当該株式会社が株式一株を取得するのと引換えに当該株主に対して交付する対価については，当該株式会社の取得請求権は全部の株式に付

加されているため当該株式会社の他の株式が対価となることはあり得ない。よってその対価は金銭等（社債・新株予約権・新株予約権付社債・当該株式会社の株式等以外の財産）であり，株式以外ならとくに限定はない（会社107条2項2号）。ただし取得請求権は分配可能額を超える場合は認められない（会社166条1項但書，461条2項）。

(3)　取得条項付株式

　株式の取得条項（会社107条1項3号）は，当該株式について当該株式会社に一定の事由が生じたことを条件として会社が株主から同意なく強制的に取得することができるものである。

　当該株式会社が株式一株を取得するのと引換えに当該株主に対して交付する対価も，取得請求権付株式と同様に金銭等（社債・新株予約権・新株予約権付社債・当該株式会社の株式等以外の財産）であり，株式以外ならとくに限定はない（会社107条2項3号）。ただし当該株式の取得は分配可能額を超える場合は認められない（会社170条5項，461条2項）。

　取得条項が付加されることは株主にとって重大な不利益変更となることから，前述のように全部の株式に取得条項を設立後に定款変更によって定款に定める場合には株主全員の同意を得なければならない（会社110条）。

13　種類株式

　会社は，その発行する一部の株式について定款で定めた内容の異なる2以上の種類の株式を発行でき，これを種類株式という。普通株式しか発行していない会社において種類株式を発行すればその普通株式も種類株式ということになる。条文上，種類株式には9種類あるがそれらを複数組み合わせて発行することも可能である。

　株式の多様性を意味する種類株式は発行会社と株主のそれぞれのニーズに応じて発行され，会社の資本政策の選択肢を広げる。すなわち会社の業績がよいときは発行する種類株式に株主にとってとくに有利な条件を付加しなくても，剰余金の配当額や残余財産の分配を劣後的にしか受けられないとか議決権がないといった不利な条件が付加されていたとしても，もっぱら株式売却益（キャピタルゲイン）を期待する株主はその引受けに応じるであろうし，逆に会社の

業績が芳しくない場合には剰余金の配当・残余財産の分配または議決権において有利な条件を，また株式の流動性が低い場合にはその株式を会社が買い取ってくれるような有利な条件を付加しなければそれを引き受けようとする株主は少ないであろう。

　また，種類株式は立法者が必ずしも意図していなかった企業買収防衛手段や企業買収後に残存する少数派株主の締出し（キャッシュ・アウト）にも利用されることがある。

　たとえば普通株式しか発行していない会社が，まず株主総会の特別決議で定款を変更して取得条項付種類株式（会社108条1項6号）を発行し（同条2項，309条2項11号，466条），種類株式としての普通株式と取得条項付種類株式の2種類の株式を発行する種類株式発行会社となる。次にその種類株式としての普通株式を株主総会の特別決議で会社が株主から株式を強制的に取得することができる全部取得条項付種類株式に定款変更によって変更し（この定款変更も特別決議で可能。会社108条2項，309条2項11号，466条），その後，会社は株主総会特別決議でその全部取得条項付種類株式を株主全員から強制的に取得し（会社171条1項，309条2項3号），その対価として株主全員に取得条項付種類株式を交付する。取得条項付種類株式は会社に一定の事由が発生したときに会社が一部の株主から強制的に当該株式を取得できるので，企業買収者の株式だけが会社によって強制的に取得されることになる。もちろんこの場合にも買収者にはなんらかの対価が他のなんらかの種類株式等で交付されることになる。前述のように始めから全部の株式に取得条項を付加しようとすれば株主全員の同意が必要になることから（会社110条），この方法は企業買収防衛手段としても効果的である。

　また，たとえば企業買収者が株式公開買付け等により対象会社の株式を買い占めて支配権を取得した後，前述の方法等で対象会社の株式を全部取得条項付種類株式にし，対象会社にそれを全部取得させ少数派株主には対価として一株に満たない端数の処理として競売によって得られた代金を割り当てることによって（会社234条1項2号）残存する少数派株主を対象会社から締め出すことも可能である。

　ちなみに，全部取得条項付種類株式はもともと100％減資（債務超過に陥った会社の発行済株式の全部を株主総会の特別決議で会社が無償取得しその後，取得した株式を消却し，次に第三者割当増資による新たな資本注入をすることによって円

滑に事業を再建させるスキーム）を行いやすくするために導入されたが，実際に
は企業買収防衛手段や残存少数派株主の締出し（キャッシュ・アウト）に利用
されることが少なくない。そこで2014（平成26）年改正会社法ではこれに関し
株主を保護するための手当てがなされた。これについては後述する。

　ところで，種類株式を発行する場合には種類株式の内容と発行可能種類株式
総数を株主総会の特別決議（株主の議決権の過半数を有する株主が出席し，出席
した株主の議決権の3分の2以上に当たる多数で可決）で定款に定めなければな
らないが（会社108条2項，309条2項11号，466条），剰余金の配当について内容
の異なる種類の種類株主が配当を受けることができる額，その他法務省令で定
める事項の全部または一部については，あらかじめ定款には内容の要項だけを
定めておき，実際に当該種類株式を発行する時までに株主総会または取締役会
でより具体的な内容を定めることもできる（会社108条3項，会社則20条1項）。

　種類株式発行会社においては，株主総会において決議すべき事項について，
当該種類株式の種類株主を構成員とする種類株主総会の決議があることを必要
とする旨の定款の定めがある場合，当該株主総会決議の他に種類株主総会の決
議が必要である（会社323条）。

　当該種類株主総会の決議は定款に別段の定めがある場合を除き原則として普
通決議（その種類の株式の総株主の議決権の過半数を有する株主が出席し出席した
株主の議決権の過半数で可決）で行うことができる。しかしこれには例外があり，
特別決議を要する場合と特殊決議を要する場合がある。

　種類株主総会の特別決議（当該種類株主の議決権の過半数を有する株主が出席
し出席した当該株主の議決権の3分の2以上に当たる多数で可決）を要する場合に
は，①種類株式発行会社が新たに譲渡制限種類株式（会社108条1項4号）およ
び全部取得条項種類株式（同項7号）についての定款の定めを設ける場合（会
社324条2項1号），②募集株式の発行および処分における募集株式の種類が譲
渡制限株式である場合の当該種類株式に関する募集事項の決定（会社199条4
項）または当該事項の決定の委任（会社200条4項。種類株主総会の決議を要しな
い旨の定款の定めがある場合を除く。会社324条2項2号），③募集新株予約権の発
行における募集新株予約権の種類の全部または一部が譲渡制限株式である場合
の当該募集新株予約権に関する募集事項の決定（会社238条4項）または当該事
項の決定の委任（会社239条4項。種類株主総会の決議を要しない旨の定款の定め
がある場合を除く。会社324条2項3号），④種類株式発行会社が株式の種類の追

加，内容の変更等その他，ある種類の株式の種類株主の損害を及ぼすおそれの
ある行為をする場合（会社322条1項，324条2項4号），⑤会社法347条2項の規
定により読み替えて適用する役員および会計監査人の種類株主総会による解任
の決議（会社324条2項5号），⑥吸収合併契約等における存続株式会社等が種
類株式発行会社である場合において吸収合併消滅株式会社の株主等に交付する
金銭等が存続株式会社の株式である場合，吸収分割会社に対して交付する金銭
等が吸収分割承継株式会社の株式である場合，株式交換完全子会社の株主に対
して交付する金銭等が株式交換完全親株式会社の株式である場合であってその
種類株式が譲渡制限種類株式である場合（会社795条4項，324条2項6号），⑦
株式交付親会社が種類株式発行会社である場合（会社816条の3第3項）がある。

　以上は種類株主総会の決議を要する旨の定款の定めがある場合に限るが，定
款にその旨の定めがなくても種類株式発行会社が株式の種類の追加，内容の変
更等その他，ある種類の株主に損害を及ぼすおそれのある行為をする場合（会
社322条1項），とくに種類株主総会の決議を要しない旨の定款の定めがない限
り（同条2項）種類株主総会の特別決議が必要である（会社324条2項4号）。こ
の決議を要しない旨を定款で定める場合は当該種類株主全員の同意を得なけれ
ばならない（会社322条4項）。

　さらに，ある種類株式の内容に株主にとって重大な不利益変更となる内容を
付加する場合には特則がある。すなわち①ある種類株式に譲渡制限を付加する
場合，定款変更のための株主総会の特別決議（会社466条，309条2項11号）に加
え種類株主総会の特殊決議（会社324条3項）による承認（会社111条2項1号，
323条3項1号）と反対株主への株式買取請求権の付与が必要である（会社116条
1項2号）。次に②ある種類株式に全部取得条項を付加する場合，種類株主総
会の特別決議（会社111条2項1号）に加え反対株主への株式買取請求権の付与
が必要である（会社116条1項2号）。さらに③ある種類株式に取得条項を付加
する場合，定款変更のための株主総会特別決議に加え当該種類の株主全員の同
意が必要である（会社111条1項）。

　種類株式には次のようなものがある。

(1)　剰余金の配当についての種類株式

　剰余金の配当についての種類株式（会社108条1項1号）は，剰余金の配当について他の種類株式とは内容の異なる種類株式のことであり，種類によっては①配当財産の割当てをしないかそれについて普通株式より多く割り当てたり少なく割り当てたりするもの（会社454条2項），②配当金額が完全子会社または特定の事業等の業績に連動するトラッキング・ストック，③他の種類株式に優先して配当を受けることができる優先株式と，より劣後的にしか配当を受けられない劣後株式（後配株式）がある。

　優先株式と劣後株式は種類株式制度導入以前から存在していた。種類株式制度のもとでも優先株式はいくつかの種類に分かれる。すなわち配当後になお分配可能剰余金がある場合に再度，配当を受け取ることができるのが参加的優先株式であり，この場合に配当を受け取ることができないのが非参加的優先株式である。また配当金が不足して配当を受けられなかった場合に，翌期以降に累積的に繰り越されるのが累積的優先株式であり，繰り越されないのが非累積的優先株式である。

(2)　残余財産の分配についての種類株式

　残余財産の分配についての種類株式（会社108条1項2号）は，残余財産の分配について他の種類株式とは内容の異なる種類株式のことであり，種類によっては①残余財産の割当てをしないかそれについて普通株式より多く割り当てたり少なく割り当てたりするもの（会社504条2項），②完全子会社株式の価値相当額の分配を受けることのできるトラッキング・ストック，③他の株式に優先して残余財産の分配を受けることのできる優先株式と他の株式に劣後する劣後株式がある。

(3)　議決権制限種類株式

　議決権制限種類株式（会社108条1項3号）は，株主総会において議決権を行使することができる事項について定めのある種類株式である。これはあくまでも普通株式よりも議決権を減らしたか完全になくしたもの（無議決権種類株式）であり，増やしたものではないことに注意が必要である。議決権制限種類株式は一株一議決権の原則の例外である。また単元株式数を種類株式ごとに変える

ことによって議決権を制限することも可能である。

　この種類株式を発行する場合，定款に株主総会において議決権を行使することができる事項および議決権の行使条件を定めなければならない（会社108条2項3号）。

　議決権制限種類株式には，株主総会の一部の決議事項，たとえば役員選任種類株式以外の種類株式（会社108条1項9号）のように役員の選任決議について議決権がないもの，すべての決議事項について議決権がないもの（無議決権種類株式）があり，この場合剰余金の配当や残余財産の分配についての優先種類株式と組み合わせて発行することがある。投資家や株主の中には議決権には興味はないが優先種類株式には興味のある者も存在するからである。このような種類株式の組み合わせによって株式は限りなく社債に近づくことになる。

　他方で会社経営者にとっても，議決権に関心を示さない株主には経営支配権を脅かされる心配がなく，無議決権・優先配当種類株式は株主と会社経営者の思惑が一致している。このような資金調達における選択肢の広がりによって経営状況や経済動向に応じた柔軟な資金調達・資本政策を可能にしている。

　ただし，少ない出資割合であるにもかかわらず会社の経営支配の固定化を防止するため，公開会社（会社2条5号）では議決権制限株式の発行数が制限されており，議決権制限株式の数が発行済株式総数の2分の1を超える場合，株式会社は直ちにそれを2分の1以下にするための必要な措置をとらなければならない（会社115条）。

(4)　譲渡制限種類株式

　譲渡制限種類株式（会社108条1項4号）は，一部の種類株式において譲渡による当該種類株式の取得について当該株式会社の承認を要するものである。前述のように全部の株式について譲渡制限を定める場合には非公開会社となるが，譲渡制限種類株式を大部分発行していたとしてもそれが全部でなければ公開会社である。公開会社は取締役会設置会社であることから当該株式譲渡の承認機関は定款に別段の定めのある場合を除き取締役会となる（会社327条1項，139条1項）。

　既に定款でなんらかの種類株式が定められており当該種類株式を譲渡制限種類株式に変更する場合，定款変更のための株主総会の特別決議（会社466条，309条2項11号）の他に当該種類株式の種類株主によって構成される種類株主総

会の特殊決議が必要であり（会社111条2項1号，324条1項2号），さらに反対
株主には株式買取請求権が与えられ（会社116条1項2号），これは前述のよう
に分配可能額の規制を受けない。

　なお，譲渡制限種類株式の譲渡を株式会社が否認する場合において株式会社
が当該株式を買取請求に応じて取得する場合，株主総会特別決議を要し（会社
140条1項・2項，309条2項1号），またこの取得は分配可能額を超える場合は
認められない（会社461条1項1号）。

(5)　取得請求権付種類株式

　取得請求権付種類株式（会社108条1項5号）は，株主が株式会社に対してそ
の取得を請求することができる種類株式である。種類株式制度導入以前は，当
該種類株式は償還（買受）株式，他の株式への転換予約権付株式または転換株
式と呼ばれていた。

　株式会社はその取得の対価として金銭等（社債・新株予約権・新株予約権付社
債・株式等以外の財産）に加え（会社107条2項2号），当該株式会社の他の種類
株式も交付することができる（会社108条2項5号ロ）。

　ただし，株主に対して交付する対価の内容が当該会社の他の会社の株式以外
である場合で分配可能額を超えている場合，株主には当該取得請求は認められ
ない（会社166条1項但書）。

(6)　取得条項付種類株式

　取得条項付種類株式（会社108条1項6号）は，一定の事由が生じたことを条
件として株式会社が株主から強制的に取得することができる種類株式である。
種類株式制度導入以前は，これは強制償還株式または強制転換条項付株式と呼
ばれていた。

　取得に応じて株主に交付する対価は，取得請求権付種類株式の場合と同様で
ある（会社108条2項6号ロ）。ただし当該株式の取得は分配可能額を超える場
合は認められない（会社170条5項）。

　ある株式に取得条項を付加する場合，通常の定款変更手続（会社466条，309
条2項11号）に加え，当該株式を保有する株主全員の同意が必要である（会111
条1項）。これは取得条項付種類株式が一部の株式の取得も認められることから，
当該種類の株主間で異なる取扱いがなされる場合があることに配慮した規制で

ある。

(7) 全部取得条項付種類株式

　全部取得条項付種類株式（会社108条1項7号）は，株式会社が株主総会の特別決議によってその種類の株式全部を強制的に取得できる種類株式のことである（会社171条，309条2項3号）。取得条項付種類株式が一定の事由によって強制取得されるのとは対照的に，全部取得条項付種類株式は株主総会特別決議で強制取得されるのが特徴である。

　この種類株式は，既にある種類株式が発行されている場合に定款を変更してこの種類株式の内容を新たに設けることができる（会社111条2項）。この場合，前述の株主総会の特別決議（会社309条2項11号）に加え，種類株主総会の特別決議が必要であるが（会社111条2項，324条2項1号），取得条項付株式または取得条項付種類株式のように株主全員の同意を要しないのが特徴である（会社110条，111条1項）。さらに反対株主には株式買取請求権が与えられ，この場合，分配可能額の規制を受けない（会社116条1項2号）。

　会社が全部取得条項付種類株式を取得する場合，株主総会の特別決議で取得の対価の内容およびその数額，取得日等を定める（会社171条，309条2項3号）。対価には当該株式会社の他の種類株式・社債・新株予約権・新株予約権付社債・当該株式会社の株式等以外の財産（金銭等）がある（会社171条1項1号）。ただしこの場合，分配可能額を超える取得は認められない（会社461条1項4号，465条1項6号参照）。

　この対価に不満のある株主は，裁判所に対して当該種類株式の取得価格決定の申立てをすることができる（会社172条）。この取得価格の決定例としてレックス・ホールディングス事件決定（最決平21・5・29金判1326・35）は，経営者によるMBO（management buyout）および少数派株主の締出し（キャッシュ・アウト）のために利用された全部取得条項付種類株式の取得価格の判断基準として，この価格は取得日の公正な価格をいうとし，①取得日における当該株式の客観的価値に加えて②強制的取得により失われる今後の株価の上昇に対する期待を評価した価額をも考慮し，かつ裁判所の合理的な裁量に委ねることが相当であるとして①に20％を加算した額であるとしている。

　ところで，2014（平成26）年改正会社法では，全部取得条項付種類株式の取得手続に関しても以下のような手当てがなされている。すなわち全部取得条項

付種類株式を取得する会社は，取得日の20日前までに全部取得条項付種類株式の株主に対し当該株式の全部を取得する旨を通知または公告しなければならない（会社172条2項・3項。ただし当該株式が振替株式である場合には公告が必要。振替161条2項）。

　また，全部取得条項付種類株式を取得する会社は，組織再編の場合と同様に，当該取得に関する事項を記載・記録した書面または電磁的記録の事前の開示手続を行わなければならず（会社171条の2第1項），取得日から6ケ月間，前項の書面または電磁的記録をその本店に備え置く事後の開示手続を行わなければならないとされ（同条2項），情報開示の充実が図られた。

　また，定款を変更して全部取得条項付種類株式を付す決議に反対の株主には株式買取請求権があるが（会社116条1項），旧法下では株式買取りの効力発生日は代金支払時とされ，その効力が発生する前に株式が取得されると株式買取請求にかかる買取価格決定の申立ての適格が失われると解されていたが（最決平24・3・28民集66・5・2344），2014（平成26）年改正会社法でこの株式買取りの効力発生日が当該定款の一部変更の効力発生日とされたことにより（会社117条6項），株式買取請求権を実際に行使できることとなった。

　また，株式を取得される当該種類株主は裁判所に取得価格決定の申立てをすることができるが，申立期間が取得日の20日前の日から取得日の前日までの間に改められ（会社172条1項），当該申立てをした株主には取得対価が交付されないこととなった（会社173条2項）。

　さらに，全部取得条項付種類株式の取得が法令または定款に違反する場合において株主が不利益を受けるおそれがあるときは，株主に事前には株式会社に対する当該株式取得の差止請求制度（会社171条の3）が，事後には当該種類株式取得にかかる株主総会決議の決議取消しの訴え制度（会社831条1項）が認められた。

⑻　拒否権付種類株式

　拒否権付種類株式（会社108条1項8号），株主総会や取締役会で決議すべき事項についてその決議の他に拒否権付種類株主で構成される種類株主総会の決議を必要とするものである（同条2項8号）。通常，種類株主総会決議は当該種類株主総会の決議があることを必要とする旨の定款の定めがある場合に行われるものであるが（会社323条），拒否権付種類株式は法律上当然にそれを必要と

するものである。

　たとえ一株でも拒否権付種類株式を保有していれば一般の株主総会の決議や取締役会決議を否決できるためその権限は絶大であり一部の株主または経営者による固定的な会社支配を可能にすることから，別名，黄金株（golden share）ともいう。これは資本多数決の原則や一株一議決権の原則の否定に繋がることから，金融商品取引所がこのような種類株式発行会社の上場を認めるかどうかはその政策次第であるといわれている。

(9) 役員選任権付種類株式

　役員選任権付種類株式（会社108条1項9号）は当該種類株主総会だけで取締役または監査役を選任することができるものである（会社347条）。アメリカではこの種類株式をクラス・ボーティング（class voting）という。役員選任権付種類株式は指名委員会等設置会社および公開会社では発行できず（会社108条1項但書），指名委員会等設置会社以外の全部株式譲渡制限会社（非公開会社）でのみ発行できる。

　当該種類株式も拒否権付種類株式と同様，一部の株主または経営者による固定的な会社支配を可能にする。またこれはベンチャー・キャピタルや合弁会社が一定数の取締役等を確保するために利用されることがある。

　なお，当該種類株主総会で選任された役員はいつでも当該種類株主総会で解任され得る（会社347条1項）。

14　株式譲渡の効力と対抗要件

　株式譲渡による株式移転の効力発生要件は，株券不発行会社の場合，当事者間の意思表示（合意）である。その理論的根拠として株式譲渡には贈与・売買・交換があり，このような契約は意思表示の合致により成立すること（民549条，555条，586条1項），または株式譲渡を物権以外の財産権の変動を直接の目的とする準物権行為ととらえるならば物権の設定および移転は当事者の意思表示のみによってその効力を有するとする規定も考えられる（民176条）。それに対して株券発行会社の場合，株式譲渡には当事者間の意思表示（合意）に加え株券の交付が必要である（会社128条1項本文）。株式譲渡による株式移転の第三者に対する対抗要件は株券不発行会社の場合，会社に対しても会社以外

の第三者に対しても名義書換である（会社130条1項）。

　それに対して株券発行会社の場合，会社にする対抗要件は名義書換，すなわち株主名簿に株式を取得した者の氏名または名称および住所を記載・記録することである（会社130条1項・2項）。会社以外の第三者に対しては，株券の占有（会社130条2項，131条）で十分であり，これは対抗要件ではない（会社130条2項）。なぜなら株券発行会社では株券を占有（所持）することで適法な権利者として推定され（会社131条1項），その占有者から株券の交付を受けた者はその者に悪意重・過失がない限りそれを善意取得できるからである（会社131条2項）。

　なお，「社債，株式等の振替に関する法律」に基づく株式等振替制度においては上場会社に株券不発行の振替株式（電子データ化され証券保管振替機構および口座管理機関（振替機関等）によって管理される）が利用されるが，この場合の株式譲渡の効力発生要件は振替口座における当該譲渡にかかる数の増加の記載・記録であり（振替140条），会社以外の第三者に対する対抗要件も振替口座における記載・記録で十分である（振替140条）。ただし会社に対する対抗要件として株主名簿への記載・記録（名義書換）が必要であり，振替機関によってなされる総株主通知（振替151条1項）を受けた会社が名義書換をしなければならないが，基準日・効力発生日等にこの記載・記録がなされたものとみなされる（振替152条1項）。

15　株式譲渡自由の原則

　株主はその有する株式を原則として自由に譲渡することができ（会社127条），これを株式譲渡自由の原則という。

　持分会社のように社員の退社に伴う持分の払戻制度（会社606条以下，611条）および出資の払戻制度（会社624条）がない株式会社においては，株主には原則として会社に対する出資の返還請求権がないため株主がその株式を自由に譲渡することを保障することによって株式の流動性を高め投下資本の回収を確保する必要があるからである。

16 株式の譲渡制限（株式譲渡自由の原則の例外）

　株式の譲渡制限には①法律による制限，②定款による制限，③契約による制限がある。

(1) 法律による株式譲渡制限

　法律による株式譲渡制限には，①時期による制限，②子会社による親会社株式取得の禁止，③親会社による子会社株式等の一定の要件を満たす譲渡がある。この親会社による子会社株式等の一定の要件を満たす譲渡についての制限については，2014（平成26）年改正会社法で新たに導入されたものである。

　「時期による制限」としては，厳密には株式ではなく設立時発行株式の会社成立前または会社成立後の募集株式の株式引受人の地位（権利株）の譲渡についてであるが，この譲渡は当事者間でのみ有効であり株式会社には対抗できない（会社35条，50条2項，63条2項，208条4項）。その趣旨は株主名簿の整備や株式発行事務の渋滞防止にあるといわれている。

　株券発行会社において，株式は発行されたものの株券が未だ発行されていない株券発行前の株式譲渡は，これも当事者間では有効であるが会社に対しては効力を生じない（会社128条2項）。この趣旨も権利株の場合と同様である。しかし会社が成立したにもかかわらず不当に株券発行を遅滞する等，信義則に照らして会社に帰責事由がある場合には会社はその効力を否定できず，譲受人を株主として遇しなければならないとされている（最大判昭47・11・8民集26・9・1489）。

　次に，「子会社による親会社株式取得の禁止」として，子会社は一部の例外を除き原則として親会社の株式を取得することはできない（会社135条1項）。これは資本の空洞化を防止するためである。ただしその例外として組織再編行為に基づく包括承継によって子会社がたまたま親会社の株式を取得する場合等がある（会社135条2項1号-4号，会社則23条）。その場合，その子会社は相当の時期にそれを処分しなければならない（会社135条3項）。

　さらに，「親会社による子会社株式等の一定の要件を満たす譲渡の制限」とは，親会社が子会社の株式または持分（株式等）の全部または一部を第三者に譲渡する場合であって，①当該譲渡により譲り渡す株式または持分の帳簿価額

が当該株式会社の総資産額として法務省令で定める方法により算定される額の
5分の1（これを下回る割合を定款で定めた場合にあってはその割合）を超えると
き，かつ②当該株式会社が効力発生日において当該子会社の議決権総数の過半
数の議決権を有しないときは，親会社は当該譲渡の効力発生日の前日までに株
主総会の特別決議によって当該譲渡にかかる契約の承認を受けなければならな
い（会社467条1項2号の2，309条2項11号）。この規定は，後述する事業譲渡の
制度趣旨と同様で，当該株式の譲渡にも事業譲渡等の規律を適用し，子会社の
株式等の譲渡に反対の親会社株主は当該親会社に対して自己の有する株式を公
正な価格で買い取ることを請求することができる（会社469条）。

(2)　定款による株式譲渡制限

　すべての株式または一部の種類株式の譲渡について，株式会社の承認を必要
とする旨を定款に定めることによってもその譲渡を制限できる（会社107条1項
1号，108条1項4号）。たとえば同族会社等において会社にとって好ましくな
い人物が株主となることを防止したい場合にこれが利用される。
　株式会社の当該譲渡承認機関は原則として取締役会設置会社では取締役会で
あり，非取締役会設置会社では株主総会であるが，定款で定めれば代表取締役
でもよいとされている（会社139条1項）。
　譲渡制限株式の譲渡を株式会社が承認しない場合には，株主の投下資本回収
の機会を保障する必要があるため株主は株式会社または指定買取人に当該株式
の買取りを請求することができ（会社138条1号ハ・2号ハ），株式会社または指
定買取人は当該株式を買い取らなければならない（会社140条1項・2項）。た
だし株主に対して交付する金銭等の帳簿価額の総額は当該行為がその効力を生
ずる日における分配可能額を超えてはならず，これを超えた株式の買取りは認
められない（会社461条1項1号）。
　株式会社が譲渡制限株式を買い取る場合には，株主総会の特別決議が必要で
ある（会社140条2項，309条2項1号）。また指定買取人の指定は非取締役会設
置会社では株主総会の特別決議で，取締役会設置会社では取締役会の決議によ
らねばならない（会社140条5項）。
　株式会社または指定買取人のいずれかが買い取ることになった場合，株式会
社または指定買取人は一定の事項を譲渡等承認請求者に通知しなければならな
い（会社141条，142条）。

　当該株式の売買価格は株式会社と譲渡等承認請求者との協議によって定めるが（会社144条1項），協議が調わない場合，株式会社または譲渡等承認請求者は買取通知日から20日以内に裁判所に株式売買価格決定の申立てをすることができる（同条2項）。

　譲渡制限株式を相続等の一般承継によって第三者が取得した場合，株式会社は当該株式を当該株式会社に売り渡すことを請求すること（売渡請求）ができる旨を定款に定めることができる（会社174条-177条）。もともと定款による株式譲渡制限の趣旨は会社にとって好ましくない者が株主になることを排除することにあり，本規定もこの趣旨に適っている。

　当該定款の定めがある場合において売渡請求をしようとするときは株式会社はその都度，株主総会の特別決議によって，請求をする株式の数（種類株式であればその種類および種類ごとの数），株式を有する者の氏名または名称を定めなければならない（会社175条1項，309条2項3号）。

　相続人間で持分割合が未確定の場合の準共有状態にある株式に関し，準共有者の一部の者のみに対して売渡請求をすることについて裁判例には，会社法上禁止されているとは解されず，その場合の株式の数は遺産分割協議等によって最終的に確定した持分割合の限度で有効なものとして定めることができるとするものがある（東京高判平24・11・28資料版商事356・30）。

　ところで，定款による譲渡制限株式の取得者は株式会社の承認がなければ株式会社に対して名義書換請求ができない（会社134条1号・2号，136条，137条）。判例は，取締役会の承認なく譲渡制限株式を譲渡した場合でも株式会社に対しては効力を生じないが譲渡当事者間では有効と解し（最判昭48・6・15民集27・6・700），また取締役会の承認を得ないでされた株式の譲渡は譲渡の当事者間では有効であるが会社に対する関係では効力を生じないと解すべきであるから会社は譲渡人を株主として取り扱う義務があり，その反面として譲渡人は会社に対してはなお株主の地位を有すると解している（最判昭63・3・15判時1273・124）。

(3)　契約による株式譲渡制限

　合弁事業（joint venture）契約では，株主間の株式の先買権条項により，従業員持株制度では会社と従業員あるいは従業員持株会と従業員との間の従業員持株契約により株式の譲渡制限がなされる場合がある。

　従業員持株制度導入にあたっては会社が当該契約の当事者になることは株式譲渡自由の原則等，会社法の趣旨に照らして問題がないとはいえないため，実際には従業員持株会のような会社以外の第三者を介在させていることが少なくない。従業員持株制度は従業員が当該会社の株式を取得して株主になることにより従業員の経営参加意識および勤労意欲を高め従業員の資産形成・福利厚生を図り安定株主を形成するという目的がある。

　当該制度においては従業員が当該株式を取得するにあたり会社から奨励金が支給されることがあり，また退職するまでは当該株式を譲渡してはならず退職時には取得価額と同額で会社または持株会に売却譲渡しなければならない旨の契約がなされることもある。

　契約自由とはいえ，従業員は上司から勧誘されれば立場上，当該契約をすることを余儀なくされる場合も考えられる。従業員がその会社の株式を保有するということには，会社が倒産すれば従業員としての地位も株主としての地位も失ってしまう二重のリスクがある。そのようなハイリスクにもかかわらずたとえば，株式譲渡制限付で退職時には取得価額で持株会等へ株式を売却しなければならない旨の条項でもあれば，キャピタルゲインによるハイリターンも期待できず，また退職するまで長期間，投下資本の回収ができないことから株式譲渡自由の原則の趣旨に反し（会社127条），さらに配当性向が相当高くない限り契約の内容によっては公序良俗に反して無効（民90条）ではないかという問題がある。

　判例は，従業員持株制度において取得した株式を同額で取締役会の指定する者に譲渡する旨の株主と会社との合意は従業員が当該制度の趣旨，内容を了解した上で株式を取得し，毎年8％ないし30％の割合による配当を受けていたような場合には公序良俗にも反しないとしている（最判平7・4・25裁判集民175・91）。また判例には，日刊新聞法の適用を受ける非公開会社において持株会から一定額で取得した株式を従業員が個人的理由で売却する必要が生じた場合に持株会が同額でこれを買い戻すとする株式譲渡ルールには合理性がないとはいえず，自由意思による合意は会社法107条および会社法127条に反せず公序良俗にも反しないから有効であるとするものもある（最判平21・2・17判時2038・144）。

17　株式の担保

　株式には財産的価値があるので，原則として自由に担保に差し入れることは可能である。株式の担保には株式に質権を設定する株式の質入れ（会社146条）と明文の規定はないが実務上，非典型担保である株式の譲渡担保がある。株式の質入れには略式株式質（略式質）と登録株式質（登録質）があり，譲渡担保には略式譲渡担保と登録譲渡担保がある。

(1)　株式の質入れ

　株券発行会社の場合，略式株式質の質権設定の効力発生要件は当事者間の合意はもちろん株券の交付であり（会社146条2項），会社および会社以外の第三者に対する対抗要件は株券の継続占有である（会社147条2項・3項）。ここでは民法の質権設定の対抗要件である通知・承諾に関する規定（民364条）の適用が排除される（会社147条3項）。

　さらに，略式株式質において質権者の氏名または名称および住所，質権の目的である株式を株主名簿に記載・記録すれば（会社147条1項，148条），登録株式質となり特別な効力が認められる。

　株券不発行会社の場合，当事者間の合意のみで株式の質入れの効力は発生するが，交付すべき株券が存在しないため略式株式質も存在しない。会社および会社以外の第三者に対抗するためには，株主名簿への質権者の氏名または名称および住所，質権の目的である株式の記載・記録が必要であり（会社147条1項），その意味で登録株式質しか存在し得ない。

　ただし，株券不発行会社でも上場会社のように株式振替制度を利用する会社の場合，登録株式質も略式株式質も認められる。この場合の質権設定の効力発生要件は振替口座簿の質権欄に当該質入れにかかる数の増加の記載・記録を受けることであり（振替141条），さらに振替機関が発行会社に総株主通知をする際（振替151条1項），加入者（質権者）からの申し出があれば質権者の氏名等が通知され（同条2項），それによって株主名簿にそれらの記載があれば登録株式質になり申出がなければ略式株式質になる。

　株式の質権者には，質入れの効力として一般的には優先弁済権（民342条，362条）があり，株券発行会社の場合，留置的効力もある（民347条）。

　さらに，物上代位的効力については会社法に特則があり剰余金の配当等，会社が一定の行為をした場合，当該行為によって当該株式の株主が受けることのできる金銭その他の財産にも質権が存在する（会社151条）。なお登録質権者は物上代位権を行使して金銭（に限る）を受領し他の債権者に先立って自己の債権の弁済に充当することもできる（会社154条1項）。

(2)　株式の譲渡担保

　譲渡の目的が担保である譲渡担保は，明文の規定があるわけではないが，判例法上認められている非典型担保である（大判昭8・4・26民集12・767，最判昭57・9・28判時1062・81）。株式の譲渡担保は株券発行会社であれば通常，株券の交付によってなされるが，それによって質権の効力も発生するので，外観上は株式の譲渡担保なのか略式質なのか見分けがつきにくく結局，当事者の合意の意思にかかっている。その場合，名義書換をして登録株式譲渡担保にしておけば担保権者は会社から株主として取り扱ってもらえる。

　ところで，譲渡制限株式を譲渡担保に供する場合にも会社の承認（会社136条，137条1項，139条1項）が必要であるかどうか争いがあるが，これは譲渡担保のとらえ方による。つまりそれを譲渡ととらえればそれが必要と解され，担保ととらえれば担保権設定時には不要であり，担保権実行時には必要であると解される。

18　自己株式の取得

　株式会社が自ら発行し割り当てた株式を再び取得して保有している場合のその株式を自己株式といい（会社113条4項括弧書），その株式を取得することを自己株式の取得という。

　一般に自己株式を取得する場合，会社はその対価を支払わなければならず（有償），それは会社財産である金銭等の社外への流出を意味することから様々な弊害が想定され，かつては自己株式の取得およびその保有は原則禁止となっていた。

　その弊害とは，①自己株式の取得は出資の払戻しのおそれがあり，資本の空洞化に繋がり会社債権者を害するおそれがあること，②自己株式を一部の特定の株主からのみ取得することにより株式売却の機会が平等に与えられず，しか

も場合によっては特定の株主からその者にとって有利な価格（廉価）で取得する等，株主間の公平・平等を損なうおそれ，③現経営者が会社の財産で恣意的に自己株式を取得することによって会社支配権を維持・強化し，会社支配の公正性を害するおそれがあること，④自己株式を取得しようとすれば株式取引の需給バランス上，一時的にせよ株価の急騰につながり，それが現経営者による相場操縦やインサイダー取引の温床になる等，流通市場を害するおそれがあること等であった。

しかし，適当な投資の機会がなく，しかも株価が低迷しているような株式会社において余剰資金があれば剰余金の配当以外では自己株式を取得するほうが株主にとって合理的である場合もあるし，また株式市場における需給バランスの改善・活性化に繋がるとの経済界の期待もあって，自己株式取得の原則禁止の解禁が求められるようになり，平成13（2001）年商法改正で大転換が図られた。

現在では，会社法上の自己株式取得の手続・方法・財源に関する一定の規制，および金融商品取引法上の規制の下で従来想定されていた弊害を最小限に抑えるための手当てがなされたことにより（弊害の防止・軽減措置），自己株式の取得が幅広く認められている（会社155条以下）。

たしかに，会社法155条によれば自己株式を取得できる場合が限定列挙されているが，自己株式取得の目的・理由を問わず株主総会の決議で取得できるようになっていることから（会社155条3号，156条1項），財源規制を受けることがあるとはいえ（会社461条1項1号-7号），自己株式の取得は事実上原則として自由化されたといってよい。ただし募集株式の発行，株式無償割当て，自己新株予約権の行使によって自己株式を取得することは依然として禁じられている（会社186条2項，202条2項，280条6項）。

なお，持分会社は自己持分を譲り受けることはできず，たまたまそれを保有したとしてもこれを取得した時に消滅する（会社587条）。

(1) 自己株式を取得できる場合

会社が自己株式を取得できるのは，①取得条項付株式の一定の事由が生じた場合の取得（会社155条1号，107条2項3号イ），②会社が譲渡承認しない譲渡制限株式の買取請求があった場合の取得（会社155条2号，138条1号ハ・2号ハ，会社則27条5号），③株主総会決議等に基づく株主との合意による取得（会社

155条3号，156条1項），④取得請求権付株式の取得請求があった場合の取得
（会社155条4号，166条1項），⑤全部取得条項付種類株式の株主総会決議があっ
た場合の取得（会社155条5号，171条1項），⑥株式相続人等（一般承継人）への
売渡請求に基づく取得（会社155条6号，176条1項），⑦単元未満株式の買取請
求があった場合の取得（会社155条7号，192条1項），⑧所在不明株主の株式の
取得（会社155条8号，197条3項各号），⑨端数処理手続の場合の取得（会社155
条9号，234条4項各号），⑩他の会社の事業全部を譲り受ける場合にその会社
が有する株式の取得（会社155条10号），⑪合併後消滅する会社からの株式の承
継取得（会社155条11号），⑫分割会社からの株式の承継取得（会社155条12号），
⑬その他法務省令で定める場合（会社155条13号）として，⑭無償での取得（会
社則27条1号），⑮他の法人が行う剰余金の配当・残余財産の分配，組織再編行
為・新株予約権の対価として交付される場合の取得（会社則27条2号-4号），
⑯その権利の実行に当たり目的を達成するために取得することが必要かつ不可
欠である場合の取得（同条8号）がある。

(2)　手続規制

　自己株式の取得は，株主との合意による取得と株主との合意以外の事由によ
る取得に分けられる。株主との合意以外の事由による取得の手続については本
書で個別に触れているため，ここでは株主との合意による取得の手続について
述べる。
　株主との合意による自己株式取得は，①すべての株主または種類株主に譲渡
の勧誘をし，申込みの機会を与えてその申込みに応じて行う取得（会社158条，
159条），②特定の株主からの取得（会社160条），③市場取引等（市場において行
う取引または公開買付けの方法）による取得（会社165条，金商27条の2第6項，27
条の22の2第1項1号）に分けられる。特定の株主からの取得には，相続人そ
の他の一般承継人（相続人等）からの取得（会社162条）および親会社の子会社
からの取得（会社163条）も含まれる。
　株主との合意による有償取得の場合，原則としてあらかじめ株主総会の授権
が必要であり，株主総会の普通決議（会社309条1項）であらかじめ，①取得す
る株式の数（種類株式を取得する場合は株式の種類および種類ごとの数），②取得
と引換えに交付する金銭その他の財産（会社151条）の内容と総額，取得期間
（最長1年間。以下，「取得総数，取得対価，取得期間」という）を定めなければな

らない（会社156条1項・2項）。

　ただし，剰余金の配当等に関する決定を取締役会で行えるような一定の要件
を満たす会社（会計監査人設置会社で取締役の任期がその選任後1年以内の最終決
算期に関する定時株主総会の終結時までとするもので，監査等委員会設置会社・指
名委員会等設置会社・監査役会設置会社に限られる）では，特定の株主からの取
得の場合を除き取締役会決議で取得総数・取得対価・取得期間を定めることが
できる旨を定款で定めることができる（会社459条1項1号）。

　特定の株主からの自己株式取得の場合，特定の株主だけに株式売却の機会が
与えられ株主間の公平を害するおそれがあるため，①株主総会の授権決議（会
社法156条1項に掲げる事項の定め）および②特定株主から取得する旨（通知を特
定の株主に対して行う旨）についての決議は特別決議でなければならない（会社
160条1項，309条2項2号）。

　この場合，取得の相手方となる株主は議決権行使が排除され（会社160条4項），
さらに特定の株主以外の他の株主（または種類株主）は自己を売主に追加する
よう請求でき（同条2項・3項，会社則28条，29条），これを売主追加請求権と
いう。

　ただし，株式に市場価格がある場合（会社161条）および相続人その他一般承
継人（相続人等）から取得する場合（会社162条）にはこの売主追加請求権はな
い。

　次に，株主総会の授権に基づく自己株式取得の場合，その都度，取得価格等
（取得する株式の数〔種類株式の場合はその種類・株式数〕，株式一株当たりの取得
の対価の内容・数・額・算定方法，取得の対価の総額，株式の譲渡しの申込みの期
日）の具体的な決定が必要である（会社157条1項）。取締役会設置会社の場合，
取締役会決議でそれらを定めなければならない（同条2項）。

　取得価格等は株主に通知（公開会社では公告でも可）されなければならず（会
社158条），株式会社は株主からの申込みがあれば，株式の譲渡しの申込みの期
日において株式の譲受けを承諾したものとみなされ（会社159条2項本文），そ
の株式を取得する。申込総数が取得総数を超えた場合は按分により取得するこ
とになる（同条2項但書）。

　なお，子会社からの自己株式取得の場合，会社法157条から会社法160条まで
の規定は適用されず，取締役会設置会社では取締役会決議だけで，非取締役会
設置会社では株主総会の普通決議だけで取得総数，取得対価，取得期間を定め

れば取得でき（会社163条），株主に対する通知等も不要である（会社158条参照）。
　また，市場取引等による自己株式取得の場合も会社法157条から会社法160条までの規定は適用されず，特定の株主からの取得であっても株主総会の普通決議で取得総数・取得対価・取得期間を定めることができ，また会社法459条1項1号にもかかわらず取締役会設置会社（会社2条7号，327条1項）であれば取締役会の決議で取得総数・取得対価・取得期間を定めることができる旨を定款で定めることができ（会社165条2項・3項），株主に対する通知等も不要である。

(3)　財源規制

　自己株式の取得の財源規制としては，資本の社外流失に一定の歯止めをかけようとする剰余金分配規制と同様の分配可能額規制（会社461条）と取締役等の期末の欠損塡補責任（会社465条）がある。この財源規制は自己株式取得による資本の空洞化を防ぐのに重要である。
　分配可能額規制とは，①自己株式を取得する行為により株主に対して交付する金銭等（当該株式会社の株式を除く）の帳簿価額の総額は自己株式取得の効力発生日における分配可能額を超えてはならず（会社461条1項2号・3号），②分配可能額を超えて自己株式を取得する行為により金銭等の交付を受けた者ならびに当該行為に関する職務を行った業務執行者（業務執行取締役・執行役），株主総会・取締役会の議案提案取締役・執行役は，当該株式会社に対して連帯して当該金銭等の交付を受けた者が交付を受けた金銭等の帳簿価額に相当する金銭を支払う義務を負う（会社462条1項1号・2号）とするものである。
　ただし，業務執行者および議案提案者等はその職務を行うについて注意を怠らなかったことを証明したときは，そのような支払義務は負わない（会社462条2項）。また分配可能額を超えることにつき善意の譲渡株主は履行者等からの求償に応じる義務を負わない（会社463条1項）。なお分配可能額を超えた場合の支払義務は会社債権者保護の要請から，総株主の同意があっても免除できない（会社462条3項）。
　取締役等の期末の欠損塡補責任とは，財源規制に従って剰余金配当や自己株式の取得をした場合であってもその後，会社が不測の損失を計上したような場合や事業年度末（期末）に分配可能額に欠損が生じる場合等があるがこの場合，取締役等の業務執行者は職務を行うについて注意を怠らなかったことを証明し

た場合を除き分配可能額の超過額につき会社が交付した額を限度として会社に対し連帯して支払う義務を負うというものである（会社465条1項2号・3号）。ただしこの義務は総株主の同意があれば免除できる（会社465条2項）。

　なお，分配可能額規制によって自己株式の取得自体が認められない場合として，①取得条項付株式の取得（会社155条1号，170条5項），②譲渡制限株式の譲渡等承認請求に対して株式会社がそれを承認しない場合の取得（会社155条2号，461条1項1号，138条1号ハ・2号ハ），③株主との合意により会社法156条1項の決議に基づく取得（会社155条3号，461条1項2号），④取得請求権付株式の取得（会社155条4号，166条1項），⑤全部取得条項付種類株式の取得（会社155条5号，461条1項4号，171条1項），⑥相続人その他の一般承継人（相続人等）に対する譲渡制限株式の売渡請求に基づく取得（会社155条6号，461条1項5号，176条1項），⑦所在不明株主（株主に対してする通知または催告が5年以上継続して到達しない場合）の株式の全部または一部の取得（会社155条8号，461条1項6号，197条3項），⑧一株に満たない端数を処理するための取得（会社155条9号，461条7号，234条4項，235条2項）がある。

　それに対して自己株式の取得対価が分配可能額を超えても認められる場合として，①単元未満自己株式の取得（会社155条7号，192条1項），②他の会社の事業の全部を譲り受ける場合の譲渡会社が有する自己株式の取得（会社155条10号），③合併により消滅会社から承継する自己株式の取得（同条11号），④吸収分割により吸収分割承継会社が吸収分割会社から承継する自己株式の取得（同条12号），⑤会社の組織再編行為に反対の株主の株式買取請求による会社の自己株式の取得（会社469条1項，785条1項，797条1項，806条1項，会社則27条5号），⑥会社法116条1項に規定する反対株主の株式買取請求による会社の自己株式の取得（会社則27条5号），⑦株式併合により一株に満たない端数が生じる場合の株式買取請求による自己株式の取得（会社182条の4第1項），その他法務省令で定める場合（会社155条13号，会社則27条）がある。

　このように財源規制が緩和される根拠として，①そもそも株主への払戻しが生じない場合があること，②自己株式の取得にはやむを得ない場合があること，③株主の投下資本回収機会の確保等その他の株主の保護の必要性があること，④場合によっては債権者異議手続があること（会社799条1項2号）等が挙げられる。

　なお，前述のように会社法116条1項に規定する反対株主の株式買取請求お

よび株式併合により一株に満たない端数が生じる場合の株式買取請求にかかる
自己株式の取得（会社182条の4第1項）は，分配可能額を超えて株主に支払う
場合でも認められるが，当該株式の取得に関する職務を行った業務執行者はそ
の職務を行うについて注意を怠らなかったことを証明しない限り株式会社に対
し連帯してその超過額を支払う義務を負い，これは総株主の同意がなければ免
除できない（会社464条）。

(4)　違法な自己株式取得の効力

　手続規制や財源規制に反する違法な自己株式の取得の私法上の効力は無効と
解されている（最判昭43・9・5民集22・9・1846）。ただし自己株式取得の規
制は株主間の利益調整のための手続規制であったり会社の資本を維持し債権者
を保護するための財源規制であったりすることから会社の側からのみ無効主張
できるとされている（最判平5・7・15判時1519・116）。

　また，会社には無効を主張する理由があっても取引の安全の要請により，相
手方が善意の場合，会社側からは無効を主張することができないとする相対的
無効説もある。会社の側からのみ無効主張できるとすれば，取得後に株価が値
下がりした場合にだけ無効主張するという投機の機会を会社に与えかねないこ
とから相対的無効説が妥当であると思われる。

　なお，自己株式を違法に取得した関与者（取締役・執行役・使用人等）には刑
事罰が科せられる（会社963条5項1号）。

(5)　自己株式の保有（金庫株）

　株式会社は取得した自己株式を期間の制限なく保有でき，これを金庫株とも
いう。自己株式は経営者による会社支配の公正確保のため，株式会社が保有し
ている間は議決権が認められず（会社308条2項，325条），またその他の共益権
もないと解されている。さらに自益権についても，①剰余金配当請求権（会社
453条括弧書），②残余財産分配請求権（会社504条3項），③募集株式・募集新株
予約権の株主割当てを受ける権利（会社202条2項括弧書），④募集株式・募集
新株予約権の無償割当てを受ける権利（会社186条2項，278条2項）はない。た
だし株式の併合および株式の分割の効果は自己株式にも及ぶと解されている
（会社182条，184条1項）。

　なお，自己株式は貸借対照表には資産の部に控除項目として計上される（会

社計算76条2項5号）。自己株式に資産性を認めると当該株式の価値が下落すると負のスパイラルに陥るおそれが懸念されるからである。

(6) 自己株式の消却

株式の消却とは特定の株式を失効させ消滅させることである。それを行うと発行済株式総数が減少する分，一株当たりの価値が向上する。ただし発行可能株式（種類株式）総数（会社37条1項）は減少しない。

その手続としては，消却しようとする株式が既に保有している自己株式でなければ，まず自己株式として当該株式を取得してから行う。したがって株式の消却は自己株式の消却を意味する。

なお，取締役会設置会社では取締役会の決議で消却する株式の種類と数（種類株式の場合，自己株式の種類および種類ごとの数）を定めて行い（会社178条1項），非取締役会設置会社では株主総会の普通決議で決定しなければならない（会社309条1項）。

(7) 自己株式の処分

自己株式の処分とは，会社が自己株式を譲渡することである。保有する自己株式の処分方法には，①株式の無償割当て（会社185条），②募集株式の発行等（会社199条），③取得請求権付株式・取得条項付株式・全部取得条項付種類株式の取得対価としての交付（会社108条2項5号ロ・6号ロ，171条1項1号イ），④単元未満株主の売渡請求に対する売渡し（会社194条3項），⑤新株予約権の行使に対する交付（会社282条），⑥吸収合併・吸収分割・株式交換に際しての交付（会社749条1項2号イ，758条4号イ，768条1項2号イ）がある。

自己株式を有償で処分する場合，株式会社にとっては新たな資金調達となり経済的には新株発行による資金調達と同じ意味合いをもつ。そこで会社法は自己株式の有償処分と新株発行を「募集株式の発行等」という概念で統一して共通の規制を課している（会社199条以下）。

違法な自己株式の処分に対しては，①株主の自己株式処分差止請求権（会社210条），②不公正な払込金額で株式を引き受けた者等の差額支払義務（会社212条），③自己株式処分無効の訴え（会社828条1項3号・2項3号）が認められる。

⑻　子会社による親会社株式の取得制限

　自己株式取得の原則禁止が解禁されている現行法においても，子会社が親会社の株式を取得することは原則として禁止されている（会社135条1項，会社則3条4項）。自己株式の取得は財源規制によって資本の空洞化を防止できるが，①子会社が親会社の株式を取得する場合には財源規制を課すことは法技術的に難しいこと，②親会社が子会社に支配的影響力を行使して強制的に親会社株式を取得させることによる株式の不公正取引，③親会社の経営者による支配の公正性に問題が生ずること等から今日でも原則禁止とされているのである。

　ただし，子会社がやむを得ず親会社の株式を取得してしまうような場合（組織再編行為等による他の会社からの親会社株式の承継）には例外的に取得が認められるが（会社135条2項），その場合には相当の時期にその株式を処分しなければならない（会社135条3項。ただし会社800条2項，802条2項）。親会社がその株式を取得することも可能である（会社155条3号，156条1項，163条）。なお子会社が親会社の株式をたまたま保有しても株式相互保有規制上，議決権を行使することはできない（会社308条1項括弧書）。

19　株主名簿

　株式が譲渡されると株式会社は誰が株主としての権利行使者であるかを把握することが困難となる場合がある。そこで株式会社は株主の請求に応じて株主名簿にその住所・氏名等を記載することで流動的な株主の集団的・画一的な処理を行い，事務処理上の便宜を図っている。

　会社が作成する株主名簿には，①株主の氏名または名称および住所，②株主の有する株式の数（種類株式の場合は種類および種類ごとの数），③株主の株式取得日，④株券発行会社では株券番号を記載・記録しなければならない（会社121条）。

　株式会社は株主名簿管理人を置く旨を定款に定め，その者に株式会社に代わって株主名簿の作成および備置きその他の株主名簿に関する事務を委託することができる（会社123条）。

　株主名簿に記載・記録されると，株主総会の招集通知等の各種の通知や催告，剰余金の配当等が株主名簿上の株主の住所・連絡先等に対して行われる（会社

126条1項，457条）。

　ただし，当該通知または催告が5年以上継続して到達しない場合，以後，株式会社は当該通知または催告をしなくてもかまわない（会社196条1項-3項）。このような長期間所在不明の株主の株式については，株式会社は競売等の方法で当該株式を売却し後に株主の所在が判明すればその代金をその株主に交付することができる（会社197条，198条）。

　株式会社は株主名簿を本店に，株主名簿管理人がある場合はその営業所に備え置かなければならない（会社125条1項）。株主および債権者は正当な理由を明らかにすれば，営業時間内はいつでも株主名簿の閲覧・謄写を請求することができる（同条2項）。これを株主名簿閲覧等請求権という。

　ただし，次のような拒絶事由があれば株式会社は株主名簿の閲覧等請求を拒絶できる（同条3項）。すなわち，①請求を行う株主または債権者（請求者）がその権利の確保または行使に関する調査以外の目的で請求を行ったとき，②請求者が株式会社の業務の遂行を妨げ，または株主共同の利益を害する目的で請求を行ったとき，③請求者が株主名簿の閲覧または謄写によって知り得た事実を利益を得て第三者に通報するため請求を行ったとき，④請求者が過去2年以内において株主名簿の閲覧または謄写によって知り得た事実を利益を得て第三者に通報したことがあるときである。

　なお，2014（平成26）年改正会社法では，株主名簿等（新株予約権原簿も含む）の閲覧拒絶事由から「実質的に競争関係にある事業を営み，またはこれに従事するものであるとき」という文言が削除された（会社125条3項参照，252条3項参照）。

　判例には「権利の確保または行使に関する調査以外の目的」（会社125条3項1号）に関して，元総会屋が行った株主名簿の閲覧等請求は株主としての権利の確保等のためでなく金員の支払いを再開，継続させる目的をもってされた嫌がらせであるか，あるいは右金員の支払いを打ち切ったことに対する報復としてされたものと推認されるとしたものがある（最判平2・4・17判時1380・132）。

　また，会社法上の株主の株主名簿閲覧等請求権は株主を保護するために株主として有する権利を適切に行使するために認められたものであるから，金融商品取引法上の損害賠償請求権を行使するための調査は「株主の権利の確保または行使に関する調査」に該当しないとしたものがある（最決平22・9・14資料版商事321・58）。

　他方，公開買付勧誘目的および委任状勧誘目的は，いずれも株主の権利の確保または行使に関する調査の目的に該当するとした裁判例もある（東京地決平24・12・21金判1408・52）。

　なお，株式会社の親会社社員もその権利を行使するため必要があるとき理由を明らかにすれば，裁判所の許可を得て当該株式会社（子会社）の株主名簿の閲覧等の請求をすることができるが，前述の拒絶事由に該当すれば裁判所はそれを許可することができない（会社125条5項）。

20　名義書換

　株式を新たに譲り受けた者（株式取得者）が株主としての地位を株式会社に対して主張するためには，株主名簿上の名義等（氏名または名称および住所）を自己の名義に書き換えてもらうべくその記載・記録を株式会社に請求する必要があり（会社130条1項・2項），これを名義書換という。ただし会社の承認なく譲渡制限株式を譲り受けた者は名義書換を請求することはできず，会社もこの譲受人を株主として扱うことはできない。

　名義書換は利害関係人の利益を害するおそれがないものとして法務省令で定める場合を除き，原則として株式取得者が株主名簿上の株主または相続人その他の一般承継人と共同で請求しなければならない（会社133条1項・2項）。ただし，①株式を発行した場合，②自己株式を取得した場合，③自己株式を処分した場合，④株式の併合・分割のように会社側の都合による場合には，会社は株主の請求がなくても株主名簿の名義書換をしなければならない（会社132条1項-3項，会社則22条）。

　株券発行会社では株券を占有する者は適法な権利者と推定されるため（会社131条1項），株式取得者は権利があることを証明しなくてもよく，また会社に対する株券の提示だけで名義書換の請求ができる（会社則22条2項1号）。その場合，株券所持人からの名義書換請求に応じた株式会社は請求者が真の権利者でなかったとしても悪意・重過失がない限り免責される（手40条3項参照）。

　株券不発行会社では，株式の譲渡は譲渡当事者間の意思表示だけでその効力は生じるものの，名義書換をしなければ会社および会社以外の第三者に対して対抗できない。

　名義書換請求権は株式取得者の権利であって株式会社の義務ではない。株式

を取得しても，名義書換の失念や不当拒絶等により名義書換がなされていない場合を名義書換未了という。この場合，株式会社はたとえ株式譲渡の事実を知っていたとしても株主名簿上の株主を株主として取り扱うことができる。

　ただし判例は，名義書換は株式譲渡の対抗要件にすぎないことから株式の移転は取得者の氏名および住所を株主名簿に記載しなければ会社に対抗できないが，会社からは右移転のあったことを主張することは妨げないと解している（最判昭30・10・20民集9・11・1657）。しかし株式会社の側から名義書換未了株主の権利行使を認めることができるとしても，その名義書換未了株主が実際には株主でなかったような場合，株式会社は株主名簿の免責的効力を受けられずリスクを負担しなければならない。

　会社の過失による名義書換未了の場合，判例は，会社は株式譲受人を株主として取り扱うことを要し，株主名簿に株主として記載されている譲渡人を株主として取り扱ってはならないとしている（最判昭41・7・28民集20・6・1251）。

　また，会社による名義書換の不当拒絶の場合，判例は，正当な理由がないのに株式名簿の名義書換に応じない会社は新株主が株主名簿に記載されていないという事由を主張することは許されず，その者に招集通知を欠く招集手続は違法であるとしている（最判昭42・9・28民集21・7・1970）。

21　基準日

　株式が転々と流通し株主が頻繁に入れ替わるような会社では，株式会社は株主としての権利行使者を確定することは容易ではない。そこで株式会社は一定の基準日を定め，基準日における株主名簿上の株主（基準日株主）に権利行使をさせることができる（会社124条1項）。ただし株式分割（会社183条，184条）の場合，基準日があっても厳密には権利行使ではない。

　基準日株主は基準日から3ケ月以内に権利を行使しなければならない（会社124条2項括弧書）。わが国では実際には6月下旬に定時株主総会が集中するが，これは3月末決算の株式会社が少なくなく，それらの会社が株主総会の議決権行使や剰余金配当に応じるための基準日を3月末に設定しているためである。

　株式会社が基準日を定める場合，基準日株主が行使できる権利の内容を定めなければならないが（会社124条2項），たとえば臨時に行われる株式分割のようにそれを定款で定めていない場合，その定めた事項を基準日の2週間前まで

に公告しなければならない（同条3項）。

　なお，基準日後に株式を取得した者は原則として権利行使は認められないが，株主総会または種類株主総会の議決権については，株式会社は基準日株主の権利を害しない限り，取締役の裁量でその権利行使を認めることができる（会社124条4項）。基準日後に株式を売却した者は，すでに株主ではなくてもたとえば株主総会に出席して議決権を行使できる。

22　振替株式

　振替株式とは，「社債，株式等の振替に関する法律」に基づく株式譲渡制限会社以外の株券不発行会社において振替制度利用に同意した株式会社の株式であり（振替13条），上場会社の株式は振替制度が事実上強制される振替株式である。株式振替制度は大量に取引される株式の決済を円滑・迅速に行うためのものである。

　振替制度利用に同意した株式会社の株主は全員，証券会社等の口座管理機関へ顧客口座（口座管理機関の自己口座）の開設が求められ（当該口座を開設した株主を加入者という），各口座管理機関は振替機関に振替口座を有する。すなわち顧客口座の上位機関が口座管理機関，そのまた上位機関が振替機関（証券保管振替機構，いわゆる「保振機構」）である。

　振替株式の譲渡・質入れは，譲渡人・質権設定者の振替の申請により譲受人・質権者が振替口座における保有欄・質権欄に当該譲渡・質入れにかかる数の増加の記載または記録を受けることによってその効力が生じる（振替140条，141条）。よってこの振替口座への増加の記載・記録が振替株式の譲渡・質入れの効力発生要件となる。また振替口座への記載・記録は株券発行会社における株券の占有と同じ効果があるため会社以外の第三者への対抗要件も備えたことになる。

　振替口座簿の名義人は，その口座における増加の記載・記録がされた振替株式についての権利を適法に有するものと推定される（振替143条）。よって増加の記載・記録を受けた者が善意・無重過失の場合，増加した株式の権利を善意取得する（振替144条）。

　株式譲渡・質入れの会社に対する対抗要件は株主名簿の記載・記録であるが（振替152条1項，161条3項），株式取得者は名義書換を請求できず，振替機関に

よる総株主通知があって初めて名義書換が行われる（振替151条，161条1項，会社133条参照）。

　総株主通知は原則として株式会社が基準日を定めたときの基準日および事業年度開始後6ヶ月を経過した日の年2回しか行われないため，少数株主権等を行使しようとする株主にとって株式の増加が反映されていない場合がある。この場合，株主は自己の口座管理機関を通じて振替機関から会社に個別株主通知をしてもらうことができる（振替154条3項・4項）。

　ところで，株主・登録質権者が一定の日までに会社に口座を通知しなかったために会社が株主等の口座を知ることができない場合，会社は特別口座を開設し（振替131条3項），加入者の株式数等を振替機関に通知しなければならない（同条5項）。その特別口座は複数存在する場合もあり，その場合それらを統合し一つの特別口座に移管することが合理的であるが，従来そのための手続規定がなかった。そこで2014（平成26）年改正会社法では，移管元特別口座から移管先特別口座への振替申請が可能となった（振替133条の2）。

23　株式の併合

　株式の併合は，発行済の全株式または特定の種類株式について数個の株式を合わせてそれよりも株式の数を減少させることである（会社180条1項）。株式の併合は株主の保有株式数を按分比例によって一律に減少させるので発行済株式総数は減少するが，会社財産・資本金額・発行可能株式総数にはなんら影響を与えない。株式併合は株式会社にとって，株主総会招集通知のための印刷費および郵送費等の株主管理費用を節減できるメリットがある。

　ただし，株式の併合はたとえば10株を1株に併合する場合，もともと9株しか保有していなかった株主には1株に満たない株式の端数が生じることによって少数派株主が締め出されてしまうことがあったり，また株式の併合によって当然ながら一株当たりの価値は増加するものの，空売りを仕掛けられて株価が大きく下落することがあったりする。

　このように株式の併合は株主の利益に重大な影響を与えかねないので，①併合の割合，②併合の効力発生日，③種類株式発行会社における併合する株式の種類を定める場合には株主総会の特別決議を要し（会社180条2項，309条2項4号），また取締役は株主総会で株式の併合を必要とする理由を説明しなければ

ならない（会社180条4項）。

　さらに，株式の併合を行う株式会社は，株主総会の特別決議で定める事項について原則として併合の効力発生日の2週間前までに株主（種類株式発行会社では当該種類株主）および登録株式質権者へ通知または公告をしなければならない（会社181条，180条2項）。

　また，株券発行会社の場合，株式会社に株券を提出しなければならない旨の公告・通知を当該効力発生日の1ヶ月前までにすること（会社219条1項），振替株式については当該効力発生日の2週間前までに振替機関に通知することが必要である（振替136条）。

　株式併合に伴う株式の一株に満たない端数にも処理手続が用意されており，株式会社は端数の合計数（その合計数に一に満たない端数が生ずる場合にあってはこれを切り捨てる）に相当する数の株式を競売し，かつその端数に応じてその競売により得られた代金を株主に交付しなければならない（会社235条1項）。しかし株式会社から締め出される少数派株主はその処理手続だけでは対価を争うことができずキャッシュ・アウト手続としては十分ではなかった。そこで2014（平成26）年改正会社法で次のように手当てがなされた。

(イ)　組織再編の規制と同様に，株主の併合に関する事項に関する書面等の事前備置手続（会社182条の2）および事後備置手続を設けた（会社182条の6）。これらは株式併合に関する一定の事項に関する書面等を事前・事後に本店に備え置き，株主の閲覧等に供しなければならない情報開示手続である。

(ロ)　株式の併合が法令または定款に違反する場合で株主が不利益を受けるおそれがあるときは，株主は株式会社に対して株式併合の差止めを請求できる（会社182条の3）。

(ハ)　株式併合により株式の数に一株に満たない端数が生ずる場合，組織再編における株式買取請求と同様に反対株主は当該株式会社に対して自己の有する株式のうち一株に満たない端数となるものの全部を公正な価格で買い取ることを請求することができる（会社182条の4第1項）。

(ニ)　株式買取請求があった場合の株式の価格の決定について効力発生日から30日以内に協議が調わない場合，裁判所に対して価格決定の申立てをすることができる（会社182条の5第2項）。

(ホ)　株式会社が株式の併合をしようとするときに株主総会の決議によって定めなければならない事項（会社180条2項）に，株式併合の効力発生日における

発行可能株式総数を追加し，さらに公開会社においては発行可能株式総数は当該効力発生日における発行可能株式総数の4倍を超えることができないこととなった（会社180条3項）。これにより株式併合で発行可能株式総数を無制限に拡大することができなくなり，株式の過度な希薄化を防止できる。

24　株式の分割・株式の無償割当て

株式の分割は，既存の株式を細分化して同一の種類の株式について一定の割合で一律にその数を従来よりも増加させることである（会社183条1項）。株式の分割は株主の保有株式数を按分比例によって一律に増加させるだけで，株式の併合と同様，会社財産・資本金額・発行可能株式総数にはなんらの影響も与えない。

また，株式の分割は株式の併合とは異なり既存株主の利益に不利益を与えることはないので，非取締役会設置会社では株主総会の普通決議で，取締役会設置会社では取締役会決議で行うことができる（会社183条2項，309条1項）。

その際，定めるべき事項は，①分割により増加する株式総数の株式の分割前の発行済株式（種類株式発行会社では当該種類の発行済株式）の総数に対する割合および当該株式の分割にかかる基準日，②分割の効力発生日，③種類株式の場合の分割するその種類である（会社183条2項）。

基準日の株主名簿上の株主は効力発生日に分割によって増加した株式をその持株数に比例して無償で取得する（会社184条1項）。株式の分割に伴う当該効力発生日における発行可能株式総数については，種類株式発行会社を除き株主総会の決議によらないで分割の割合に応じて比例的に増加させる定款変更を認めている（会社184条2項）。株主への通知または公告は，株式の併合と同様に株式の分割の基準日の2週間前までにする必要がある（会社183条2項1号，124条3項参照）。

上場会社における株式の分割は，基準日の公告と効力発生時における新株式の無償交付との間にタイムラグがありその間の株式取引の需給バランス上，株価の急騰につながりやすく，また一株当たりの価格が引き下げられることにより流動性が高まり投資家が株式を購入しやすくなることから，株式の併合と異なり株主にとって一般に歓迎される。株式の分割は株価の急騰に繋がることからそれが敵対的株式公開買付けの対抗手段に利用された事例があり，株式分割

は株主の地位に実質的変動を及ぼすものではなく公開買付けを実施する上で事実上の障害が生ずるとしてもそれは新たに株主となろうとする期待が阻害されるにすぎないので募集株式の発行等の差止めの規定を株式の分割に類推適用することはできず，また手段の相当性の点で取締役会の権限濫用には当たらないとした裁判例がある（東京地決平17・7・29判時1909・87）。

　株式の無償割当ては，株主に対して無償で（株主に新たに払込みをさせないで）同一種類の株式または異なる種類の株式を割り当てることである（会社185条）。株式の無償割当ては無償で追加的に新株が割り当てられるという点では株式の分割と類似しているが，株式の分割は同一種類の株式の数が増加するのに対して，株式の無償割当ての場合，同一または異なる種類の株式が割り当てられ，また株式会社が保有する自己株式を交付できる点において異なっている。さらに自己株式は株式の分割の対象とはなるが，自己株式には株式の無償割当てはできず（会社186条2項），また株式の分割では基準日の設定が義務づけられているのに対し，株式の無償割当てにおいてはそれが義務づけられていない点でも異なっている。

　株式の無償割当ては株式の分割と同様，株主に不利益を与えることがないので，定款に別段の定めがある場合を除き取締役会設置会社では取締役会の決議で，非取締役会設置会社では株主総会の普通決議（会社309条1項）で，①株主に割り当てる株式数（種類株式発行会社の場合，株式の種類および種類ごとの数），②無償割当ての効力発生日，③種類株式発行会社の場合，無償割当てを受ける株主の株式の種類を定めることにより行うことができる（会社186条1項・3項）。株式の無償割当ての効力発生日後は，株式会社は遅滞なく株主（種類株式発行会社では当該種類株主）および登録株式質権者に対して通知をしなければならない（会社187条2項）。

　なお，株式の分割および株式の無償割当てに伴い一株に満たない端数が生じた場合の処理手続は，原則として会社が端数の合計数に相当する数の株式を競売しそれにより得られた代金を株主に交付するというものであり，株式の併合の場合と同様である（会社235条1項，234条1項3号）。

25　特別支配株主の株式等売渡請求

　キャッシュ・アウトとは，現金を対価とした少数派株主の会社からの締出し

を意味し，従来その手法には①金銭を対価とした組織再編（合併等），②全部取得条項付種類株式の取得，③株式の併合があった。いずれも株主総会の特別決議で行い，少数派株主を保護するために株主への当該事項の通知・公告，事前・事後の開示，反対株主の株式買取請求権，取得価格決定の裁判所への申立権，当該行為の差止請求権，株主総会決議の取消の訴え・無効の訴え（組織再編行為に限る）に関する制度が整備されている。他方でキャッシュ・アウトをする側にとっては手続等により時間が掛かりすぎることも指摘されていた。そこで，2014（平成26）年改正会社法により④特別支配株主による株式等売渡請求制度が導入され，特別支配株主が少数派株主から迅速にしかも株式だけでなく新株予約権・新株予約権付社債をも取得し，最終的に100％の株式を完全に取得することができるようになった。

　この株式等売渡請求制度によれば，株式会社（対象会社）の特別支配株主（株式会社の総株主の議決権の10分の9以上を直接または間接に保有する者）は当該株式会社の他の株主全員の株式・新株予約権者全員の新株予約権・新株予約権付社債権者全員の新株予約権付社債について現金を対価として強制的に売り渡すよう請求できる（会社179条1項-3項）。

　株式等売渡請求の手続として，まず特別支配株主は売渡請求をする旨を対象会社（自分が特別支配株主である会社）に通知し対象会社からその承認を受けなければならない（会社179条の3第1項）。対象会社が取締役会設置会社の場合，取締役会が承認をするか否かを決定する（同条3項）。取締役会は承認決定に際して当該売渡請求が企業価値を向上させ得るか対価が適正であるか対価の交付の見込みがあるか等の判断に関しても善管注意義務を負うものと考えられている。

　次に，対象会社が当該承認をしたときは売渡株主等（売渡株主・売渡株主の登録株式質権者・売渡新株予約権者）に対して取得日の20日前までに一定の事項を通知しなければならない（会社179条の4第1項）。売渡株主の登録株式質権者および売渡新株予約権者に対しては公告でもかまわない（同条2項）。

　さらに，対象会社では株式等売渡請求に関する事項を記載・記録した書面または電磁的記録の事前備置手続（会社179条の5）・事後備置手続（会社179条の10）が必要である。

　当該売渡請求が法令に違反する場合，通知・事前備置手続に関する規定に違反がある場合，対象会社の財産の状況その他の事情に照らして対価が著しく不

当である場合において売渡株主が不利益を受けるおそれがあるときは特別支配株主に対し売渡株式等の全部の取得の差止めを請求できる（会社179条の7）。

　また，売渡株主等は株式等売渡請求があった場合，取得日の20日前の日から取得日の前日までの間に裁判所に対し株式売買価格決定の申立てをすることができる（会社179条の8第1項）。この申立てをすることができる株主の範囲として，本条1項の趣旨は会社法179条の4第1項1号，社債株式振替法161条2項に基づく通知または公告により株式を強制的に売り渡さなければならなくなる株主に適正な対価を得る機会を与えることにあるから，上記の通知または公告により株式を強制的に売り渡さなければならないことが確定した後に株式を取得した者は本条1項による保護の対象ではないとする判例がある（最決平29・8・30民集71・6・1000）。

　特別支配株主は，この裁判所の決定がある前に当該特別支配株主が公正と認める対価を支払うこともできるが，裁判所が決定した売買価格と乖離があれば取得後のその分の法定利息を支払わなければならない（会社179条の8第2項・3項）。

　なお，売渡株式等の取得には無効の訴えの制度もあり，売渡株主等は取得日から6ヶ月以内であれば特別支配株主に対して売渡株式等の全部の取得の無効を訴えにより主張することができる（会社846条の2，同条の3）。

第4章　株式会社の機関

1　株式会社の機関

　法人は自然人と異なり，自ら意思決定をしたり意思表示をしたりすることができない。そのため法人を運営するには原則として自然人で構成される機関が必要である。法人である株式会社の意思決定（総会決議・業務決定）や意思表示（業務執行）は株式会社の機関がそれを行い，その機関の権限に基づく行為は会社行為となる。

　株式会社であれば，機関として少なくとも株主総会と取締役を設置しなければならない（会社295条1項参照，326条1項）。それ以外の機関は株式会社の公開性および資産規模に応じて定款の定めにより任意に設置されたり（設置任意），法律で設置が強制されたり（設置強制），禁止されたり（設置禁止）する（会社326条-328条参照）。株式会社の機関は次のように整理できる。

⑴　株主総会（会社の基本的事項の意思決定機関。会社295条）

⑵　取締役（非取締役会設置会社の業務執行機関・代表機関。会社348条1項，349条1項）

⑶　取締役会（取締役会設置会社の業務執行の決定に関する意思決定機関，取締役の職務執行の監督機関，代表取締役の選定・解職に関する決定機関。会社362条2項）

⑷　代表取締役（取締役会設置会社の代表・業務執行機関・日常業務の決定に関する意思決定機関。会社349条4項，363条1項）

⑸　選定業務執行取締役（取締役会設置会社の取締役会決議で選定された業務執行機関。会社363条1項2号）

⑹　業務執行取締役（代表取締役から委任を受けて業務を執行する業務執行機関，会社2条15号イ）

(ト)　会計参与（取締役または指名委員会等設置会社の執行役と共同して計算書類等・会計参与報告を作成する機関。会社374条1項）

(チ)　監査役（取締役および会計参与の職務執行を監査し，監査報告を作成する機関，会社381条1項。なお監査役会設置会社および会計監査人設置会社を除く非公開株式会社で定款の定めにより監査の範囲が会計に関するものに限定された監査役は「会計限定監査役」。会社389条1項）

(リ)　監査役会（3人以上の監査役で構成され，その半数以上が社外監査役で，かつ監査役の中から常勤監査役が選定されねばならず，監査報告を作成し，常勤監査役を選定・解職し，監査の方針・監査役設置会社の業務および財産の状況の調査の方法その他の監査役の職務執行に関する事項を決定する機関。会社335条3項，390条1項-4項）

(ヌ)　監査等委員会（委員の過半数が社外取締役である取締役で構成される監査等委員による取締役・会計参与の職務執行の監査および監査報告書の作成，株主総会に提出する会計監査人の選任・解任・不再任に関する議案内容の決定，監査等委員以外の取締役の選任等および報酬等に関する監査等委員会の意見の決定をする機関。会社399条の2第3項）

(ル)　指名委員会等（指名委員会による株主総会に提出する取締役および会計参与の選任・解任に関する議案内容の決定機関〔会社404条1項〕。監査委員会による執行役・取締役・会計参与の職務執行の監査および監査報告書の作成，株主総会に提出する会計監査人の選任・解任・不再任に関する議案内容の決定機関〔会社404条2項〕，報酬委員会による執行役・取締役・会計参与の個人別の報酬等の内容の決定機関〔会社404条3項〕。三委員会の各委員会の過半数は社外取締役で構成）

(ヲ)　執行役（会社法416条4項の規定による取締役会の決議によって委任を受けた指名委員会等設置会社の業務執行の決定機関，業務執行機関。会社418条）

(ワ)　代表執行役（指名委員会等設置会社の代表機関，業務執行機関。会社420条3項）

(カ)　会計監査人（会社外部から計算書類等を監査し会計監査報告を作成する機関。会社396条1項）

(ヨ)　検査役・総会検査役（現物出資等の調査〔会社33条，207条，284条〕，総会の招集手続・決議方法の調査〔会社306条，325条〕，少数株主の請求による会社・子会社の業務・財産状況の調査〔会社358条〕を行う臨時の機関）

　以上の株式会社の機関は，①株主総会による会社の基本的事項の決議や取締

役（会）による業務の決定（業務執行の決定）にかかる意思決定機関，②役員等（取締役，会計参与，監査役，執行役，会計監査人）による業務・職務の執行機関，③代表取締役・執行役による業務・職務の執行の監督機関に分類される。

業務の執行（業務執行）とは株式会社の事業目的に関する法律上または事実上の行為を意味すると思われるが，職務の執行との区別が必ずしも明確ではない。業務はとくに取締役・執行役のための用語であり，それ以外の役員等の行為は職務として一応区別されるが，取締役・執行役の業務も職務の一部である。つまり職務の執行は会社運営全般に関する行為であって業務よりも広い概念である。取締役・執行役による業務の執行（業務執行）は契約のような対外的業務執行と計算書類作成のような対内的業務執行に分かれる。取締役と共同しての会計参与による計算書類等作成，監査役・会計監査人による監査は職務の執行である。

2　株式会社の機関設計

株式会社の機関は，会社が適法かつ効率的に運営されるべく適切に配置される必要がある。株式会社の機関設計の方法は，①定款に定めれば設置してもよいとする設置任意（会社326条2項），②法律により設置しなければならないとする設置強制（同条1項，327条1項-3項・5項，328条1項・2項，402条1項），③法律により設置してはならないとする設置禁止（会社327条4項・6項）の三つに分かれる。

定款の定めにより任意に機関を設置する場合の株式会社には，取締役会設置会社・会計参与設置会社・監査役設置会社・監査役会設置会社・会計監査人設置会社・監査等委員会設置会社・指名委員会等設置会社がある（会社326条2項）。

前述のように，株式会社には機関として少なくとも取締役と株主総会を置く必要がある（会社295条1項参照，326条1項）。このように取締役会を設置していない株式会社は会社法上とくに名称があるわけではないが便宜上，本書では非取締役会設置会社と呼ぶ。

株式会社の機関設計の組み合わせは多種多様であるが，その基本設計は公開会社（会社2条5号）か非公開会社か，または大会社（会社2条6号）か非大会社（中小会社）かという二つの軸で四つの部屋に大きく区分される。

公開会社（株式の全部または一部において譲渡制限のない会社）は株式譲渡の

自由度がより高く株主が頻繁に入れ替わりやすく，また株主の数もより多いことが想定されている。これでは株主総会による経営の監視が十分とはいえないため，株主の利益代表者であり取締役会で取締役の職務の執行を監督する（会社362条2項2号）取締役の員数も相応に増やす必要があり，取締役会の設置が強制される（会社327条1項1号）。それに対し非公開会社の場合，取締役の設置でよい。

　大会社（最終事業年度にかかる貸借対照表に資本金として計上した額が5億円以上または負債の部に計上した額の合計額が200億円以上の株式会社）は，利害関係者が多数存在しているため株主保護のみならず会社債権者保護の要請が強く会計の高度な専門性も求められる。よって公開会社であって監査等委員会設置会社・指名委員会等設置会社以外の大会社には監査役会および会計監査人の設置が強制され（会社328条1項），非公開会社であっても大会社であれば会計監査人の設置が強制される（同条2項）。また監査等委員会設置会社・指名委員会等設置会社は大会社・非大会社に関係なく会計監査人の設置が強制される（会社327条5項）。

　監査役会を設置すると取締役会の設置が強制される（会社327条1項2号）。ちなみに監査役会設置会社では監査役は常勤を含む3人以上でそのうち半数以上は社外監査役でなければならない（会社335条3項，2条16号）。なお監査等委員会設置会社・指名委員会等設置会社にも取締役会の設置が強制される（会社327条1項3号・4号）。

　取締役会を設置すると株主総会の権限が縮減するため，監査等委員会設置会社・指名委員会等設置会社を除き監査役の設置が強制されるが，非公開会社の場合で任意に取締役会を設置したとしても会計参与を設置すれば監査役の設置は強制されない（会社327条2項）。

　会計監査人を設置すると，監査等委員会設置会社・指名委員会等設置会社を除き監査役の設置が強制されるが（会社327条3項），監査等委員会設置会社・指名委員会等設置会社では監査役の設置が禁止され（同条4項），会計監査人の設置が強制される（同条5項）。なお指名委員会等設置会社では監査等委員会の設置が禁止される（同条6項）。

　以上の点を踏まえて例の四つの部屋を整理すると次のようになる。

(1)　公開大会社

公開大会社は公開会社であるがゆえに取締役会の設置が強制され（会社327条1項1号），取締役会を設置すれば監査等委員会設置会社・指名委員会等設置会社を除き監査役の設置が強制される（同条2項本文）。

さらに，公開大会社は大会社であるがゆえに監査役会（監査等委員会設置会社および指名委員会等設置会社を除く）および会計監査人の設置が強制される（会社328条1項）。

それゆえ，公開大会社では監査役会設置会社か監査等委員会設置会社か指名委員会等設置会社のいずれかを選択しなければならず，いずれにせよ会計監査人を設置しなければならない。

なお，公開大会社で監査役会設置会社である有価証券報告書提出会社（金商24条1項）では社外取締役の設置が義務づけられている（会社327条の2）。

(2)　公開非大会社

公開非大会社は公開会社であるがゆえに取締役会の設置が強制され，取締役会を設置すると監査等委員会設置会社・指名委員会等設置会社を除き監査役も設置強制されるが（会社327条2項），大会社ではないため監査役会・会計監査人の設置までは強制されない（会社328条1項）。ただし監査等委員会設置会社・指名委員会等設置会社を任意で設置すれば会計監査人が設置強制される（会社327条5項）。

(3)　非公開大会社

非公開大会社は公開会社ではないので取締役会の設置は強制されず（会社327条1項1号参照），また大会社であっても監査役会の設置は強制されないが（会社328条1項），会計監査人の設置は強制される（会社328条2項）。

また，非公開大会社は会計監査人を設置すれば監査等委員会設置会社・指名委員会等設置会社を除き監査役の設置が強制されるが（会社327条3項），公開会社ではないので会計参与を任意で設置すれば監査役の設置は強制されない（会社327条2項但書）。

非公開大会社は非公開会社であるにもかかわらず，監査等委員会設置会社・指名委員会等設置会社を任意で設置すれば取締役会の設置が強制され（会社

327条1項3号・4号)，監査役の設置が禁止される（同条4項）。

(4) 非公開非大会社

　非公開非大会社は，公開会社ではないので取締役会の設置は強制されないが（会社327条1項1号参照），取締役会を任意で設置したとしても会計参与を任意で設置すれば監査役の設置は強制されない（同条2項但書）。

3 株主総会

(1) 株主総会の権限

　株主総会は，株式会社の所有者である株主で構成される最高意思決定機関である。

　非取締役会設置会社の場合，株主総会は会社法に規定する事項および株式会社の組織，運営，管理その他株式会社に関する一切の事項について決議することができ，いわゆる株主総会万能主義が採られている（会社295条1項）。ちなみに持分会社では出資者である社員に原則として業務執行権限があるという点で所有と経営の一致が見られるが，非取締役会設置会社も事実上，所有と経営が一致しているといえ，ここでは株主は同時に業務執行者であることが一般的であるから，その株主総会は株式会社に関する一切の事項について決議できるとしているのである。

　それに対して取締役会設置会社の場合，株主総会は会社法に規定する事項および定款で定めた事項についてしか決議することができない（会社295条2項）。取締役会を設置する公開会社では一般に株主が入れ替わりやすく株主の数も比較的多いため，個々の株主が経営事項の決定に逐一介入すると混乱を招きかねない。よって経営事項の決定はその専門家である取締役会に委ねるほうが効率的であることから，取締役会設置会社においては株主総会万能主義が採られていない。これも所有と経営の分離の一面である。本条2項で許された決議事項を逸脱してされた決議は内容が法令に違反するものとして無効とされる（東京地判昭27・3・28下民3・3・428）。会社法の規定により株主総会の決議を必要とする事項については，定款の定めをもってしても取締役，執行役，取締役会その他の株主総会以外の機関に委ねることはできず，そのような定款の定めは

無効である（会社295条3項）。

　逆に会社法上，取締役会の権限とされている代表取締役の選定（会社362条2項3号）について，取締役会設置会社の代表取締役を株主総会で選定する旨の定款の定めについては有効とされている（最決平29・2・21民集71・2・195）。

　取締役会設置会社における株主総会の法定決議事項は，①株式会社の役員等（取締役・会計参与・監査役・会計監査人）の選任・解任に関する事項（会社329条1項，309条1項，339条1項，309条2項7号），②会社の基礎的変更に関する事項（定款変更〔会社466条，309条3項1号〕，資本金の額の減少〔会社447条1項，309条2項9号〕，事業譲渡〔会社467条1項，309条2項11号〕，組織再編行為（合併・会社分割・株式交換・株式移転・株式交付）〔会社783条1項，795条1項・2項・4項，804条1項・3第1項，816条の3第1項，309条2項12号〕，解散〔会社471条3号，309条2項11号〕等），③株主の重要な利益に関わる事項（計算書類等の承認〔会社438条2項，309条1項〕，準備金の額の減少，剰余金の額の減少に伴う資本金の額の増加・準備金の額の増加〔会社448条1項，450条2項，451条2項，309条1項〕，剰余金の配当〔会社454条1項，309条1項〕，非公開会社における募集株式の発行および公開会社における募集株式の有利発行〔会社199条2項，201条1項，309条2項5号〕，自己株式の取得〔会社156条，309条1項〕，特定株主からの自己株式の取得〔会社160条1項，309条2項2号〕，全部取得条項付種類株式の取得〔会社171条1項，309条2項3号〕，株式の併合〔会社180条2項，309条2項4号〕等），④取締役の利益相反が疑われる事項（役員の報酬等の決定〔会社361条1項，379条1項，309条1項〕，役員等の責任の一部免除〔会社425条，309条2項8号〕，事後設立〔会社467条1項5号，309条2項11号〕等）である。

　もちろん取締役会設置会社においては，それら法定決議事項以外の事項についても定款に定めさえすれば株主総会で決議することができる。

　非取締役会設置会社における株主総会の法定決議事項には，取締役会設置会社の場合の法定決議事項以外に譲渡制限株式の譲渡承認（会社139条1項），取締役の競業取引・利益相反取引の承認（会社356条1項）等もある。

　なお，種類株主総会の場合，会社法に規定する事項および定款で定めた事項に限って決議ができる（会社321条）。

(2)　株主総会の招集手続

　株主総会招集の決定事項とその決定者・招集権者・招集通知の発せられる時

期等その招集の手続は厳格であり，それは招集通知とともに会議の目的である議題（重要な議題については議案の概要も含む）を事前に株主に通知し，株主の総会出席の機会と議題（場合によっては議案も）に関する意思決定のための熟慮検討の機会を確保するためである。

判例も株主総会の目的である事項の記載の意義について，株主をして総会の目的および総会で決議されるべき事項が何かを予知させその議決権を行うのに十分の準備をさせるための規定であるから，会社が株主にする総会の通知にはその議事日程である事項が何かを了解することができるに足りる記載があることを要するとしている（大決明35・7・8民録8・7・51）。

株主総会には，毎事業年度が終了した後の一定の時期に原則として年一回開催される定時総会と必要に応じて開催される臨時総会（会社296条1項・2項）がある。

株主総会招集の決定事項には，①株主総会の日時および場所，②株主総会の目的である事項，③株主総会に出席しない株主が書面によって議決権を行使することができることとするときはその旨，④株主総会に出席しない株主が電磁的方法によって議決権を行使することができることとするときはその旨，⑤その他法務省令で定める事項（会社則63条参照）がある（会社298条1項）。

この法務省令で定める事項には，たとえば役員等の選任・報酬等の重要な議題の場合の議案の概要が含まれる（会社則63条7号）。

株主総会は物理的な場所で開催される必要があるが（会社298条1項1号），インターネット等によるバーチャルなオンラインでの開催を並行して行うことは認められている。また「産業競争力強化法等の一部を改正する等の法律」に基づき経済産業大臣および法務大臣の確認と定款の定めがある上場会社はバーチャルだけの株主総会を開催できる。

非取締役会設置会社の場合，取締役がこの決定事項を決定し（取締役が複数ならその過半数で），取締役が招集するのに対して（会社296条3項），取締役会設置会社の場合，取締役会がこの決定事項を決議し（会社298条4項），代表取締役（指名委員会等設置会社においては執行役）が執行により招集する（会社296条3項）。

その他，少数株主が株主総会招集請求権を行使することにより株主総会を会社に招集させる方法がある。すなわち公開会社の場合，総株主の議決権（当該株主総会の議題について議決権を行使できない株主の議決権数は算入しない）の3％

以上（定款で引下可）の議決権を（保有割合要件），6ケ月前（定款で短縮可）から引き続き有する株主は（保有期間要件），取締役に対して株主総会の目的である事項および招集の理由を示して株主総会の招集を請求することができ（株主総会招集請求権，会社297条1項），非公開会社の場合，保有期間要件がない（同条2項）。

　この請求を受けて取締役は株主総会を招集することになるが，当該請求後遅滞なく招集の手続が行われない場合もしくは当該請求があった日から8週間以内の日を株主総会の日（会日）とする株主総会の招集通知が発せられない場合，当該請求をした株主は裁判所の許可を得れば自ら株主総会を招集することができる（株主総会招集権，会社297条4項）。

　その他，裁判所の命令により株主総会を招集する方法がある。たとえば株主間に紛争があり，株式会社または少数株主（総株主の議決権の1％以上〔定款で引下可〕を保有）が株主総会の招集手続および決議の方法を調査させるため裁判所に総会検査役の選任を申し立て（会社306条1項），選任された総会検査役の調査および報告に基づいて裁判所が必要と判断すれば取締役に株主総会の招集を命じなければならないというものである（会社307条1項）。

　株主総会の招集通知は公開会社の場合は総会の日（会日）の2週間前までに，非公開会社の場合は会日の1週間前までに書面で発しなければならないが（会社299条1項・2項），株主の承諾があれば電磁的方法により通知してもかまわない（同条3項）。

　招集通知には原則として議題を記載すれば足りるが，前述のように重要な議題の場合は議案の概要の記載も必要である。取締役会設置会社の場合，招集通知に記載した議題以外については株主総会で決議することができない（会社309条5項）。その他，取締役会設置会社では定時総会招集通知に際して計算書類および事業報告を，監査役設置会社では監査報告を，会計監査人設置会社では会計監査報告および連結計算書類を提供しなければならない（会社437条，444条6項）。

　取締役が株主総会に提出しようとする，議案・書類その他法務省令で定めるものについては監査役が調査しなければならず，法令・定款違反または著しく不当な事項があると認めるときはその調査結果を株主総会に報告しなければならない（会社384条）。

　株主総会に出席しない株主が書面または電磁的方法によって議決権を行使す

ることを認める場合には（会社298条1項3号・4号），株主総会参考書類および議決権行使書面を交付しなければならない（会社301条1項，302条1項・2項）。

　株主総会参考書類には，①議案，②提案の理由，③議案につき会社法384条等の規定により株主総会に報告すべき場合のその報告内容の概要を記載しなければならない（会社則73条1項）。

　株主の数が1,000人以上である会社は書面（議決権行使書面）により議決権を行使することができる旨を定めなければならない（会社298条1項3号）。

　株主総会参考書類および議決権行使書面等は，2019（令和元）年会社法改正で定款の定めにより電子提供措置をとることができるようになった（会社325条の2以下）。

　金融商品取引法適用会社において議決権の代理行使を勧誘する場合（委任状の勧誘）には，参考書類および委任状用紙を交付しなければならない（金商194条，金商令36条の2-6，参考書類の記載事項については「上場会社の議決権の代理行使の勧誘に関する内閣府令」）。

　ところで，株主全員が同意すれば招集手続を経なくても開催できる（招集手続の省略）（会社300条本文）。ただし書面または電磁的方法による議決権行使を認めた場合はこの限りでない（会社300条但書）。判例には，招集権者による株主総会の招集手続を欠く場合であっても株主全員がその開催に同意して出席した，いわゆる全員出席総会において株主総会の権限に属する事項につき決議をしたときには右決議は有効に成立するとしたものがある（全員出席総会，最判昭60・12・20民集30・8・1869）。

　なお，株主総会では延期（延会）または続行（続会）の決議をすることができ，この場合は株主総会の招集の決定（会社298条）および株主総会の招集通知（会社299条）は不要である。

(3)　株主提案権

　株主総会招集の決定事項の一つである「株主総会の目的である事項」（会社298条1項）とは「議題」のことであり，その具体的な提案内容である「議案」とは区別される。

　非取締役会設置会社の場合，会社側が提案した議題以外の議題についても株主総会で決議することができる（会社309条5項参照）。

　しかし，取締役会設置会社の場合，株主総会の目的である事項として定めら

れた議題についてしか決議できないため（会社309条5項），株主が株主総会で審議し決議できる議題は招集通知に記載された議題に限られる。そこで株主にも，①議題提案権（たとえば「取締役解任の件」），②議案提案権（たとえば「取締役Aの解任の件」），③議案要領通知請求権（議案の要領を株主に通知してもらうよう会社に請求する権利）が認められており，これらを合わせて株主提案権という。

　議案提案権は，取締役会の設置不設置にかかわらず単独株主権であり，株主は株主総会当日に会場で議題の範囲内で新たな議案も提案することができるが（会社304条），①当該議案が法令・定款に違反する場合，②実質的に同一の議案につき株主総会において総株主の議決権の10分の1以上の賛成を得られなかった日から3年を経過していない場合は議案を提出することができない（会社304条但書）。

　株主が提案する議案をあらかじめ他の株主に周知させ熟慮検討の機会を設けたい場合，議案の要領を招集通知・株主総会参考書類に記載してもらう方法（議案要領通知請求権）もある（会社305条）。取締役会設置会社の議題提案権（会社303条）と議案要領通知請求権（会社305条）は少数株主権である。

　公開会社である取締役会設置会社の議題提案権（取締役に対し一定の事項を株主総会の目的とすることを請求すること）と議案要領通知請求権（取締役に対し株主総会の目的である事項につき当該株主が提出しようとする議案の要領を株主に通知することを請求すること）の要件はいずれも，総株主の議決権の1％以上（定款で引下可）または300個以上（定款で引下可）の議決権（議決権割合要件）を6ケ月前から引き続き保有（この議決権保有期間要件は非公開会社では不要）する株主が株主総会の会日の8週間前（定款で短縮可）までに取締役に当該請求をすることである（会社303条，305条）。

　非取締役会設置会社の場合，議案提案権はもちろん議題提案権も議案要領通知請求権もすべて単独株主権であり，議決権保有期間要件もない（会社303条1項）。

　会社が株主の議題提案を無視して株主総会の議題としなかった場合の効果として，その総会で成立した決議自体に何らの瑕疵もない以上，取締役等に過料の制裁があるのは格別（会社976条19号），本件決議自体の取消事由にはならないとされている（東京地判昭60・10・29金判734・23）。学説には議案要領通知請求権が無視された場合については，招集手続が違法となり会社側提案の議案だ

けが取消事由（会社831条 1 項 1 号）となると解するものがある。

　また，株主提案権の行使が私的な不満や疑念の解消という個人的な目的，会社を困惑させる目的のためになされ，全体として株主としての正当な目的を有するものではなかったと認められる場合，権利の濫用に当たり，取締役が提案を招集通知に記載しなかったことに正当な理由があるとして取締役の損害賠償責任を否定した裁判例がある（東京高判平27・ 5 ・19金判1473・26）。

　議案要領通知請求権は，株主が会社の費用負担で自己の議案を株主に知らせることができる一方，取締役会設置会社では株主が提出する議案の数が10を超える場合，その超えた数の議案について会社は請求を拒絶できる（会社305条 4 項）。この提出議案の数の制限は2019（令和元）年改正会社法で定められた。

　議案の要領とは，裁判例によれば株主総会の議題に関し株主が提案する解決案の基本的内容について会社および一般株主が理解できる程度の記載をいうとされている（東京地判平19・ 6 ・13判時1993・140）。

　ところで，少数株主権の株主総会招集請求権でも株主自ら議題および議案を提出して会社に総会を招集させることが可能であるが，公開会社の場合，議決権割合要件だけでも総株主の議決権の 3 ％以上が必要であることから（会社297条 1 項），総株主の議決権の 1 ％以上または300個以上でよい株主提案権のほうが要件が緩いといえる。

　なお近時，アクティビスト（モノ言う株主）による「増配」,「自らが派遣する取締役の選任」,「役員報酬の個別開示」等を要求する株主提案権行使も活発化してきている。

(4)　株主総会の議事運営

　株主総会の議事運営については会社法上とくに規定はなく，定款や株式会社の規則・慣習等に委ねられている。株主の出席の確認は通常，招集通知に同封された出席表を持参した者を株主として推定し受付けをもって行う。

　議長の選任に関する規定はないが，定款等に定めがなければ株主総会の開始当初になんらかの方法で選任される。議長は株主総会の秩序を維持し（秩序維持権），議事を整理し（議事整理権），議長の命令に従わない者，その他株主総会の秩序を乱す者を退場させることができるとされている（会社315条）。

　判例には，従業員株主を前列に座らせてした総会決議について従業員株主らを他の株主より先に入場させ，株主席の前方に着席させる措置を採ることには

合理性はなく適切ではないとしながらも，原告は会場の中央部付近に着席し動議を提出しており，権利行使が妨げられていないとして不法行為に基づく損害賠償請求を棄却したものがある（最判平 8・11・12判時1598・152）。

(5) 取締役等の説明義務・株主の質問権

取締役等（取締役・会計参与・監査役・執行役）は，株主総会において株主から特定の事項について説明を求められた場合において，①株主総会の目的である事項に関しないものである場合，②その説明をすることにより株主共同の利益を著しく害する場合，③その他正当な理由がある場合として法務省令で定める場合（会社則71条）以外は，当該事項について必要な説明をしなければならない（会社314条）。これらの拒否事由の内，株主共同の利益を著しく害する場合には企業秘密に関わる説明がある。これは取締役等の説明義務であると同時に株主の質問権（解説請求権）と表裏の関係にある。

説明の方法として，取締役等は株主の質問権行使に対しあくまでも株主総会の議場で出された質問に回答すればよく，事前に株式会社に提出された質問状に回答する必要はないとし，また株主が会議（株主総会）の目的事項を合理的に判断するのに客観的に必要な範囲の説明であれば足り一括回答が直ちに違法となるものではないとする裁判例がある（東京高判昭61・2・19判時1207・120）。

発言の内容が総会のあり方や取締役の責任問題に関する意見表明にすぎないときは取締役に説明義務はないとした裁判例もある（東京地判昭62・1・13判時1234・143）。

説明の程度としては，質問株主が保有する資料等も総合的に考慮して平均的な株主が議決権行使の前提として合理的な理解および判断を行い得る程度の説明で足りるとされている（東京高判平23・9・27資料版商事333・39）。

なお，取締役の説明義務に違反した総会決議は取消事由となる（会社831条1項1号）。

(6) 株主の議決権

株主の議決権は，総会出席権・質問権・意見陳述権・表決権を総称したものである。その議決権は原則として一株につき一個認められ（会社308条1項），これを一株一議決権の原則という。もちろん定款で単元株式数を定めている場合には一単元につき一議決権であり（会社308条1項但書），その他，種類株式

（会社108条1項3号），株式相互保有（会社308条1項括弧書），自己株式（会社308条2項）の場合にその例外が認められることは前述のとおりである。

　株主総会の決議は株主一人当たり一票による多数決（頭数主義）ではなく，保有する議決権割合に応じた多数決で可決され，これを資本多数決の原則という。これは一株（一単元）一議決権の原則と密接な関係がある。

(7)　議決権の行使

　議決権の行使は株主本人が株主総会に出席して行うのが原則であるが，それ以外に①書面による議決権行使，②電磁的方法による議決権行使，③代理人による議決権行使，④議決権の不統一行使がある。これらは株主総会に出席しない株主が議決権行使をする機会を確保し，または株主が信託により他人のために株式を保有する場合の個々の意向を反映させることが目的である。

　まず，書面による議決権行使とは書面投票のことであり，株主総会・種類株主総会の招集者（取締役・株主が招集する場合は株主）は総会に出席しない株主が書面によって議決権を行使することができる旨を定めることができる（会社298条1項3号，325条）。その場合，招集者は招集通知に際して株主に対し議決権の行使について参考となるべき事項を記載した書類（株主総会参考書類）および議決権行使書面を交付しなければならない（会社301条1項）。とりわけ議決権を有する株主の数が1,000人以上の株式会社の場合には書面投票制度の採用が義務づけられている（会社298条2項本文）。

　次に，電磁的方法による議決権行使とは電子投票のことであり，株主総会・種類株主総会の招集者はこの制度を任意に採用できる（会社298条1項4号，325条）。この場合も招集者は株主に対し株主総会参考書類を交付し（会社302条1項・2項，電磁的方法による提供でも可），株主は議決権行使書面に相当する電磁的記録に必要情報を記録し，法務省令で定める時までに電磁的方法により株式会社に提供して行う（会社のウェブサイトの利用・電子メールの送信・フロッピーディスクの交付等，会社312条1項）。

　さらに，株主には代理人による議決権行使も認められており，この場合，株主または代理人は代理権を証明する書面（委任状等）を株式会社に提出するか，株式会社の承諾を得て当該書面に記載すべき事項を電磁的方法により提供しなければならない（会社310条1項・2項）。この場合，株式会社はその代理権を証明する書面等を株主総会の日（会日）から3ヶ月間，本店に備え置かなけれ

ばならず，株主は株式会社の営業時間内はいつでも閲覧・謄写の請求ができる（会社310条6項・7項，976条4号参照）。

　ところで，株式会社は株主総会の撹乱を防止するため総会に出席することができる代理人の数を制限することができ（会社310条5項），さらに定款でも代理人の資格を株主に限る旨の定めを置くこともある。しかし代理人の出席の制限については株主の議決権行使の機会を確保しようとする会社法310条の趣旨に照らしてその効力が問題となっている。

　代理人を株主に制限する定款の規定について判例は，株主総会が株主以外の第三者によって撹乱されることを防止し会社の利益を保護する趣旨にでたものと認められ，合理的な理由による相当程度の制限ということができるから有効であるとしている（最判昭43・11・1民集22・12・2402）。

　ただし，株主以外の代理人が地方公共団体の職員（最判昭51・12・24民集30・11・1076），弁護士（神戸地尼崎支判平22・3・28判タ1028・288）等，総会を撹乱するおそれのない者であれば，このような定款の規定には違反しないとする判例・裁判例もある。

　それに対して，職業によって代理人となることを許さなければならないとすれば受付事務を混乱させ円滑な株主総会の運営を阻害するおそれがあり，しかも実質的な判断基準を持ち込むことにより恣意的運用の余地を与え株主総会の混乱を増幅する可能性もあるとする裁判例もある（東京高判平22・11・24資料版商事322・180）。

　なお，議決権は合理的な理由があれば不統一行使もできる（会社313条1項）。たとえば，多数の委託者のために株式を保有する信託会社等がその委託者から異なる指図を受けた場合等である。取締役会設置会社の場合，議決権を不統一行使しようとする株主は株主総会の3日前までに株式会社に対してその旨および理由を通知しなければならない（同条2項）。

　ところで，金融商品取引法上の委任状勧誘規則（金商194条，金商令36条の2-6）に基づき，株主が10人以上の他の株主に議決権代理行使を勧誘するか，上場会社またはその役員が会社のためにその勧誘を行う場合，委任状用紙および参考書類を被勧誘者に交付しなければならないが，会社が全株主に委任状を勧誘する場合には書面投票・電子投票制度の適用はない（会社298条2項）。

　なお，会社の支配権が争われる企業買収の場面では現経営者（会社側）と買収者（株主側）との間で委任状争奪戦（プロキシー・ファイト）も繰り広げられ

る。株主側はその勧誘のために株主名簿閲覧請求権を行使できるが，委任状勧
誘にかかる費用は自己負担である。

(8)　株主総会決議要件

　株主総会決議は資本多数決によって成立するが，その決議の成立要件は株主
の利害関係の重要性に応じて異なり，表決方法には ①普通決議，②特別決議，
③特殊決議がある。

　普通決議は，会社法または定款にとくに定めがない場合で，議決権を行使で
きる株主の議決権の過半数（定款で3分の1以上に引下可）を有する株主が出席
し（定足数），その出席株主の議決権の過半数（定款で引下可）で成立するもの
である（会社309条1項）。ここで定足数とは株主総会の成立要件のことである。

　ただし，取締役・会計参与・監査役の選任および取締役・会計参与の解任に
ついてもこの普通決議で十分であるが，この監査役の解任の場合，定款によっ
ても定足数を「議決権の3分の1以上」に引き下げることはできない（会社
341条括弧書，343条4項）。

　特別決議は定款変更，組織再編のような会社の基礎的変更等にかかわる重要
な事項の決議である。特別決議は定足数が普通決議と同様，議決権の過半数
（定款で3分の1以上に引下可）で，出席株主の議決権の3分の2以上の多数（定
款で引上可）で可決する（会社309条2項）。

　特殊決議は決議事項が株主にとって不利益変更著しい事項の厳重な決議で
あって，①全部の株式に譲渡制限を設ける定款変更の場合（会社107条1項1
号・2項1号），組織再編行為によって譲渡制限株式等が交付される場合，議決
権を行使できる株主の半数以上（頭数主義，定款で引上可）で，かつ議決権の3
分の2以上（定款で引上可）の多数で成立するもの（会社309条3項），②非公開
会社（全部株式譲渡制限会社）において剰余金配当・残余財産分配・議決権に
ついて株主ごとに異なる（属人的）取扱いをする旨の定款変更をする場合，総
株主の半数以上（頭数主義，定款で引上可），かつ総株主の議決権の4分の3以
上（定款で引上可）の多数で成立するものである（会社309条4項）。

　特殊決議には定足数の要件はないが，資本多数決の原則に基づく決議要件の
加重もさることながら頭数主義も採用されている点に特徴がある。この趣旨は
多数派株主の権利濫用を防止し少数派株主を保護することにある。

　なお，会社法上，総株主の同意を必要とする旨が規定されていることがある

が，この総株主の同意は株主総会の決議要件ではなく同意を順次取り付けるという意味にすぎない。

　総株主の同意が必要な場合とは，①定款変更によりすべての株式を取得条項付株式にする場合（会社110条），②取締役等の会社に対する損害賠償責任を免除する場合（会社120条5項，424条，462条3項，464条2項，465条2項），③特定株主からの自己株式の取得について売主追加請求権を排除する旨の定款変更をする場合（会社164条2項），④組織再編行為において対価として株主が持分会社の持分等の交付を受ける場合（会社776条1項，783条2項，804条2項）である。

(9)　書面・電磁的記録による総会決議および報告の省略

　取締役または株主が株主総会の目的である事項について提案をした場合において，当該提案につき議決権を行使できる株主の全員が書面または電磁的記録により同意の意思表示をしたときは，当該提案を可決する旨の株主総会決議があったものとみなされ，決議が省略される（会社319条1項）。これを持回り決議ともいう。

　また，取締役が株主の全員に対して株主総会に報告すべき事項を通知した場合において，当該事項を株主総会に報告することを要しないことについて株主の全員が書面または電磁的記録により同意の意思表示をしたときは株主総会への報告があったものとみなされ，報告も省略される（会社320条）。

　当該書面・電磁的記録は，株主総会決議があったとみなされた日から10年間，本店に備え置かなければならず（会社319条2項），株主・債権者・親会社社員は株式会社の営業時間内はいつでも書面の閲覧・謄写の請求ができる（同条3項・4項）。

(10)　株主総会議事録

　株主総会の議事については議事録を作成しなければならず，書面または電磁的記録で作成し，会日から10年間は議事録を本店に，会日から5年間は支店にその写しを備え置かなければならない（会社318条1項-3項）。

　議事録には，①株主総会の開催の日時・場所，②株主総会の議事の経過の要領とその結果，③株主総会において述べられた意見または発言の概要，④議長および出席した役員等の氏名・名称その他を記載しなければならない（会社則72条参照）。

株主および債権者は営業時間内はいつでも議事録の閲覧等の請求をすることができ（会社318条4項），株式会社の親会社社員はその権利を行使するため必要があるときは裁判所の許可を得てその株式会社（子会社）の閲覧等の請求ができる（会社318条5項）。

(11)　種類株主総会

種類株主総会は，ある種類の株主（種類株主）を構成員とする総会である（会社2条14号）。株式会社の一定の行為がある種類株主に損害を及ぼすおそれがある場合（会社322条），種類株式の内容として株主総会や取締役会の決議の他にに種類株主総会の決議を必要とする旨の定めがある場合（会社323条）には，当該種類株主総会の決議がなければその効力を生じない。また役員選任権付種類株式（会社108条1項9号）の場合，その種類株主総会の決議だけで決議の効力が生じる（会社347条）。

なお，種類株主総会の招集や決議については株主総会の場合と同様である（会社324条，325条）。

(12)　株主総会決議の瑕疵

総会決議に瑕疵があればその効力が否定され得るが，決議の効力を一律に無効とすると会社の利害関係者にとって法的安定性が害されるおそれがある。そこで決議の効力を否定する制度は瑕疵の程度によって，①決議取消しの訴え，②決議無効確認の訴え，③決議不存在確認の訴え，④一定の場合の無効の訴えに分かれる。この④の訴えは「会社の組織に関する訴え」（会社第7編第2章第1節）の一部に整理されており厳密には会社行為を争うものであって総会決議それ自体の効力を争うものではないが，手続に総会決議が絡むものもあるので関係性を明確にするためにここで言及した。

その認容判決の効力には，それらいずれも訴訟当事者以外の第三者にもその効力が及ぶ対世効が認められるが（会社838条），決議取消しの訴えの場合には決議の時点に遡って決議の効力を失わせる遡及効がある（会社839条の反対解釈）。決議無効確認の訴えおよび決議不存在確認の訴えの認容判決の場合，初めから無効・不存在である（会社839条参照）。しかし一定の場合の無効の訴え，たとえば資本金の額の減少や合併等組織再編行為の無効の訴え等（会社828条）は法的安定性確保の観点から判決の効力は遡及せず将来に向けて無効となる（将来

118

効，会社839条）。

決議取消しの訴えにおける決議取消事由は，①招集手続・決議の方法が法令・定款に違反する場合または著しく不公正な場合（会社831条1項1号），②決議の内容が定款に違反する場合（同条1項2号），③特別利害関係にある株主が議決権を行使したことによって著しく不当な決議がされた場合（多数決の濫用事例，同条1項3号）である。決議取消事由に該当する場合，一般には瑕疵の程度は比較的軽微であると考えられている。

決議取消しの主張は，法的安定性確保の観点から誰でもいつでもどのような方法でも行うことはできず，訴えの方法によらなければならない。決議取消しの訴えは判決の確定によって法律関係に変動をもたらす形成訴訟であり，取り消されて初めて無効となる。

この場合の提訴権者は株主等（株主・取締役・執行役・監査役・清算人），被告は株式会社であり，提訴期間は決議の日から3ヶ月以内である（会社831条1項）。原告適格に関して判例は，株主は自己に対する株主総会招集手続に瑕疵がなくとも他の株主に対する招集手続に瑕疵がある場合には決議取消しの訴えを提起し得るとしている（最判昭42・9・28民集21・7・1970）。

招集手続に瑕疵があり決議取消事由となることを認めた判例・裁判例には，①代表取締役が取締役会決議に基づかずに招集した場合（最判昭46・3・18民集25・2・183），②正当理由のない名義書換の拒絶と当該者に招集通知を欠く場合（最判昭42・9・28民集21・7・1970），③招集期間が不十分である場合（最判昭44・12・18裁判集民97・799，最判昭46・3・18判時630・90），④招集通知・株主総会参考書類の記載に不備がある場合（東京地判平27・10・28判時2313・109），⑤総会前の計算書類等の備置きを怠った場合（宮崎地判平12・7・21判タ1063・180），⑥議決権行使にかかる基準日の公告を欠いた場合（東京高判平27・3・12金判1469・58）等がある。

決議の方法に瑕疵があり決議取消事由となることを認めた判例・裁判例には，①招集通知に記載のなかった事項について総会決議がなされた場合（最判昭31・11・15民集10・11・1423，東京高判平3・3・6金法1299・24），②定足数が不足している場合（最判昭35・3・15判時218・28），③投票によって意思を表明しない者の議決権を議長がその者の内心を推測して当該議案に賛成する旨を投票したものとして扱った場合（大阪地判平16・2・4金判1191・38），④役員選任決議において株主提案に賛成した委任状に関する議決権数を会社提案の出席

議決権数に含めずに決議がなされた場合（東京地判平19・12・6判タ1258・69），⑤総会の開会時刻が3時間以上も遅延したことが著しく不公正である場合（水戸地下妻支判昭35・9・30下民11・9・2043），⑥役員に説明義務違反がある場合（東京地判昭63・1・28判時1263・3，東京地判平16・5・13金判1198・18），⑦議決権行使の妨害の場合（東京高判平4・11・16金法1386・76），⑧監査役・会計監査人の監査を経ないで計算書類を承認した場合（東京地判平元・8・22金判844・16）等がある。

　特別利害関係株主が議決権を行使したことによって著しく不当な決議がなされ決議取消事由となることを認めた裁判例には，利益相反取引の承認決議に賛成した取締役に対する損害賠償請求が認容されたにもかかわらず当該取締役の責任を免除する総会決議が当該取締役の議決権行使により可決された場合（神戸地尼崎支判平10・8・21判時1662・148）がある。

　特別利害関係にある株主が議決権を行使して全部取得条項付種類株式制度を利用して少数派株主を排除した決議が著しく不当な決議に当たるかについて，全部取得条項付種類株式制度を規定した会社法の規定が多数決により公正な価格をもって株主資格を失わせることを予定していることに照らせば単に会社側に少数派株主を排除する目的があるというだけでは足りず，少なくとも少数派株主に交付される予定の金員が対象会社の株式の公正な価格に比して著しく低廉であることを必要とすると解すべきとした裁判例がある（東京地判平22・9・6判タ1334・117）。

　なお，決議取消しの訴えがなされても，①株主総会等の招集手続または決議の方法に関して法令・定款に違反する事実が重大でなく，かつ②決議の結果に影響を及ぼさないものである場合，裁判所は当該請求を棄却することができ，これを裁判所による裁量棄却という（会社831条2項）。その趣旨は手続上の瑕疵が軽微である当該決議が再度なされれば可決することが明白であり二度手間を省くことにある。

　瑕疵が決議の結果に影響を及ぼさないとして裁量棄却を認めた判例には，発行済株式総数1万株のうち2,700株を保有する株主に対する招集通知の発送と総会までの期間が法定の期間より6日足りなかったものの，以前からその株主に議題を話しており，当該株主も総会にわざと出席せず，他の株主全員の一致で決議が成立した場合がある（最判昭55・6・16判時978・112）。

　裁量棄却を認めなかった判例には，株主総会の招集手続が取締役会の有効な

決議に基づかないでなされたものであるのみならず，その招集の通知がすべての株主に対して法定の招集期間に2日も足りず会日より12日前になされた場合について裁量棄却が許されない重大な瑕疵があるとしたもの（最判昭46・3・18民集25・2・183），招集通知に営業（事業）譲渡の要領の記載がない場合，その記載すべきとする趣旨が議案に反対の株主が株式買取請求をすることができるようにするためであるから，その記載を欠いた違法が重大でないとはいえないとしたもの（最判平7・3・9判時1529・153）がある。

なお，株主総会決議取消しの訴えの原告適格について2014（平成26）年改正会社法は，株主総会の決議の取消しの結果，株主の地位を回復する可能性がある者も訴えをもって当該決議の取消しを請求することができるものとした（会社831条1項）。これによりたとえば全部取得条項付種類株式を利用したキャッシュ・アウトによって株式を取得され会社から締め出されたとしても，キャッシュ・アウトの価格の問題だけでなくキャッシュ・アウト自体を阻止することが可能となった。この立法と同旨の裁判例も既に存在している（東京高判平22・7・7判時2095・128）。

決議無効確認の訴えにおける決議無効事由は，決議の内容が法令に違反する場合であり（会社830条2項），瑕疵の程度が重大な場合である。それにはたとえば，①欠格事由者を取締役や監査役に選任する決議（会社331条1項，335条1項），②違法な内容の計算書類を承認する決議（会社438条2項），③株主平等原則に違反する決議（会社109条1項）がある。

決議無効の主張は本来，決議無効確認の訴えによる方法（会社830条2項）でもそれ以外のどのような方法でも誰でもいつでも行うことができる。ただ訴えの方法によれば確定判決の効力が第三者にも及ぶ対世効が認められる（会社838条）。そしてこの場合，無効は初めから無効である。

なお確認訴訟の場合，会社法上，提訴権者・提訴期間の定めはとくにない。

決議の内容が法令に違反し無効とされた判例・裁判例には，①資本減少に関する決議として株主間に不平等の結果を生ぜしめ得る株式消却の方法を決議したことが株主平等の原則に反する場合（大判大11・10・12民集1・581），②属人的定めを新設する定款変更決議が株主平等原則の趣旨に著しく違反する上，多数株主が少数株主の基本的権利を実質的に奪う点で公序良俗に違反するとした場合（東京地立川支判平25・9・25金判1518・54），③株主総会で会社法および定款で定めた事項以外の事項を決議した場合（東京地判昭27・3・28下民3・3・

428）等がある。

　決議不存在確認の訴えにおける決議不存在事由とは，そもそも決議が物理的に存在せず総会議事録だけが作成されているような場合である。判例・裁判例によれば，①決議の手続的瑕疵が著しくそのため決議が法律上存在するとは認められないような場合（横浜地判平元・1・19判時1319・147），②ほとんどの株主に招集通知漏れがあった場合（最判昭33・10・3民集12・14・3053），③取締役選任決議不存在の取締役会決議で選定された代表取締役が全員出席総会等の特段の事情なく株主総会を決議した場合（最判平2・4・17民集44・3・526），④取締役会設置会社において取締役会の決議を経ることなく代表取締役以外の平取締役によって株主総会が招集されたような場合（最判昭45・8・20判時607・79）等である（会社830条1項）。

　決議不存在の主張も，決議不存在確認の訴え（会社830条1項）による方法でもそれ以外のどのような方法でも誰でもいつでも行うことができる。ただ訴えの方法によれば第三者に対しても確定判決の効力が及ぶ対世効が認められる（会社838条）。そしてこの場合，不存在は初めから不存在である。

⒀　議案等の調査

　株主総会に提出される議案，書類その他法務省令で定める資料は監査役または監査等委員によって調査され，法令・定款違反または著しく不当な事項がある場合，その調査の結果は株主総会に報告されねばならない（会社384条，399条の5）。

⒁　総会検査役

　非公開会社の場合は株式会社または総株主の議決権の1％以上に当たる株式を保有している株主，公開会社の場合は株式会社または6ケ月前から引き続き総株主の議決権の1％以上に当たる株式を保有している株主は，株主総会の招集手続および決議方法を調査させるため株主総会に先立ち裁判所に対して検査役の選任の申立てをすることができる（会社306条1項・2項，325条，868条1項）。これを総会検査役選任請求権という。

　この制度の趣旨は，会社の支配権をめぐる争い等があり株主総会が紛糾するおそれがある場合において会社または少数株主が，①総会の招集手続（招集通知，添付書類），②決議の方法（定足数・議決権数・議事運営・説明義務の履行状

況・書面投票・採決等），③委任状の取扱いの適法性について総会検査役に調査させ決議の成否についての証拠を保全することにある。

総会検査役には通常，弁護士が選任される。総会検査役は必要な調査を行い，当該調査の結果を記載または記録した書面または電磁的記録を裁判所に提供し報告しなければならない（会社306条5項）。総会検査役がこの報告をしたときは，株式会社に対しこの書面の写しを交付または電磁的記録に記載された事項を提供しなければならない（会社306条7項）。

報告を受けた裁判所は，必要があると認めるときは取締役に対し，一定の期間内に株主総会を招集すること，および調査結果を株主に通知することを命じなければならず，取締役は株主総会で当該報告内容を開示しなければならない（会社307条1項・2項）。さらに取締役・監査役は当該報告内容を調査しその結果を株主総会に報告しなければならない（同条3項）。

4　取締役

(1)　取締役の権限

取締役の権限は非取締役会設置会社と取締役会設置会社とで異なる。

非取締役会設置会社の場合，取締役は定款に別段の定めがある場合を除き株式会社の業務を執行し（会社348条1項），株式会社を代表する機関である（会社349条1項・2項）。業務（の）執行とは会社の事業目的に関する事務を遂行する法律上または事実上の行為であり，取締役が1人しかいない場合，取締役は単独で業務決定および業務執行ができ，また取締役が2人以上いる場合でも各取締役に業務執行権限がある。なお代表とは対外的な業務執行のことである。

非取締役会設置会社において取締役が2人以上いる場合には，業務執行の決定は取締役の過半数で決しなければならない（会社348条2項）。会社法348条1項は取締役の業務執行の決定方法について定款自治を広く認めているものの，①支配人の選任・解任，②支店の設置・移転・廃止，③株主総会の招集に関する事項，④内部統制システムの整備，⑤定款の定めに基づく会社法423条1項の役員等の責任免除についての決定は，それらを決定する場合，各取締役に委任することはできない（会社348条3項柱書）。内部統制システムの整備に関する事項については，非取締役会設置会社であっても大会社であれば取締役が決

定しなければならない（会社348条4項）。

　また，非取締役会設置会社では①定款，②定款の定めに基づく取締役の互選，③株主総会の決議により取締役の中から代表取締役を任意に定めることもできる（会社349条3項）。しかしこのように代表取締役が定められた場合でも取締役が複数いるのであれば，多額の借財については明示の委任がない限り取締役の過半数の同意が必要であるとする裁判例がある（東京地判昭62・1・21金判780・38）。

　なお，取締役会設置会社の場合，「取締役」（いわゆる平取締役）は機関ではなく取締役会の構成員にすぎない。

(2)　取締役の資格

　取締役の資格については会社法上，取締役になることができない欠格要件しか定めがないが，資格要件について定款で定めることは可能である。

　取締役になれない者は，①法人，②会社法または一般社団法人・一般財団法人に関する法律の規定に違反し，または金融商品取引法・民事再生法等，倒産関係法の罪を犯し刑に処せられその執行を終わり，またはその執行を受けることがなくなった日から2年を経過しない者，③②以外の法令に違反し禁錮以上の刑に処せられ，その執行を終わりまたはその執行を受けることがなくなるまでの者（執行猶予中の者を除く）である（会社331条1項各号）。なお2019（令和元）年改正会社法で，成年被後見人は成年後見人の同意があれば（後見監督人がいる場合はその同意も必要），被保佐人は保佐人の同意があれば取締役になることができるようになった（会社331条の2第1項・2項）。

　公開会社の場合，取締役として幅広く人材を確保する必要があることから，定款の定めにより取締役を株主に限定することはできない（会社331条2項）。しかし定款で取締役・監査役の資格を「日本国籍を有する者」に限定することは，私的自治の原則の範囲内に属する事柄であり公序良俗にも反せず可能であるとする裁判例がある（名古屋地判昭46・4・30下民22・3＝4・549）。なお，取締役は当該会社または親会社の監査役との兼任（会社335条2項）および当該会社または親会社の会計参与との兼任（会社333条3項1号）は認められないが，使用人（従業員）との兼務は認められている。しかし指名委員会等設置会社の場合，当該会社の支配人その他の使用人との兼任は禁止されている（会社331条4項）。また監査等委員会設置会社の監査等委員である取締役は，当該会社

またはその子会社の業務執行取締役・支配人その他の使用人・当該子会社の会計参与（会計参与が法人であるときはその職務を行うべき社員）・執行役を兼任することができない（会社331条3項）。さらに独占禁止法上，一定の取引分野において競争関係にある会社間で競争を実質的に制限するような取締役の兼任は禁止されている（独禁13条）。

(3) 取締役の員数・任期

　非取締役会設置会社では取締役の員数は1人で十分であるが（会社326条1項），取締役会設置会社では3人以上でなければならない（会社331条5項）。

　取締役の任期は，公開会社では原則として2年（選任後2年以内に終了する事業年度のうち最終のものに関する定時株主総会の終結時まで）とされ，定款または総会決議でその任期を短縮することはできるが伸長することはできない（会社332条1項）。しかし非公開会社（監査等委員会設置会社および指名委員会等設置会社以外）では定款でその任期を最長10年まで伸長することもできる（会社332条2項）。

　なお，監査等委員会設置会社および指名委員会等設置会社の場合は，取締役の任期は原則として1年とされている（会社332条3項・6項）。ただし監査等委員会設置会社の監査等委員である取締役の任期は独立性確保のため2年とされ，定款または株主総会の決議でも短縮することはできない（同条1項・4項）。

(4) 社外取締役

　社外取締役制度は，取締役の職務の執行を監督する取締役会がその仲間意識から監督が不十分であるとしてアメリカ法を参考に2002（平成14）年にわが国で初めて導入されたものである。社外取締役は業務執行者（代表取締役・執行役等）から独立した中立客観的な立場で業務執行者の経営に対して助言と監督を行うことを期待されている。

　現行法上，社外取締役の設置が義務づけられているのは，①指名委員会等設置会社（会社400条2項・3項），②監査等委員会設置会社（会社331条6項），③監査役会設置会社（公開大会社に限る）であって有価証券報告書提出会社（会社327条の2）である。社外取締役の員数は①と②では3人以上の取締役で構成される委員会の委員の過半数でなければならず，③では1人以上でよい。その他，取締役会設置会社において特別取締役を選定する場合，6人以上の取締役

のうち1人以上が社外取締役（特別取締役である必要はない）であることが求められている（会社373条1項1号・2号）。なお上場会社は東京証券取引所の上場規程によって1人以上の独立社外取締役の選任が求められている（東証有価証券上場規程445条の4）。

社外取締役とは要するに，①就任前10年間，当該株式会社またはその子会社の業務執行取締役等（業務執行取締役・執行役・支配人その他使用人）でなかった者，②就任前10年以内に当該株式会社またはその子会社の取締役，会計参与，監査役であったことがある者にあっては当該取締役，会計参与，監査役への就任前10年間当該株式会社またはその子会社の業務執行取締役等であったことがない者，③当該株式会社の親会社等（支配株主）または親会社等（法人）の取締役，執行役，支配人その他の使用人でない者，④当該株式会社の親会社等（法人）の子会社（兄弟会社）の業務執行取締役等でない者，⑤当該株式会社の取締役，執行役，支配人その他の重要な使用人または親会社等（支配株主）の配偶者または二親等内の親族でない者である（会社2条15号）。以上の社外取締役の要件には「重要な取引先の関係者でない者」は含まれていない。以上のように主として業務を執行しないか，就任前10年間執行していなかった者というのが社外取締役の要件であるが，2019（令和元）年改正会社法により株式会社と取締役等の利益が相反する場合に取締役会の決議に基づき社外取締役に業務執行を委託できるようになった。（会社348条の2）。

(5)　取締役の選任・終任・解任

取締役の選任は，定足数が株主の議決権の過半数（定款で3分の1以上に引下可）で，出席した株主の議決権の過半数（定款で引上可）で可決する株主総会の普通決議でなされる（会社341条，329条1項，309条1項）。

取締役を選任する場合において少数派株主も取締役を選出しやすくするための累積投票制度があり，これにより被選任取締役全員を一括して選任するところ，各株主は一株（一単元）につき被選任取締役の数と同数の議決権を有しその議決権を一部の株主に集中的に投票することができる（会社342条）。ただしこの累積投票制度は定款で排除できる。

監査等委員会設置会社においては，監査等委員である取締役の選任に関する議案を株主総会に提出するには監査等委員会の同意を得なければならない（会社344条の2第1項）。

ところで，取締役の終任とは取締役がその地位を失うことであり，その終任事由には①任期の満了，②自由意思による辞任（会社330条，民651条１項），③資格の喪失（会社331条参照），④解任（会社341条，342条３項-５項），⑤会社解散（会社471条），⑥死亡がある。

取締役の解任はその選任決議と同様，原則としていつでも株主総会の普通決議でなされ得るが（会社341条），累積投票で選任された取締役（会社342条３項-５項）および監査等委員である取締役（会社344条の２第３項）の解任は株主総会の特別決議でなされねばならない（会社309条２項７号）。

取締役の解任決議が否決された場合でも，当該取締役に職務の執行に関し不正の行為または法令もしくは定款に違反する重大な事実があれば，総株主の議決権または発行済株式の３％以上（定款で引下可）の議決権を６ケ月前（定款で短縮可）から保有している株主（保有期間要件は公開会社の場合のみ）は当該株主総会の日から30日以内に当該取締役の解任の訴えを提起できる（会社854条）。

なお，取締役は正当理由があろうとなかろうと原則として株主総会の普通決議で解任することができるが（会社339条１項，309条１項），正当な理由なく解任された場合，当該取締役は株式会社に損害賠償を請求できる（会社339条２項）。

裁判例には，代表取締役の持病の悪化による解任（最判昭57・１・21判時1037・129），事業の売上が僅かであり当該事業を展開するだけの能力がなく当該事業から撤退する経営判断をした取締役の解任（横浜地判平24・７・20判時2165・141）に正当な理由を認めたもの，理由なき解任に基づく損害賠償の性質について故意・過失を必要としない法定責任であってその損害の範囲は取締役を解任されなければ残存任期期間中と任期満了時に得べかりし利益の喪失による損害であるとするもの（大阪高判昭56・１・30判時1013・121），会社と取締役との間で締結された取締役任用契約において会社の無条件の解除権や解除された場合の退職一時金の支払いなどの処理が具体的に規定されていたとしても取締役の任期に対する期待権が生じないとはいえないから解任された取締役は会社法339条２項に基づく損害賠償を請求でき，同時に任用契約に基づく退職一時金に相当する額についても受領できるとするもの（東京地判平29・１・26金判1514・43）がある。

(6)　取締役の欠員（一時取締役・補欠取締役）

　非取締役会設置会社の場合には1人以上の取締役が，取締役会設置会社の場合には3人以上の取締役が，さらに定款で取締役の員数が定まっている場合にはその員数を確保することが必要である。もし取締役の員数に欠員が生じた場合には，任期の満了または辞任によって退任した取締役は新たに選任された一時取締役（仮取締役ともいう）が就任するまでなお取締役としての権利義務を有する（会社346条1項）。

　取締役に欠員が生じた場合，裁判所は必要があると認めるときは利害関係人の申立てにより一時取締役（取締役の職務を一時行うべき者）を選任することができる（会社346条2項）。また，裁判所への一時取締役の選任の申立てまたは臨時株主総会による新たな取締役選任手続の手間を省くために，取締役に必要な員数が欠ける場合に備えてあらかじめ株主総会で補欠取締役を選任しておくこともできる（会社329条3項）。

(7)　取締役の職務執行停止・職務代行者

　取締役の選任決議の不存在確認の訴え（会社830条1項）・無効確認の訴え（同条2項）・取消しの訴え（会社831条1項）が提起された場合において，当該取締役に職務を継続させることが適当でない場合，裁判所は当事者の申立てに基づき仮処分により取締役の職務執行を停止し，さらに取締役の職務代行者（通常は弁護士）を選任することができる（民保23条2項，24条）。

(8)　取締役の報酬等

　取締役の報酬等（報酬，賞与，その他の職務執行の対価として株式会社から受け取る財産上の利益）の決定にはお手盛りの危険があるため，指名委員会等設置会社を除き定款に当該事項の定めがない場合，株主総会の決議によって定めなければならない（会社361条1項）。

　退職慰労金（退職金）も在職中の職務執行の対価として支給されるものである限り報酬に含まれるとされるが，この退職慰労金について株主総会がその金額，時期，方法を取締役会に一任した場合，取締役会が会社の業績，退職役員の勤務年数，担当業務，功績の軽重等から割り出した一定の基準により慰労金を決定しても有効であるとされる（最判昭39・12・11民集18・10・2143）。

128

取締役の報酬等にかかる決定事項には，①報酬等のうち額が確定している場合はその額，②その額が確定していない場合はその具体的算定方法，③報酬等が当該株式会社の募集株式である場合は当該募集株式の数の上限等，④報酬等が当該株式会社の募集新株予約権である場合は当該募集新株予約権の数の上限等，⑤報酬等である当該株式会社の募集株式または募集新株予約権と引換えにする払込みに充てるための金銭についてはそれらの上限等，⑥金銭でないもの（募集株式および募集新株予約権を除く）についてはその具体的な内容がある（会社361条1項各号）。

監査等委員会設置会社の場合，上記の株主総会の決議事項は，監査等委員である取締役とそれ以外の取締役とを区別して定めなければならず（会社361条2項），監査等委員である各取締役の報酬等が定款または株主総会で定められていない場合，定款または株主総会等が定めた報酬等の範囲内で監査等委員である取締役の協議によって定めることができ（同条3項），また監査等委員である取締役の報酬等についてはその取締役が（同条5項），それ以外の取締役の報酬等については監査等委員会が選定する監査等委員が（同条6項），株主総会で意見を述べることができる。

指名委員会等設置会社の場合，執行役・取締役の報酬等の決定は株主総会の決議事項ではなく，報酬委員会が個人別の報酬等の内容にかかる決定方針を定めた上でそれを決定しなければならず，執行役が当該会社の支配人その他の使用人を兼ねている場合，当該支配人その他の使用人の報酬等の内容についても同様である（会社404条3項，409条1項・3項）。

取締役の報酬等については従来，お手盛り危険防止のためその総額についての総会決議に主眼が置かれていたが，個別の報酬は取締役に職務を適切に執行させるインセンティブ（動機付け）になることから最近では取締役の個人別の報酬等の内容も重要視されてきている。

2019（令和元）年改正会社法は，上場会社等において定款または株主総会の決議により取締役の個人別の報酬等の内容が具体的に定められていない場合には，取締役会はその内容についての決定に関する方針として法務省令で定める事項を決定しなければならないとし（会社361条7項），またすべての株式会社において報酬等にかかる決定事項を定め，またはこれを改定する議案を株主総会に提出した取締役は当該株主総会において当該事項を相当とする理由を説明しなければならないとした（同条4項）。

5　取締役会

(1)　取締役会の権限

　公開会社・監査役会設置会社・監査等委員会設置会社・指名委員会等設置会社では取締役会を設置しなければならず（会社327条1項），これを取締役会設置会社という。それ以外の株式会社でも，定款の定めにより任意に取締役会を設置してもかまわない（会社326条2項）。

　取締役会設置会社（指名委員会等設置会社を除く）の場合，取締役会が以下の職務，すなわち①会社の業務執行の決定（会社362条2項1号），②取締役の職務の執行の監督（同項2号），③代表取締役の選定および解職を行う（同項3号）。

　この「監督」について，たとえば取締役の監視義務（後述のような善管注意義務の具体的な義務）の「監視」や監査役の「監査」が一般に取締役の職務の執行についての調査（監視義務の下ではしかるべき者に調査させ，監査の場合は自ら調査する）や株主総会や取締役会への報告にとどまるのに対し「監督」は代表取締役等の選定・解職につながるより強力な権限である。そして「監督」を行うのが取締役会であるがゆえにその内容は適法性だけでなく効率性を含む妥当性にも及ぶ。ここで「監督」の対象は「取締役の職務の執行」であるがゆえに業務の執行を行う代表取締役等業務執行権限を有する取締役に限られない。

　取締役会設置会社において業務を執行し会社を代表するのは，取締役会によって選定・解職される代表取締役である（会社363条1項1号，362条2項3号）。ただし①取締役会の決議によって代表取締役以外に業務を執行する取締役として選定された選定業務執行取締役（会社363条1項2号），②代表取締役から委任を受けて業務を執行する業務執行取締役（会社2条15号イ）にも業務執行権限がある（会社363条1項2号）。

　なお，後述のように取締役会は重要な業務執行の決定を取締役に委任することができない（会社362条4項）。また大会社である取締役会設置会社においては，内部統制システムの整備に関する事項は取締役会が決定しなければならない（会社362条5項）。

　以上のように，取締役会は業務執行の決定にかかる意思決定機関であると同時に代表取締役等による職務の執行に対する監督機関であるといえる。この

「職務」とは，前述のように「業務」より広い概念である。

　日常の業務執行の決定については代表取締役に決定させることが効率的であるが，重要な業務執行の決定は代表取締役の専横，判断の誤りによる影響を無視できないため，取締役に委任することができず取締役会で決定しなければならない。これを取締役会の専決事項という。

　取締役会の専決事項には，①重要な財産の処分および譲受け，②多額の借財，③支配人その他の重要な使用人の選任および解任，④支店その他の重要な組織の設置，変更および廃止，⑤社債の募集に関する重要事項，⑥取締役の職務の執行が法令および定款に適合することを確保するための体制その他株式会社の業務ならびに当該株式会社およびその子会社から成る企業集団の業務の適正を確保するために必要なものとして法務省令（会社則100条）で定める体制（いわゆるリスク管理体制または内部統制システム）の整備，⑦定款の規定に基づく取締役等の責任の一部免除，⑧その他の重要な業務執行の決定がある（会社362条4項各号）。

　「重要な財産の処分および譲受け」における重要性の判断基準として判例は，当該財産の価額・会社の総資産に占める割合・保有目的・処分の態様・従来の取扱い等の事情を総合的に考慮して判断されるとしている（最判平6・1・20民集48・1・1）。また本件において裁判所は，株式の帳簿価額が会社の総資産の約1.6％に相当しその適正時価が把握し難く，その代価いかんによっては会社の資産・損益に著しい影響を与え，しかもその譲渡が会社の営業の通常の取引に属しない等の事情があればその株式の譲渡は重要な財産の処分に該当すると判示している。

　「多額の借財」には他人のためにする債務保証も含まれる。多額の借財の判断基準として，それに該当するかは，当該借財の額・その会社の総資産および経常利益等に占める割合・当該借財の目的および会社における従来の取扱い等の事情を総合的に考慮して判断されるとする裁判例がある（東京地判平9・3・17判時1605・141）。

　「社債の募集」は多額の借財とも重なり得るが，社債を募集する場合，たとえ募集金額が多額でなくても取締役会の決議が必要である。

　「内部統制システム」とは会社の業務の適正（適法性・効率性）を確保するためのリスク管理体制・法令遵守体制・監査体制のことであり，大会社である取締役会設置会社の取締役会は必ずこの体制に関する事項を決定しなければなら

ない（会社362条5項）。

　また，監査等委員会設置会社および指名委員会等設置会社は，大会社でない
場合であってもそれらの体制の整備を取締役会で決定しなければならない（会
社399条の13第1項1号ハ，416条1項1号ホ）。ただし監査等委員会設置会社は，
その取締役の過半数が社外取締役である場合には当該体制の整備の決定を取締
役に委任することができる（会社399条の13第5項）。

　内部統制システムの整備は事業報告の記載事項であり（会社則118条2号），
監査役（会）設置会社では監査役または監査役会の監査対象となっている（会
社則129条1項5号，130条2項2号）。

　取締役会の専決事項は他にもある。すなわち，①種類株主の内容の決定（会
社108条3項），②譲渡制限株式・譲渡制限付新株予約権の譲渡承認決議（会社
139条1項，140条5項，265条1項），③一定の場合の自己株式の取得に関する決
定（会社157条2項，163条，165条2項），④取得条項付株式の取得事由の決定
（会社168条1項），⑤株式の消却に関する決定（会社178条2項），⑥特別支配株
主の株式等売渡請求の承認決議（会社179条の3第3項，179条の6第2項），⑦株
式の分割・無償割当ての決定（会社183条2項，186条3項），⑧所在不明株主の
株式の競売に関する事項の決定（会社197条4項），⑨公開会社における募集株
式・新株予約権の募集事項の決定（会社201条1項，202条3項2号・3号，204条
2項，240条1項，241条3項2号・3号，243条2項），⑩振替株式の取扱いへの
同意（振替128条2項），⑪取得条項付新株予約権の取得に関する事項の決定（会
社273条1項，274条2項），⑫株主総会・種類株主総会の招集に関する事項の決
定（会社298条4項，325条），⑬取締役の個人別の報酬等の内容についての決定
に関する方針の決定（会社361条7項），⑭代表取締役の選定・解職の決議（会
社362条2項3号・3項），⑮監査役設置会社以外における取締役・会社間の訴
訟の会社代表者の決定（会社364条），⑯取締役の競業取引・利益相反取引の承
認（会社365条1項），⑰取締役会の招集権者の決定（会社366条1項但書），⑱補
償契約・役員等賠償責任保険契約の内容の決定，⑲計算書類・事業報告・附属
明細書の承認（会社436条3項），⑳株式の発行と同時に行う資本金・準備金の
額の減少（会社447条3項，448条3項），㉑中間配当の決定（会社454条5項），㉒
会計監査人設置会社で取締役の任期が1年の場合の剰余金の配当等の決定（会
社459条1項）等である。

(2)　取締役会の招集・議事・決議

　取締役会は 3 ケ月に 1 回以上開催されなければならない。代表取締役および選定業務執行取締役は 3 ケ月に 1 回以上，自己の職務の執行の状況を取締役会に報告しなければならないからである（会社363条 1 項・ 2 項）。

　取締役会招集権は原則として各取締役にある（会社366条 1 項）。ただし，定款または取締役会で取締役会を招集する取締役を定めたときは当該取締役に招集権がある（会社366条 1 項但書）。定款または取締役会で定めた取締役以外の取締役であっても，取締役会の目的である事項を示して取締役会の招集を請求することができ（同条 2 項），その請求があった日から 5 日以内に請求日から 2 週間以内の日を取締役会の日とする取締役会の招集通知が発せられない場合，自ら招集できる（同条 3 項）。

　また，監査役も必要があると認めるときは取締役に対し取締役会の招集を請求でき（会社383条 2 項），その請求があった日から 5 日以内に請求日から 2 週間以内の日を取締役会の日とする取締役会の招集通知が発せられない場合，取締役会を招集できる（会社382条，383条）。

　指名委員会等設置会社の場合，執行役に取締役会招集請求権があり，請求後一定の期間内に取締役会の招集通知が発せられない場合，自ら取締役会を招集することができる（会社417条 2 項）。

　さらに，監査役設置会社，監査等委員会設置会社，指名委員会等設置会社のいずれでもない取締役会設置会社（会計限定監査役だけの会社のように業務監査権を有する機関がない会社）の株主も，取締役が取締役会設置会社の目的の範囲外の行為その他法令もしくは定款に違反する行為をし，またはこれらの行為をするおそれがあるときは取締役会の招集を請求でき，請求日から 5 日以内に招集通知が発せられない場合，自ら取締役会を招集することができる（会社367条 1 項- 3 項）。

　取締役会の招集手続は株主総会のそれに比べて機動性が確保されている。取締役会の招集は取締役会の日の 1 週間前（定款で短縮可）までに各取締役（監査役設置会社にあっては各取締役および各監査役）に対して通知を発すればよい（会社368条 1 項）。この通知は書面・電磁的方法によらなくてもよく，口頭でもかまわない。

　なお，取締役（監査役設置会社では取締役および監査役，会計参与設置会社では

会計参与も）全員の同意があれば招集手続を経なくても取締役会を開催できる（会社368条2項）。

　取締役会決議は，決議に加わることができる取締役の過半数が出席し（定足数）その過半数（定款で引上可）をもって行う（会社369条1項）。取締役の議決権は一人一議決権（頭数主義）である。取締役の議決権の代理行使は認められていない。映像・音声だけの遠隔地からの参加も出席と認められ議決権行使も可能である。

　ただし，特別利害関係を有する取締役（特別利害関係取締役）は議決に加わることができない（会社369条2項）。特別利害関係取締役は取締役会の定足数および出席取締役には加算されず審議にすら参加できない。ちなみに代表取締役の被選定候補者はその選定が誰を代表取締役とするかという業務執行の決定であることから特別利害関係取締役には該当しないが，代表取締役解職決議においては代表取締役が特別利害関係取締役に当たるとした判例がある（最判昭44・3・28民集23・3・645）。これに対して，解職決議の利害対立は取締役相互間または株主相互間にあるのであって，会社と取締役間にあるのではないから特別利害関係人には当たらないとする有力説がある。その他，利益相反取引または競業取引をしようとする取締役・会社に対する責任の一部免除の対象となる取締役等も特別利害関係取締役に該当する。

(3)　取締役会議事録

　取締役会設置会社の場合，取締役会の議事については議事録を書面または電磁的記録により作成し出席者はこれに署名しなければならず，取締役がその議事録に異議をとどめていない場合，当該決議に賛成したものと推定される（会社369条3項-5項）。なお取締役会議事録は取締役会の日から10年間，本店に備え置かなければならない（会社371条1項）。

　取締役会設置会社の場合，株主は権利を行使するために必要があるときは株式会社の営業時間内はいつでも取締役会議事録を閲覧・謄写の請求ができるが（会社371条2項），監査役設置会社・監査等委員会設置会社・指名委員会等設置会社のように業務監査権を有する機関がある場合，株主の権利は後退し株主は裁判所の許可を得なければならない（同条3項）。また役員または執行役の責任を追及するため必要がある債権者，その権利を行使するため必要がある親会社社員も裁判所の許可を得ればそれを請求できる（同条4項・5項）。

(4) 特別取締役

指名委員会等設置会社を除く取締役会設置会社の場合，取締役の数が6人以上でそのうち1人以上が社外取締役であれば，取締役会の専決事項の一部である重要な財産の処分・譲受けおよび多額の借財（会社362条4項1号・2号，399条の13第4項1号・2号）については，取締役会があらかじめ選定した3人以上の取締役（社外取締役でなくてもよい）の過半数が出席しその過半数で決議することができる旨を取締役会で定めることができる（会社373条1項）。これを特別取締役制度といい，実務上存在するといわれる常務会を法制化したものである。これは取締役会の取締役の数が多い株式会社において重要な財産の処分・譲受けや多額の借財についてその都度，臨時に取締役会を開催していたのでは迅速な意思決定ができない場合にその機動性を確保するためである。

なお，監査等委員会設置会社の場合，取締役の過半数が社外取締役であるならば取締役会は執行役に重要な業務執行の決定を幅広く委ねることができることから（会社399条の13第5項），あえて特別取締役制度を設ける必要はない。

(5) 取締役会決議の瑕疵

取締役会決議に手続または内容の瑕疵がある場合について，株主総会決議の場合とは異なり会社法上明文の規定はない。したがってこの場合，無効の一般原則に従い，いつでも誰でもどのような方法でもその無効を主張することができる。確認の利益があれば取締役会決議無効確認の訴えも認められる。

いわゆる名目的取締役に対する取締役会の招集通知漏れがあった場合において判例は，単に名目的取締役の地位にあるにすぎない者に対しては通知を要しないという理由はないとし，取締役の一部の者に対する招集通知を欠くことによりその招集手続に瑕疵があるときは特段の事情がない限り取締役会決議は無効であるとしつつその取締役が出席してもなお決議の結果に影響がないと認められるべき特段の事情があるときは右瑕疵は決議の効力に影響がないとして決議は有効になるとしている（最判昭44・12・2民集23・12・2396）。

6　代表取締役

(1)　代表取締役の意義・権限

　代表取締役は，指名委員会等設置会社を除く取締役会設置会社の場合の，または代表取締役を任意に設置している非取締役会設置会社の場合の株式会社を代表し（代表権。会社47条，349条1項，402条1項参照，420条1項参照），株式会社の業務に関する一切の裁判上または裁判外の行為をする権限（業務執行権限）を有する取締役である（会社349条4項）。もちろん取締役会の専決事項以外の日常の業務については，取締役会から委任を受けた場合において代表取締役自らが決定し執行する（会社362条4項参照）。

　ここで「代表」とは対外的な業務執行を意味する。この代表権に加えた制限（定款等の内部規定による制限）は，取引の安全のため善意の第三者に対抗することができない（会社349条4項・5項）。なお代表取締役の氏名および住所は登記事項である（会社911条3項14号）。

　ここで「裁判上の行為」とは株式会社が訴えたり訴えられたりした場合の代表取締役の代表行為を意味する。ただし①監査役設置会社を除く非取締役会設置会社において株式会社と取締役（取締役であった者を含む）との間の訴えの場合，株主総会は当該訴えについて株式会社を代表する者を定めることができ（会社353条），②監査役設置会社と取締役（取締役であった者を含む）との間の訴えの場合，監査役が監査役設置会社を代表し（会社386条1項），③監査等委員会設置会社と取締役との間の訴えの場合，監査等委員が当該訴訟の当事者である場合には取締役会が定める者が，それ以外の場合には監査等委員会が選定する監査等委員が監査等委員会設置会社を代表し（会社399条の7第1項），④指名委員会等設置会社と執行役（執行役であった者を含む）または取締役（取締役であった者を含む）との間の訴えの場合，監査委員が当該訴訟の当事者である場合には取締役会が定める者が，それ以外の場合は監査委員会が選定する監査委員が指名委員会等設置会社を代表する（会社408条1項）。

　なお，ここで「裁判外の行為」とは取引等の法律行為やその他，事実行為も含まれる。

　代表取締役は，非取締役会設置会社の場合，定款・定款の定めに基づく取締

役の互選または株主総会決議によって取締役の中から定めることができる任意の機関であるのに対し（会社349条3項），取締役会設置会社の場合，取締役の中から選定しなければならない必要的機関であり取締役会で選定および解職される（会社362条2項3号・3項）。また指名委員会等設置会社の場合，会社代表は代表執行役が行い（会社420条1項），代表取締役を設置してはならない。

代表取締役の員数は通常は1人であるが複数でもよく，前述のように代表取締役の氏名・住所に加え，その就任・退任の事実も登記事項となっている（会社911条3項14号）。

代表取締役の任期は会社法上明文の規定はないが，定款等に定めがなければ取締役の任期が代表取締役の任期となる。

代表取締役が任期の満了または辞任により退任し欠員を生じた場合，新たに選定された代表取締役（一時代表取締役を含む）が就任するまで，なお代表取締役としての権利義務を有する（会社351条1項）。裁判所は必要があると認めるときは利害関係者の申立てにより一時代表取締役の職務を行うべき者を選任することができる（同条2項）。

さらに，代表取締役の職務執行停止・代表取締役の職務代行者選任の仮処分（民保23条2項，24条）も認められている。これはたとえば，①取締役の選任決議の効力が争われた場合（会社830条，831条），②取締役の解任の訴えが提起された場合（会社854条）において，代表取締役にそのまま職務の執行を認めることが妥当でない場合にとられる措置である。

なお，職務執行停止の仮処分および職務代行者の選任の仮処分についても本店所在地における登記事項である（会社917条）。

(2)　代表取締役の内部的手続を欠く専断的行為

代表取締役が必要な株主総会決議や取締役会決議を経ずに業務執行をしたような場合（代表取締役の専断的行為）の効力も問題となる。これは内部的手続履践による会社および株主の利益保護と取引の安全をいかに調整すべきかという利益衡量の問題でもある。

譲渡人をX社，譲受人をY社とする営業譲渡（事業譲渡）についてX社において総会の承認決議を欠いていた場合について判例は，X社において株主総会の承認がないから無効であり特段の事情がない限りY社もその無効を主張できるが，Y社は営業譲渡の20年後に初めて無効を主張したのは残債務の履行を拒

むためであったとしてその主張は信義則に反し許されないとしている（最判昭61・9・11判時1215・125）。

　取締役会決議を欠く重要財産の処分に関して判例は，代表取締役は株式会社の業務に関し一切の裁判上または裁判外の行為をする権限を有するから，代表取締役が取締役会の決議を経てすることを要する対外的取引について決議を経ないでした場合でも右取引行為は内部的意思決定を欠くにとどまるから原則として有効であって，ただ相手方が右決議を経ていないことを知りまたは知り得べかりしときに限って無効であるとして（最判昭40・9・22民集19・6・1656），心裡留保説を採っている。

　これに対して学説からは，本判決のように相手方が知り得べかりしときに無効となるとすれば相手方の過失が問われることとなり，相手方に結果として取締役会決議の存在等に関する調査義務を負わせることになるか，または取引を無効にしたい場合だけ株式会社が取締役会決議を経ていない旨を主張することによって投機の機会を与えかねないとの批判がある。

　その上で学説には，①代表行為は有効であるが，相手方に悪意・重過失があれば信義則違反で許されないから（民1条2項），株式会社は一般悪意の抗弁で対抗できるとする説，②代表取締役が会社の業務に関する一切の裁判上または裁判外の行為をする権限を有しその権限に加えた制限は全員の第三者に対抗することができないとする規定（会社349条4項・5項，代表執行役につき会社420条3項）を類推適用し取締役会の決議を要することをもって代表権に加えた制限と解し株式会社は善意の第三者に対してその制限をもって対抗できないが悪意の場合にはその無効を主張できるとする代表権制限説，③代表取締役が決定権を本来有していない事項（本件のような重要財産の処分等）について代表取締役が取締役会の決議を経ずに行為をした場合には権限踰越となりその効力は第三者に対して他人に代理権を与えた旨を表示した者（会社）が第三者が代理人の権限があると信ずべき正当な理由があるときにその責任を負うとする民法の一般理論（民110条）によって決すべきとする権限踰越説，④重要な財産の処分については取締役会の承認を受けない利益相反取引（会社356条1項2号・3号）の場合と同様に無効であるがその無効を善意の第三者に対抗できないとする相対的無効説などがある。

　判例は，取締役会の決議を欠いていることを理由とする取引の無効については原則として会社の側からのみ主張できるとしている（最判平21・4・17民集

63・4・535)。

(3) 代表取締役の代表権の濫用

　代表取締役の代表権は，代表取締役が株式会社の機関としてその権限の範囲内でした行為の効果を会社に帰属させる対外的業務執行権限である。その代表権は業務に関する一切の包括的なものであり（会社349条4項），会社がそれに制限を加えたとしても善意の第三者には対抗できない（同条5項）。このように代表権が不可制限的であるのは取引の安全に配慮するためである。

　ところで，代表取締役が株式会社のためではなく自己または第三者の利益を図るために業務執行をしたような場合を代表権の濫用という。この場合もその効力が問題となるが，判例は代表取締役が自己の利益のために表面上，会社の代表者として法律行為をした場合には，相手方が右代表取締役の真意を知り（現行法上は「真意でないことを知り」）または知り得べきものであった（現行法上は「知ることができた」）ときは（旧）民法93条但書の規定を類推し右法律行為はその効力を生じないとしている（最判昭38・9・5民集17・8・909）。この判例も，会社のためという表示意思（外観）と代表取締役の自己利益のためという内心的効果意思（真意）とが不一致であることを理由に民法の心裡留保の規定を類推適用して原則有効とし相手方が悪意・有過失の場合に無効とする法律構成を採っている（心裡留保説）。

　それに対して学説には，本人に法律効果を帰属させようとする意思をもって意思表示をしている点において変わりがなくそもそも表示意思と真意との不一致が存在していないことから民法93条を類推適用する基礎に欠けるとの批判があり，前述の内部的手続を欠く場合と同様の議論がある。

　なお，2017（平成29）年改正民法により，代理人が自己または第三者の利益を図る目的で代理権の範囲内の行為をした場合において相手方がその目的を知り，または知ることができたときはその行為は代理権を有しない者がした行為とみなす規定が新設された（民107条）。よって今後は代表取締役の代表権の濫用にはこの規定が適用され得る。

(4) 代表取締役の不法行為

　株式会社は代表取締役その他の代表者がその職務を行うについて第三者に損害を加えた場合，賠償しなければならない（会社350条）。これは代表取締役の

不法行為責任を株式会社にも負担させるものであるが，株式会社は使用者責任
（民715条）ではなく会社法上の当該規定により責任を負う。もちろん代表取締
役の不法行為を株式会社自体の不法行為としてその責任を問うことも可能であ
る（民709条）。判例は代表取締役がその職務を行うにつき不法行為をして他人
に損害を加えたため会社がその責めに任ずる場合には，代表取締役も個人とし
て不法行為責任を負うとしている（最判昭49・2・28判時735・97）。

(5)　表見代表取締役

　実際には株式会社代表権がなく代表取締役として登記もなされてはいないが，
社長，副社長その他株式会社を代表する権限を有するものと認められる名称を
付した取締役がした行為については，株式会社は善意の第三者に対してその責
任を負う（会社354条）。このような取締役を表見代表取締役という。表見代表
取締役制度は外観主義（権利外観法理・禁反言の法理）に立脚し取引の安全を保
護するためのものである。

　その適用要件には，①取締役に代表権があるかのような外観の存在，②株式
会社の外観作出上の帰責性，③第三者の外観への信頼の三つがある。

　「外観の存在」について，当該規定は表見代表取締役が取締役であることを
前提としているが，判例には使用人が社長の了解を得てした株式会社の金員借
入れの交渉につき，常務取締役の名称を使用している場合にも当該会社が責任
を負うとしたものがある（最判昭35・10・14民集14・12・2499）。

　代表権があるかのような名称使用について，株式会社による明示の許諾また
は黙示の許諾（黙認）があれば，株式会社に「外観作出上の帰責性」が認めら
れる。

　「第三者の外観への信頼」の「第三者」は外観を信頼した者であるから，株
式会社と直接取引をした相手方に限られるとする判例がある（最判昭59・3・
29判時1135・125）。そして第三者によるその信頼は当該取締役が代表取締役で
ないことを知らなかったこと，つまり善意・無重過失であることが必要であり，
重過失は悪意と同視されている（最判昭52・10・14民集31・6・825）。

　株式会社を代表する権限を有するものと認められる名称には社長・副社長が
あるがこれは例示列挙であり，他に取締役会長，頭取，総裁，CEO（最高経営
責任者）等も考えられる。判例は代表取締役職務代行者もそれに当たるとして
いる（最判昭44・11・27民集23・11・2301）。専務取締役・常務取締役は現行法上，

表見代表取締役の例示から削除されている。

　ところで表見代表取締役制度では，たとえ登記を確認しなかったとしても表見代表取締役を真実の代表取締役であると善意無重過失で信頼した第三者は保護されることになるが，登記の一般的効力（会社908条1項）によれば第三者は悪意が擬制されることとなり矛盾がある。これにつき，①会社法354条を会社法908条1項の例外であると解する例外説，②会社法354条は事実と異なる外観を信頼した第三者を保護する規定であり，会社法908条1項は事実である登記事項を善意の第三者にも対抗できるとする規定であって次元が異なるとする異次元説，③会社法354条が適用される場合は，会社法908条1項の「正当な事由」に該当するとする正当事由弾力化説等がある。

　なお，表見代表取締役制度と同様の制度として執行役にも表見執行役制度がある（会社421条）。

7　取締役・執行役をはじめとする役員等の責任

(1)　役員等の善管注意義務

　株式会社と役員等（ここで役員とは取締役会計参与・監査役であり役員等には会計監査人・執行役も含まれる）の関係は委任に関する規定に従う（会社330条，402条3項）。よって役員等は株式会社に対して委任事務を処理する上で善良な管理者としての注意義務（善管注意義務）を負っている（民644条）。この義務に違反して会社に損害が発生すれば役員等は任務懈怠となり，会社に対し債務不履行に基づく会社法上特別の損害賠償責任を負う（会社423条1項）。

　ちなみに民法上，①留置権者が留置物を占有する場合の注意義務（民298条），②債権の目的が特定物の引渡しである場合の債務者がその目的物を引き渡すまでの保存上尽くすべき注意義務（民400条），③委任・準委任の受任者の注意義務（民644条，656条），④有償寄託の受寄者の注意義務（民400条，659条参照），⑤事務管理者の注意義務（民698条の反対解釈）が善管注意義務に相当し，それに対して無償寄託の受寄者の場合等は自己の財産に対するのと同一の注意義務の程度でよいとされている（民659条）。

　さて，取締役の善管注意義務（duty of care）は取締役としてその職務に応じて通常要求される注意を用いるべき義務であるとされている。取締役の善管注

意義務の水準は委任された事務の内容に応じて通常期待される程度の注意であ
り，より高度な義務であると抽象的にはいえるが具体的には委任契約の内容お
よび取引慣行により判断されることになる。

　たとえば銀行取締役の善管注意義務について初めて示した判例に，銀行取締
役の注意義務の程度は一般株式会社の取締役のそれに比して高く，経営判断原
則（後述する）の適用も限定されるとしたものがある（最判平20・1・28判時
1997・148）。

(2)　取締役・執行役の忠実義務

　取締役・執行役は法令および定款ならびに株主総会の決議を遵守し，株式会
社のため忠実にその職務を行うべき忠実義務（duty of loyalty）も負っている
（会社355条，419条2項）。この義務に違反して会社に損害が発生した場合も，
取締役または執行役は任務懈怠として会社に損害賠償責任を負うのはいうまで
もない（会社423条）。

　ところで，善管注意義務と忠実義務との関係につき判例は，忠実義務は善管
注意義務を敷衍させ一層明確にしたにとどまるとして同質説を採っており（最
判昭45・6・24民集24・6・625），多数説もわが国の会社実務に則して善管注意
義務と忠実義務の二分法は不自然かつ不必要であるとして同質説を支持してい
る。

　これに対してアメリカ法に依拠する異質説によれば，善管注意義務は誠実か
つ慎重に最善を尽くす義務であって忠実義務は取締役等の利益が会社の利益と
衝突する場合に会社の利益を犠牲にして自己または第三者の利益を追求しては
ならず会社の利益を優先しなければならない義務であるとされる。会社法があ
えて忠実義務を定めていることから，忠実義務は善管注意義務とは異質である
と考えるほうがむしろ自然であろう。

(3)　取締役の善管注意義務の具体化

　取締役の一般的な義務には善管注意義務および忠実義務があるが，善管注意
義務から具体的に派生したものに，たとえば①他の取締役に対する監督監視義
務，②法令遵守義務，③報告義務，④内部統制システム構築整備義務，⑤従業
員に対する指導監督義務，⑥MBO（経営者による企業買収）等における公正価
格移転義務等があると解されている。

　他の取締役に対する監督義務の法的根拠は，取締役会は取締役の職務の執行を監督すべきとする旨の規定（会社362条２項２号）である。監視義務については判例が，取締役会は会社の業務執行につき監査する地位にあるから，取締役会を構成する取締役は取締役会に上程された事柄についてだけ監視するにとどまらず代表取締役の業務執行一般につきこれを監視し必要があれば取締役会を自ら招集し，あるいは招集することを求め取締役会を通じて業務執行が適正に行われるようにする職務を有するとしてそれを認めている（最判昭48・5・22民集27・5・655）。取締役の監視義務は適法性のみならず妥当性にも及ぶ。

　なお，会社から頼まれて取締役として名義を貸しているだけで取締役としての職務を行わず，場合によっては報酬も受け取っていない取締役のことを名目的取締役というが，このような取締役も名目的であるにせよ取締役であることに変わりがないことから監視義務を怠ったことによる責任を必ずしも免れるわけではない。

　取締役の法令遵守義務は忠実義務の規定中に法定されている（会社355条，419条２項）。法令遵守が取締役の職務上の義務であることは判例も認めており（最判平12・7・7民集54・6・1767），また外国法令を遵守することも善管注意義務であるとされた裁判例もある（大阪地判平12・9・20判時1721・3）。

　取締役の報告義務については，会社法が株式会社に著しい損害を及ぼすおそれのある事実があることを発見したときは直ちに当該事実を株主，監査役，監査役会，監査等委員会等に報告しなければならないと規定している（会社357条）。

　内部統制システム構築整備については，すべての大会社（会社348条３項４号・４項，362条４項６号・５項）において，また監査等委員会設置会社（会社399条の13第１項１号ロ・ハ・２項）および指名委員会等設置会社（会社416条１項１号ロ・ホ・２項）においては大会社でない場合でも，取締役の職の執行が法令および定款に適合することを確保するための体制その他株式会社の業務ならびに当該株式会社およびその子会社から成る企業集団の業務の適正を確保するための体制にかかる事項の決定をすることが義務づけられている。

　業務の適正を確保するための体制には，①当該株式会社の取締役の職務の執行にかかる情報の保存および管理に関する体制，②当該株式会社の損失の危険の管理に関する規程その他の体制，③当該株式会社の取締役の職務の執行が効率的に行われることを確保するための体制，④当該株式会社の使用人の職務の執行が法令および定款に適合することを確保するための体制，⑤企業集団にお

ける業務の適正を確保するための体制，⑥監査機関がない場合に取締役が株主に報告すべき事項の報告をするための体制，⑦監査機関の職務の執行に関する体制がある（会社則98条，100条，110条の4，112条）。要するに内部統制システムはリスク管理体制，法令遵守体制，監査体制である。

　この決定された内部統制システムの内容は事業報告に運用状況の概要として記載されねばならない（会社則118条2号）。上場会社では内部統制報告書の提出が義務づけられている（金商24条の4の4）。

　内部統制システムの構築整備を怠れば，代表取締役や執行役の内部統制システム構築整備義務違反だけでなく，取締役会の構成員である取締役の監視義務違反も問われることになる。

　内部統制システム構築整備義務は，それが取締役の善管注意義務の内容に含まれるということを大和銀行株主代表訴訟事件判決（大阪地判平12・9・20判時1721・3）がわが国で初めて示して以来，裁判例・判例が集積しつつある。また当該義務が代表取締役の職務に当たるということを最高裁が日本システム技術事件判決で初めて示した。ただ裁判所は結論として通常想定される架空売上の計上等の不正行為を防止し得る程度の管理体制は整えていたということができ，本件不正行為は通常容易に想定し難い方法によるものであり，本件不正行為の発生を予見すべきであったという特別な事情も見当たらず，監査法人も財務諸表につき適正であるとの意見を表明していたことから本件不正行為を防止するためのリスク管理体制を構築すべき義務に違反した過失があるということはできないとして当該義務違反を否定した（最判平21・7・9判時2055・147）。つまり本判例で有効な内部統制システムが構築整備されており，それに従って適切に業務執行と監視が行われていれば特段の事情のない限り取締役は善管注意義務違反に問われないことが示されたのであるが，内部統制システムはその有効性を維持するために状況の変化に応じて改良を重ねていく必要があることはいうまでもない。

　従業員に対する指導監督義務は，従業員の違法・不当な行為を発見し，あるいはこれを未然に防止するためのものであり，当該義務の懈怠の有無については当該会社の業務の形態，内容および規模，従業員の数，従業員の職務執行に対する指導監督体制などの諸事情を総合して判断すべきものとされている（東京地判平11・3・4判タ1017・215）。この義務は上述の内部統制システム構築整備義務とも関連がある。

　MBOにおいて対象会社の取締役（監査役も含む）に善管注意義務の一環として公正な企業価値の移転を図るべき公正価格移転義務があるとした裁判例がある（東京高判平25・4・17判時2190・96）。

(4)　取締役・執行役の忠実義務違反行為の具体的規制

　取締役・執行役には，会社の利益を犠牲にして自己または第三者の利益を図るような忠実義務違反の可能性がとくに高い行為類型がある。すなわち①競業取引，②狭義の利益相反取引，③報酬の決定である。①と②は取締役・執行役が会社の営業秘密を知り得る立場にあること，③はお手盛りの危険があることがその理由であり，会社法はこれらについて特別に規制している。なお講学上，上記①と②を合わせて広義の利益相反取引という。

(イ)　競業取引

　競業取引規制は競業取引を必ずしも禁じるものではないが，取締役・執行役が自己または第三者のために株式会社の事業の部類に属する取引をしようとするときは非取締役会設置会社の場合は株主総会に，取締役会設置会社の場合は取締役会に重要な事実を開示しその承認を受けなければならず，競業取引をした取締役・執行役は当該取引後，遅滞なく当該取引についての重要な事実を取締役会に報告しなければならないとするものである（会社356条1項1号，365条1項・2項，419条2項）。

　競業取引とは，具体的には株式会社が現在行っている事業に関する機密情報，すなわち①仕入先ルート，②販売先（顧客）ルート，③ノウハウ等を取締役が利用して商品・役務（サービス）の市場が競合する事業を行う行為である。競業取引規制の目的は取締役が取締役としての地位によって取得した情報を利用することによって株式会社に損害を与えることを防止することにある。

　ここで「事業の部類」とは現在，株式会社が行っている定款の目的に記載されている事業のみならず市場調査等，会社が具体的に事業の新規開拓の準備をしているものも含まれると解される。これにつき製パン業を営むX社が一定の地域への進出を企図し具体的にその市場調査等を進めていたにもかかわらず，X社の代表取締役がその進出予定先に別会社を設立しその別会社の代表取締役として製パン業を経営することは第三者であるこの別会社のためにX社の営業（事業）の部類に属する取引をしたことになるとした裁判例がある（東京地判昭

56・3・26判時1015・27）。

　ここで「自己または第三者のために」の「ために」とは「〜の名で」という法律効果（権利義務）の帰属を意味するもの（名義説）なのか，「〜の計算で」という経済効果（利益）の帰属を意味するもの（計算説）なのか学説上争いがあり，多数説は計算説に立っている。また裁判例にも，自己または第三者のいずれの名をもってするとを問わず行為の経済上の利益が自己または第三者に帰属することをいうとして計算説を採るものがある（大阪高判平2・7・18判時1378・113）。

　会社の内部手続である承認を受けない場合でも競業取引の効力は有効と解され得るが，会社の承認を得なかった取締役・執行役は任務懈怠により株式会社に対して損害賠償責任を負い（会社423条1項），さらに当該取締役・執行役についての解任の正当事由（会社339条2項，403条2項），少数株主による取締役解任の訴えの事由にもなる（会社854条）。

　また，会社の承認を受けた競業取引であっても会社に損害が発生していれば取締役・執行役は忠実義務違反（会社355条）を問われる可能性も残されており，この場合，損害賠償責任を免れるわけではない。さらに，会社の承認を受けない場合，競業取引（会社356条1項1号，419条2項）によって自己または第三者が得た利益が株式会社の損害と推定され（会社423条2項），株式会社にとって損害額の立証負担が軽減されることから取締役・執行役が不利となる。

　なお，競業取引と要件が必ずしも一致するわけではないが，それに近い取引で将来的に競業の可能性がある行為に「会社機会（Corporate Opportunity）の奪取」および「従業員の引抜き」がある。

　会社機会の奪取とは，株式会社が現在，事業として行っていないか，事業予定として具体的に準備もしていないような場合でも株式会社にとって有望な新規事業の機会や不動産物件（当該会社の事業目的が不動産取引ではない場合）の情報がある場合に職務上その情報を知り得た取締役・執行役が先回りして個人的にそれらを奪うことを意味する。この場合，競業取引の要件を満たさず会社法423条2項の損害額の推定は働かないものの，取締役・執行役は忠実義務違反を問われる可能性を否定できない。

　また従業員の引抜きとは，取締役が退任前の在任中に部下等の従業員を自分が設立する会社に誘引することである。このような行為も取締役の忠実義務違反を構成するとした裁判例がある（東京高判平元・10・26金判835・23）。

㈡　狭義の利益相反取引

　狭義の利益相反取引には，①取締役・執行役が自己または第三者のために株式会社と取引をしようとする場合（直接取引），②株式会社が取締役の債務を保証するか取締役以外の者との間において株式会社と当該取締役との利益が相反する取引をしようとする場合（間接取引）があり，この場合も競業取引の場合とほぼ同様の規制に服する。つまり取締役・執行役は非取締役会設置会社の場合は株主総会に，取締役会設置会社の場合は取締役会に重要な事実を開示しその承認を受けなければならず，利益相反取引をした取締役は当該取引後，遅滞なく当該取引についての重要な事実を取締役会に報告しなければならない（会社356条1項2号・3号，365条1項・2項，419条2項）。

　たとえば，取締役・執行役が自己もしくは第三者の財産を実際の価格よりも高く株式会社に売り付ける場合，または株式会社の財産を実際の価格よりも安く買い受ける場合には会社の利益を犠牲にして自己または第三者の利益を優先することになる。このような狭義の利益相反取引は株式会社の代理人（代表）である取締役・執行役が株式会社と取引をすることによって取引の両側に立つことになるので自己取引ともいう。

　民法では自己契約・双方代理は禁止されているが（民108条），会社法では例外的に認められている。しかしそれには忠実義務違反の可能性が高いことからとくに厳格な規制に服せしめられるのである。

　狭義の利益相反取引（会社356条1項2号・3号）によって株式会社に損害が生じた場合，①直接間接に当該行為をした取締役・執行役，②当該行為を決定した取締役・執行役，③取締役会の承認決議に賛成した取締役には任務懈怠が推定される（会社423条3項）。ただし監査等委員会設置会社において利益相反取引について取締役が監査等委員の承認を受けた場合は任務懈怠の推定規定の適用はない（同条4項）。

　さらに，取締役・執行役が自己のために会社と狭義の利益相反取引（会社356条1項2号）を行った場合には特則があり（会社428条1項），その責任は無過失責任となる。この場合，当該取締役・執行役には責任の一部免除も認められない（会社428条2項，425条-427条）。

　狭義の利益相反取引の場合の自己または第三者の「ために」とは，直接取引の場合，通説は競業取引の場合と異なり法律効果の帰属を意味する「〜の名で」と解している（名義説）。要するに取締役・執行役が会社の取引の相手方

となるかその相手方である自然人の代理人または会社の代表者となる場合にこの要件を満たすことになる。それに対して間接取引の場合，通説は経済効果（利益）の帰属を意味する「～の計算で」と解している（計算説）。裁判例にも計算説を採るものがある（大阪高判平2・7・18判時1378・113）。

　承認のない狭義の利益相反取引の効力は直接取引の場合で取引の安全が問題にならない場合，つまり第三者に転売等されない限り無効と解しても問題はない。しかし間接取引の場合には取引の安全の見地から株式会社は相手方である第三者の悪意を主張・立証して初めて無効を主張し得るとする相対的無効説が多数説・判例（最大判昭43・12・25民集22・13・3511）である。

　また，直接取引の無効については株式会社から利益相反取締役・執行役に対して主張できるが，株式会社が取締役個人に対して貸し付けた金員の返還を求めた事例において判例は，取締役が株式会社に対して無効を主張することは許されないとしている（最判昭48・12・11民集27・11・1529）。利益相反取引規制の趣旨が取締役・執行役の利益相反取引から株式会社の利益を保護することにあることからすれば，株式会社が当該取引の効力を認めている場合には利益相反取締役・執行役から無効を主張できない（片務的無効）と解すべきである。

　なお，直接取引である手形行為の無効を株式会社が主張する場合において利益相反取締役から善意の第三者に権利が譲渡されていた場合の第三者の保護について判例は，手形が本来不特定多数人の間を転々流通する性質を有するものであることに鑑みれば，取引の安全の見地より善意の第三者を保護する必要があるから，株式会社がその取締役に宛てて約束手形を振り出した場合においては株式会社は当該取締役に対しては取締役会の承認を受けなかったことを理由としてその手形の振出しの無効を主張することができるが，いったんその手形が第三者に裏書譲渡されたときはその第三者に対してはその手形の振出しにつき取締役会の承認を受けなかったことのほか，その振出しにつき取締役会の承認がなかったことについて右の第三者が悪意であったことを主張し立証するのでなければその振出しの無効を主張して手形上の責任を免れないとして手形法16条2項の適用を否定している（最大判昭46・10・13民集25・7・900）。

(八)　報酬規制

　報酬規制として前述（**4取締役**(8)参照）のとおり，取締役の職務執行の対価としての報酬の決定を代表取締役・執行役または取締役会に委ねてしまうとい

わゆるお手盛りの危険（不当に高額の受領による会社の損害のおそれ）があることから，報酬額等は定款で定めるか株主総会の決議で定めなければならない（会社361条1項）。ここでは支給する報酬の総額または上限額（報酬の金額が確定しないものならその具体的算定方法，金銭以外のものならその具体的内容）だけを定めればよく，個別の報酬額は取締役の協議に委ねられる。指名委員会等設置会社の場合，執行役等の個人別の報酬等については報酬委員会が決定する（会社409条）。

(5) 役員等の株式会社に対する責任

取締役をはじめとする役員等（取締役・会計参与・監査役・執行役・会計監査人）は，その任務を怠ったことにより株式会社に損害が生じたときは株式会社に対して損害賠償責任を負う（会社423条1項）。これは役員等の任務懈怠責任である。

この任務懈怠責任は，善管注意義務や忠実義務に違反した場合の債務不履行に基づく損害賠償責任（民415条）とは異なる法定の特殊責任であるとされるが（最判平20・1・28民集62・1・128），原則として過失責任（会社428条1項参照）である点において変わりはない。

役員等が善管注意義務に違反したり取締役・執行役が忠実義務に違反したりすれば任務懈怠となる。委任の性質上，役員等は会社に対し結果債務を負っているわけではなく手段債務（債務者が結果の実現に向けて十分な注意を払って行動すること）および「なすべきことをする義務」を負っている。これらの債務は会社との委任（任用）契約の内容（本旨）および取引慣行によって定まる。また過失とは結果の予見可能性があることを前提とする結果回避義務違反であるとされる。

任務懈怠責任の要件は，①役員等に任務懈怠があること，②会社に損害が発生していること，③任務懈怠と損害との間に相当因果関係があることである。

責任追及者は任務懈怠の要素として，職務を行うにつき善管注意義務違反（場合によっては忠実義務違反も含む）があったことを主張・立証しなければならない。

過失については，それが任務懈怠に含まれるとする一元説とそれに含まれないとする二元説に分かれている。任務懈怠が認められるならば通常は過失もあると考えるのが自然であろう。2005（平成17）年改正会社法の立法担当者も任

務懈怠について故意・過失によることが必要であるとし会社法423条 1 項はこれを表現したものであるとしている。ただし取締役が具体的な法令に違反したことにより任務懈怠が認められた場合であっても，取締役の側で過失がなかったことの主張・立証に成功した判例もあるように（最判平12・7・7民集54・6・1767），任務懈怠の要件と過失の要件が区別される場合もある。この場合は法令違反はあったがそれについての認識がなかったという意味で過失が否定されたのである。

　ところで，取締役・執行役が会社の承認を得ないでした競業取引については，競業取引（会社356条 1 項 1 号，419条 2 項）によって自己または第三者が得た利益が株式会社の損害と推定され（会社423条 2 項），また取締役・執行役の狭義の利益相反取引（会社356条 1 項 2 号・3 号）によって株式会社に損害が生じた場合，①当該行為をした取締役・執行役，②当該行為を決定した取締役・執行役，③取締役会の承認決議に賛成した取締役には任務懈怠が推定され（会社423条 3 項），④自己取引の直接取引（会社356条 1 項 2 号）を自己のために行った取締役・執行役の責任は無過失責任となる（会社428条 1 項）。

　なお，取締役・執行役が自己取引の直接取引を自己のために直接行った場合，責任の一部免除または責任限定契約の効力が認められず（会社428条 2 項，425条-427条），責任免除には総株主の同意が必要となる（会社424条）。また役員等が会社に生じた損害を賠償する責任を負う場合に他の役員等も当該損害を賠償する責任を負うときには，これらの者の責任は連帯責任となる（会社430条）。

　以上の任務懈怠責任とは別に取締役・執行役の法定責任として，①利益供与の責任，②仮装の払込等に関与等した責任，③財産価額不足額塡補責任，④剰余金の配当（違法配当）等の責任，⑤株式買取請求によって違法に株式を取得した場合の責任，⑥期末欠損塡補責任がある。

　利益供与の責任とは，株式会社は何人に対しても株主の権利行使に関し当該会社または子会社の計算において財産上の利益供与をしてはならないというものである（会社120条 1 項）。

　利益供与をすることの決定等に関与した取締役・執行役は無過失の立証責任が転換された過失責任（過失推定責任）を負い，当該利益供与を直接行った場合，無過失責任となり利益供与相当額の支払義務を連帯して負う（会社120条 4 項）。この義務は総株主の同意がなければ免除することができない（同条 5 項）。株式会社が利益を供与する相手は株主に限定されているわけではないが，特定

150

の株主に対して無償で財産上の利益を供与した場合，および特定の株主に対して有償で財産上の利益を供与し当該会社またはその子会社の受けた利益が当該財産上の利益に比して著しく少ない場合は，株式会社は株主の権利の行使に関して財産上の利益を供与したものと推定される（会社120条2項）。株式の譲渡と利益供与との関係について蛇の目ミシン事件最高裁は，株式の譲渡は株主たる地位の移転でありそれ自体は「株主の権利の行使」とはいえないから会社が株式を譲渡することの対価として何人かに利益を供与しても当然には本条（会社120条1項）が禁止する利益供与には当たらないが，会社から見て好ましくないと判断される株主が議決権等の株主の権利を行使することを回避する目的で当該株主から株式を譲り受けるために対価を何人かに供与する行為は「株主の権利の行使に関し」利益を供与する行為というべきであると判示している（最判平18・4・10民集60・4・1273）。利益供与を受けた者は当該株式会社またはその子会社に対し返還義務を負うがこの場合，当該利益を受けた者は当該株式会社またはその子会社に対して当該利益と引換えに給付をしたものがあるときはその返還を受けることができる（会社120条3項）。なお利益供与の場合，刑事罰もある（会社970条）。

　出資の履行にかかる仮装の払込等に関与した取締役・執行役は，当該出資の履行を仮装した者と連帯して仮装した払込金額の全額の支払義務（過失推定責任）を負い，当該出資を仮装した取締役・執行役の責任は無過失責任となる（会社213条の3）。

　財産価額塡補責任とは，まず株式会社設立の際に現物出資・財産引受けが行われた場合において定款に記載・記録された価額に著しく不足するときに発起人および設立時取締役が会社に対して連帯して負う当該不足額支払責任のことである（会社52条1項）。ただし定款の記載・記録事項に関する検査役の調査を受けた場合（会社33条2項），または取締役等が無過失の立証をした場合には取締役等の責任は生じない（会社52条2項1号・2号）。また会社成立後の募集株式の引受けについて現物出資が行われた場合に給付した現物出資財産の価額が募集事項として定められた価額（会社199条1項3号）に著しく不足する場合，取締役等が株式会社に対して負う不足額支払義務も財産価額不足額塡補責任である（会社213条1項，212条1項2号）。この場合も現物出資財産の価額についての検査役の調査を受けた場合（会社207条2項），および当該取締役等が無過失の立証をした場合（会社213条2項）には責任は生じない。

　剰余金の配当等の責任（会社462条）とは，会社法461条１項に違反して剰余金分配可能額を超える剰余金の分配が行われた場合，これにより金銭等の交付を受けた者（株主・元株主），当該行為に関する職務を行った業務執行者（取締役・執行役），この者の行う業務執行に職務上関与した者として法務省令で定める者（会社計算159条）および一定の者が株式会社に対して連帯して株式会社が交付した金銭等の帳簿価額に相当する金銭の支払義務を負う責任である（会社462条１項）。この場合，過失推定責任であり（同条２項），総株主の同意があっても剰余金分配可能額を限度としてしか責任を免除されない（同条３項）。

　株式買取請求によって違法に株式を取得した場合の責任とは，会社法116条１項または182条の４第１項に基づく株式買取請求によって株式を取得した場合において株主に支払った金銭の額が支払日における分配可能額を超えるときに，当該株式の取得に関する職務を行った業務執行者が株式会社に対し連帯してその超過額を支払わねばならない過失推定責任であり，この義務は総株主の同意がなければ免除できないものである（会社464条）。

　期末欠損填補責任とは，株式会社が剰余金の配当等をした場合において当該行為をした日の属する事業年度の期末において剰余金分配可能額が不足している（マイナス状態）場合（期末の欠損）に業務執行者および当該職務に関与した取締役等が株式会社に対して連帯してその欠損の額に相当する額を支払わねばならない過失推定責任である（会社465条）。

(6)　経営判断の原則

　取締役・執行役（取締役等）の経営判断には善管注意義務の観点から，判断過程において①できる限り十分な情報を収集したか（十分な情報収集），②場合によっては専門家の意見も参考にしつつ慎重に調査・分析したか（熟慮検討），そして③判断内容が著しく不合理ではなかったか，④忠実義務の観点からは利益相反がなかったか，または具体的な法令違反がなかったか等が問われ得る。

　しかし会社に損害が生じたからといって取締役等が当然に結果責任を問われるようではリスク回避的になるなど経営が委縮してしまいかねず，取締役等としての有用な人材も集まらなくなる。そもそも経営には冒険とリスクが付きものである。そこで必ずしも経営の専門家ではない裁判所が取締役等の経営判断に相当な裁量を幅広く認めその判断をできるだけ尊重しようとする審査基準がアメリカの判例法で生成発展してきており，これを経営判断の原則（Business

Judgement Rule）という。経営判断の原則は注意義務違反が問われる場合にのみその適用が問題となり，それが適用されれば経営判断の当否につき裁判所は事後的に介入しないことになる。ただし取締役等に利益相反があり忠実義務違反が問われる場合または具体的な法令違反がある場合にはこの原則は適用されない。アメリカのデラウエア州一般会社法によれば取締役の注意義務違反は定款で免責することすらできるとされている（DGCL§102(b)(7)）。

　わが国でも経営判断の原則は判例・裁判例で徐々に採用され日本版経営判断の原則が形成されつつある。わが国では経営判断当時の状況に照らして経営判断の前提となった事実の認識に不注意な誤りがなかったかどうか（アパマンショップ HD 判決以前は，この点に関し「不合理でなかったか」），そしてその事実に基づく意思決定の推論過程および内容が通常の企業経営者として「著しく不合理でなかったか」という観点から審査し，意思決定の過程だけでなくその内容の合理性にも踏み込む点に特徴があり，取締役の善管注意義務の内容やその違反の有無についての審査基準をより明確化ないし具体化していく作業の中でアメリカの経営判断原則を参考にしているとされている。

　野村證券損失補塡株主代表訴訟事件判決において裁判所は，経営に関する判断は不確実かつ流動的で複雑多様な諸要素を対象とした総合的判断であるからその裁量の幅は広いものとなり，結果的に会社に損失をもたらしてもそれだけで取締役が必要な注意を怠ったと断定することはできないとし，取締役の経営判断においてその前提となった事実認識に不注意な誤りがあり，または意思決定の過程が著しく不合理であったと認められる場合にはその経営判断は許容される裁量の範囲を逸脱したものとなり善管注意義務または忠実義務に違反するものとなるとしている（東京地判平5・9・1判時1469・25）。

　それに対して，アパマンショップ HD 株主代表訴訟事件最高裁判決は，グループの事業再編計画の一環として子会社を完全子会社とする目的で行った事業再編計画の策定は完全子会社とすることのメリットの評価を含め将来予測にわたる経営上の専門的判断に委ねられていると解され，株式取得の方法や価格についても取締役において株式の評価額・取得の必要性・親会社の財務上の負担・株式の取得を円滑に進める必要性の程度等をも総合考慮して決定することができ，その決定の過程，内容に著しく不合理な点がない限り取締役としての善管注意義務に違反するものではないとしている（最判平22・7・15判時2091・90）。

このように従前は事実認識の過程においては「不合理であったか」どうかが問われ，意思決定の過程および内容については「著しく不合理であったか」が問われていたが，アパマンショップHD事件判決ではいずれも「著しく不合理であったか」が問われることとなり審査基準が緩和された。

(7) 役員等の株式会社に対する責任の一部免除

役員等の任務懈怠責任，取締役・執行役の利益供与の責任，業務執行者（業務執行取締役・執行役）の違法な剰余金の分配責任は総株主の同意がなければ免除することができないが（会社424条，423条1項，120条5項，462条3項），株主が多い会社では実際に総株主の同意を取り付けるには困難な場合がある。他方，株主代表訴訟等で役員等が高額の損害賠償責任を追及される事例が少なくないため経営の委縮防止，役員等の有用な人材確保にもある程度配慮する必要もある。

そこで，役員等の任務懈怠責任（会社423条1項）に関しては役員等が職務を行うにつき善意・無重過失の場合に限って次のような責任の一部免除，すなわち①株主総会の特別決議による一部免除，②定款の授権に基づく取締役（取締役会）決議による一部免除，③定款の規定に基づく事前の責任限定契約による一部免除が認められる。

株主総会の特別決議による一部免除では，損害賠償額を報酬に関して代表取締役・代表執行役の場合6年分，取締役・執行役の場合4年分，社外取締役・会計参与・監査役・会計監査人の場合2年分を最低責任限度額としてその額まで一部免除できる（会社425条1項，309条2項8号）。役員等が新株予約権をとくに有利な条件で引き受けていた場合，当該新株予約権に関する財産上の利益に相当する額として法務省令（会社則114条）で定める方法により算定される額もこの最低責任限度額に加算される（会社425条1項2号）。取締役が役員等の責任の一部免除に関する議案を株主総会に提出する場合，監査役設置会社では監査役の，監査等委員会設置会社では監査等委員の，指名委員会等設置会社では監査委員の全員の同意が必要である（会社425条3項）。この責任の一部免除の決議後に株式会社が役員等に退職慰労金その他の法務省令（会社則115条）で定める財産上の利益を与える場合，再度，株主総会の承認を受ける必要があり（会社425条4項），また当該役員が新株予約権証券を所持している場合は遅滞なく当該証券を株式会社に預託しなければならない（同条5項）。

　定款に基づく取締役（取締役会）決議による責任の一部免除では，非取締役会設置会社の場合，責任を負う取締役以外の取締役の過半数の決議で，取締役会設置会社の場合，取締役会の決議で前述の最低責任限度額まで責任を免除できる（会社426条1項）。このような責任の一部免除に関する定款変更をしておく場合の定款変更決議案を株主総会に提出する場合，および定款の定めに基づく責任の一部免除についての議案を取締役会に提出する場合にはやはり監査役・監査等委員・監査委員の全員の同意が必要である（会社426条2項）。なお，総株主の議決権の3％以上の株主が異議を述べた場合，この責任の免除ができない（会社426条5項）。この決議後に役員等に退職慰労金等の財産上の利益を与えた場合，または当該役員等が新株予約権証券を所持している場合は株主総会決議による免除の場合と同様である（会社426条8項）。

　定款の規定に基づく事前の責任限定契約による一部免除では，非業務執行取締役等（業務執行を行わない取締役・会計参与・監査役・会計監査人）の責任について定款で定めた額の範囲内であらかじめ会社が定めた額と最低責任限度額とのいずれか高い額を限度としてその額まで責任を一部免除することができる旨の契約について定款で定めることができる（会社427条1項）。業務執行取締役等でない取締役・会計参与・監査役・会計監査人の最低責任限度額は報酬等の2年分である。責任限定契約制度は2001（平成13）年に株主総会や取締役会の決議等で一部責任免除をしようとしてもそれが可決されない可能性もある社外取締役の人材確保に配慮して導入された制度であったところ，2005（平成17）年改正会社法でその対象範囲が社外監査役・会計参与・会計監査人に広げられ，さらに2014（平成26）年改正会社法で非業務執行取締役および常勤監査役を含む社内監査役にも広げられた。

(8)　補償契約・役員等賠償責任保険契約

　役員等と株式会社は役員等がその職務の執行に関し法令の規定に違反したことが疑われ，または責任の追及にかかる請求を受けたことに対処するために支出する費用（防御費用）または第三者に生じた損害を賠償する責任を負う場合の損失（賠償金または和解金）の全部または一部については株式会社が補償することを約する契約（補償契約）を締結することができ，その内容を決定するには株主総会（取締役会設置会社では取締役会）の決議が必要である（会社430条の2第1項，309条1項）。ただしその賠償金または和解金の補償は役員等に悪

意・重過失があれば認められない（同条 2 項 3 号）。

　また，株式会社は役員等を被保険者としその役員等がその職務の執行に関し責任を負うことまたは当該責任の追及にかかる請求を受けることによって生ずることのある損害を保険者が塡補することを約する契約（役員等賠償責任保険契約）を保険者との間で締結することができ，その契約内容を決定するには株主総会（取締役会設置会社では取締役）の決議が必要である（会社430条の 3 第 1 項，309条 1 項）。

　これら二つの制度は役員等の職務執行上の萎縮防止または有用な人材確保のために2019（令和元）年改正会社法で導入された。なお補償契約は役員等と株式会社の直接取引に該当するが，そうなると会社に損害が生じた場合に取締役の任務懈怠が推定され（会社423条 3 項），無過失責任となり（会社428条 1 項），責任の一部免除もなされないこととなるため（同条 2 項），これについては取締役および執行役の利益相反取引規制は適用除外となっている（会社430条の 2 第 6 項）。

⑼　役員等の第三者に対する責任

　取締役をはじめとする役員等は，その職務を行うについて悪意・重過失があったときは第三者に生じた損害に対して連帯して賠償責任を負う（会社429条，430条）。

　役員等は株式会社とは委任関係にあるが第三者とは不法行為の場合以外に無関係であることから，会社法429条 1 項を不法行為の特則であるとする少数説（不法行為責任特則説）は本条項について軽過失を免除し取締役の責任を軽減したものと解している。この場合，法条競合説により民法の不法行為法の適用が排除され損害の範囲も直接損害に限られ，第三者に対する直接の加害につき悪意・重過失があることが要件の一つとなる。

　それに対し判例・通説はこの責任について，第三者を保護するための特別の法定責任であるとし（法定責任説），要件として会社に対する任務懈怠につき悪意・重過失があること（軽過失免除），およびその任務懈怠と第三者の損害との間に因果関係があることが必要であるとし，軽過失の責任も問える一般不法行為責任との請求権競合を認めつつも（請求権競合説），第三者は自己に対する直接の加害について故意・過失があることまで主張・立証する必要はないとしている（最大判昭44・11・26民集23・11・2150）。

　第三者に発生する損害には二通りが考えられ，①まず会社に損害が発生しその結果，第三者に損害が生じる場合を間接損害といい，②会社には損害は発生していないが直接，第三者が損害を受ける場合を直接損害という。間接損害の典型は放漫経営の結果，会社が倒産したために第三者に弁済ができなくなることであり，直接損害の典型は履行見込みのない取引（会社倒産等により第三者に弁済ができなくなることが確実であるにもかかわらず金銭の借入れ・手形の振出し等を行うこと）の結果である。判例は会社法429条1項における責任の範囲をこれら両損害に認めている（両損害包含説）。

　役員等の対第三者責任には虚偽記載等に関する責任の特則があり，役員等が会社法上求められる一定の書類（株式・新株予約権・社債・新株予約権付社債の引受人の募集通知・計算書類・事業報告・会計参与報告・監査報告・会計監査報告等）について虚偽記載（記録）・虚偽登記・虚偽公告をし，第三者に対して損害賠償責任を負う場合（会社429条2項）も過失責任であるが，職務を行うについて注意を怠らなかったこと（無過失）の立証責任が役員等に転換されている（過失推定責任，会社429条2項但書）。

　いずれにしても役員等が第三者に対して賠償責任を負う場合は，他の役員等も監視義務違反等があれば連帯債務者となる（会社430条）。

　この役員等の対第三者責任に関する規定は，会社の無資力に対して役員等の個人財産に責任を求めることにより第三者の救済を図ろうとする意味で法人格否認の法理に類似した機能が認められる。

　この第三者には会社債権者は当然含まれる。たとえば第三者が従業員（賃金債権者）である場合について裁判所は，取締役の任務懈怠により会社が解散することとなり従業員が解雇された場合，取締役の任務懈怠と会社による解雇との間に相当因果関係があるとして雇用契約上の権利喪失による損害等について本条による損害賠償を認めている（名古屋高金沢支判平17・5・18判時1898・130）。また直接損害の場合の株主もこの第三者に含めることができよう。しかし間接損害の場合は株主はまず役員等の会社に対する責任によって救済されるべきというのが本筋であることから株主はこの第三者には含まれないと解すべきである。裁判所も上場会社において株式会社の業績が取締役の過失により悪化して株価が下落するなど全株主が平等に不利益を受けた場合，株主代表訴訟によらなければならず取締役に対し直接損害賠償をすることは認められないとしている（東京高判平17・1・18金判1209・10）。

8　役員等に対する事前・事後の責任追及手段等

　株主が役員等の責任を追及するなど事前・事後の責任追及手段等には，①株主代表訴訟・多重代表訴訟，②取締役・執行役の違法行為差止請求権，③役員の解任の訴え等がある。

(1)　責任追及等の訴え（株主代表訴訟）

　役員等が株式会社に対して損害賠償責任を負う場合，株式会社に損害賠償請求権があるのは当然である。その場合まずは会社の代表取締役（会社349条4項），または株主総会・取締役会が当該訴えにつき会社を代表する者と定めた者（会社353条，364条，386条，399条の7第1項，408条1項）が当該役員等に対して損害賠償請求を行うべきであるが（会社349条4項），役員間の仲間意識からこれが期待できない場合がある。また監査役設置会社の場合，監査役が株式会社を代表して役員等の責任を追及すべきであるが（会社386条1項），そもそも監査役候補者を指名するのは通常，代表取締役社長であることからこれもあまり期待できない。

　そこで，株主はまず株式会社に対して書面で発起人等（発起人・設立時取締役・設立時監査役・役員等・清算人）の責任を追及する訴えを提起するよう請求し（提訴請求権，会社847条1項），それでも株式会社が当該請求日から60日以内に訴えを提起しない場合（提訴懈怠），その請求をした株主は株式会社のために株式会社を代表して責任追及等の訴えを提起することができる（訴え提起権，会社847条3項）。これがいわゆる株主代表訴訟のことであり，法律上は「株主による責任追及等の訴え」という。

　当該訴えの対象は発起人等でありその対象となる責任には，①役員等の株式会社に対する任務懈怠責任だけでなく，②取締役が会社との取引によって負担することになった債務（最判平21・3・10民集63・3・361）のほか，③出資の履行を仮装した募集株式等の引受人の責任（会社102条の2第1項，213条の2第1項），④違法な利益供与を受けた者の責任（会社120条3項），⑤著しく不公正な払込金額で募集株式を引き受けた者の責任（会社212条1項），⑥不公正な払込金額で新株予約権を引き受けた者等の責任（会社285条1項），⑦新株予約権にかかる払込等を仮装した新株予約権者等の責任（会社286条の2第1項）があ

る。

　株式会社がこの提訴請求があったにもかかわらず60日以内に提訴しない場合において当該請求をした株主または発起人等（発起人・設立時取締役・設立時監査役・役員等・清算人）から請求を受けたときは，当該請求をした者に対し遅滞なく責任追及の訴えを提起しない理由（不提訴理由）を書面その他の法務省令で定める方法により通知しなければならない（会社847条4項，会社則218条）。

　株主代表訴訟を提起できる株主は6ケ月前（定款で短縮可）から株式を継続して保有していることが必要であるが（非公開会社の場合は不要），保有する株式は一株でもかまわない（単独株主権）。

　責任追及等の訴えにかかる訴訟の目的の価額の算定については財産権上の請求でない請求にかかる訴えとみなされ（会社847条の4第1項），当該訴額も賠償請求額にかかわらず160万円とみなされ（民訴費4条2項），その結果，訴訟手数料は一律1万3,000円となり割安であるため株主代表訴訟には濫訴のおそれもある。

　そこで，当該訴えが当該株主もしくは第三者の不正な利益を図り，または当該株式会社に損害を加えることを目的とする場合は会社に対する提訴請求ができない（会社847条1項但書）。またこのような株主代表訴訟の濫用防止のため裁判所は被告の申立てにより当該株主に対して相当の担保を立てることを命じることができ（会社847条の4第2項），この場合，被告は当該提訴が悪意によるものであることの疎明が必要である（同条の4第3項）。この担保は当該提訴が不当である場合に濫訴者の損害賠償責任の履行を確保するためである。

　代表訴訟を提起した株主は被告取締役と馴れ合いでその責任を不当に軽減するか，またはあえて敗訴するような訴えを起こすかもしれない（馴合訴訟）。そうなれば判決の効果が第三者にも及んでしまう（民訴115条1項2号）。

　そこで，他の株主は共同訴訟参加をすることができる（会社849条1項，民訴52条1項）。代表訴訟を提起した株主は他の株主も代表訴訟に参加できるよう共同訴訟参加の機会を付与するため株式会社に対して遅滞なく訴訟告知をしなければならず（会社849条4項），訴訟告知を受けた株式会社は遅滞なく公告するか株主に通知しなければならない（同条5項）。ただし非公開会社の場合には株主への通知だけが必要である（同条9項）。

　また，馴合訴訟によって原告と被告が共謀して株式会社の権利を害する目的で判決をさせた場合，確定した終局判決に対し再審の訴えをもって不服申立て

ができる（会社853条1項）。

　さらに，前述のような濫訴に対応するため株式会社が被告役員に補助参加することも認められている（会社849条1項）。ただし株式会社が取締役・執行役・清算人またはこれらの者であった者のために補助参加をするには監査役設置会社の場合は各監査役の，監査等委員会設置会社の場合は各監査等委員の，指名委員会等設置会社の場合は各監査委員の同意を得なければならない（同条3項）。

　取締役会の意思決定が違法であるとして取締役に対して提起された株主代表訴訟において株式会社が被告である取締役に補助参加することが許されるとした判例は，取締役の個人的な権限逸脱行為ではなく取締役会の意思決定の違法を原因とする株式会社の取締役に対する損害賠償請求が認められれば，その取締役会の意思決定を前提として形成された株式会社の私法上または公法上の法的地位または法的利益に影響を及ぼすおそれがあり，株式会社は取締役の敗訴を防ぐことに法律上の利害関係を有しており，補助参加が認められれば会社側から訴訟資料，証拠資料の提出が期待され審理の充実が図られるということを理由としている（最判平13・1・30民集55・1・30）。なお本判例は補助参加が認められるには「補助参加の利益があること」を要件としているようにも解釈できるが，2005（平成17）年会社法立法担当者は不要であるとしている。

　株主代表訴訟において株主が一部または全部勝訴した場合，株主は株式会社に対して株主が当該訴訟に関して支出した必要な費用（訴訟費用を除く）および弁護士等に支払った報酬の範囲内で相当と認められる額の支払いを請求することができる（会社852条1項・3項）。実質勝訴の和解の場合も同様であると解される。株主が敗訴した場合でも，悪意がなければ会社に対して損害賠償責任を負わない（会社852条2項・3項）。

　株主代表訴訟の訴訟上の和解について，監査役設置会社等（監査役設置会社・監査等委員会設置会社・指名委員会等設置会社）が取締役等（監査等委員および監査委員を除く取締役・執行役・清算人・これらの者であった者）に対する責任追及等の訴えにかかる訴訟において和解をするには，監査役（監査役が2人以上ある場合には各監査役），各監査等委員または各監査委員の同意を得なければならない（会社849条の2）。

　また，株主代表訴訟の訴訟上の和解は，役員等の責任免除規定によることなく役員等の責任を一部免除することになり（会社850条4項），原告株主と被告役員等との間の馴れ合いにより他の株主がないがしろにされるおそれがあるの

160

で，当該和解の効力（確定判決と同一の効力）を会社に及ぼすには会社の承認が必要とされる（会社850条1項）。裁判所は会社に対し和解の内容を通知し，当該和解に異議があるときは2週間以内に異議を述べるよう催告し，異議がなければ会社は当該和解を承認したものとみなされる（会社850条2項・3項）。当該和解がなされると他の株主は同じ訴訟原因で代表訴訟を提起できなくなるので，共同訴訟参加の機会確保のため株主に対する当該和解の告知制度の創設が望まれている。

(2) 旧株主による責任追及等の訴え

2014（平成26）年会社法改正以前も株主代表訴訟には特例があり，当該訴訟を提起したか共同訴訟参加をした株主は当該訴訟係属中に株主でなくなったとしても，①株式交換・株式移転により完全親会社の株主となった場合，②当該株主が合併の消滅会社の株主であるため新設会社・存続会社・その完全親会社の株主となった場合には訴訟を追行することができた（会社851条1項）。しかし株主代表訴訟が提起される前に株式交換等がなされた場合には，原告適格は失われることとなっていた。

そこで，2014（平成26）年改正会社法はこの規定を拡張し，株式交換等（株式交換・株式移転・吸収合併）によって完全子会社化された株式会社（株式交換等完全子会社）について，その株式交換等の前にその原因である役員等による善管注意義務違反等の事実（責任原因事実）が発生していれば，当該株式交換等によりその完全親会社の株主となった者も株式交換等完全子会社に対し責任追及等の訴えの提起を請求することができ，当該請求の日から60日以内に株式交換完全子会社がその役員等に対して当該訴えを提起しないときは，株式交換等完全子会社のために責任追及等の訴えを提起することができることとなった（会社847条の2）。これを旧株主による責任追及等の訴えという。旧株主による責任追及等の訴えは後述の特定責任追及等の訴えと異なり単独株主権であり，また対象となる子会社は重要子会社である必要はない。

(3) 特定責任追及等の訴え（多重代表訴訟）

従来，子会社の役員等の不祥事により子会社の株式が毀損した結果，親会社に損害が及んだとしても親会社の株主は子会社の役員等に対して直接，責任追及のための株主代表訴訟を提起することはできなかったが，2014（平成26）年

改正会社法で多重代表訴訟制度が新設され，それが一部可能となった。

多重代表訴訟とは，株式会社の最終完全親会社等（当該株式会社の完全親会社等であってその完全親会社等がないもの）の株主による子会社の役員等に対する株主代表訴訟であり，法律上これを特定責任追及の訴えという（会社847条の3）。

多重代表訴訟を提起できる株主は，最終完全親会社等の株主であって公開会社の場合，6ケ月前（定款で短縮可）から引き続き株式会社の最終完全親会社の総株主の議決権または発行済株式総数の1％以上（定款で引下可）の株式を保有する株主でなければならない（会社847条の3第1項・6項・7項・9項）。なお最終完全親会社等とは，完全親子会社グループの頂点にある（それ以上，完全親会社がない）株式会社を意味する。

また，当該訴えの対象は発起人等（発起人・設立時取締役・設立時監査役・役員等・清算人）の特定責任であり（会社847条の3第1項・4項），その発起人等に対する当該訴えを提起できる子会社の範囲は完全子会社であって，かつ責任の原因となった事実が生じた日における最終完全親会社および完全子会社法人が保有する当該子会社株式の帳簿価格が当該最終完全親会社の総資産額の20％を超える子会社（重要子会社）に限定されている（会社847条の3第4項）。

最終完全親会社の株主は，まず完全子会社に対して書面等により完全子会社の発起人等の特定責任にかかる責任追及等の訴えを提起するよう請求でき（会社847条の3第1項），完全子会社が当該請求の日から60日以内に当該訴えを提起しないときに初めて最終完全親会社の株主は当該訴えを提起することができる（同条の3第7項）。

ただし，①当該訴えが当該株主もしくは第三者の不正な利益を図り，または当該株式会社もしくは当該最終完全親会社等に損害を加えることを目的とする場合，②当該特定責任の原因となった事実によって当該最終完全親会社等に損害が生じていない場合には，当該訴えの提起を株式会社に対し請求できない（会社847条の3第1項但書）。

(4)　取締役・執行役の違法行為の差止め

株主代表訴訟が事後的救済であるのに対して，株主による取締役等（取締役・執行役）の違法行為差止請求権は事前の救済である。

6ケ月前（定款で短縮可）から引き続き株式を有する株主（非公開会社の場合は保有期間要件なし）は，取締役等が株式会社の目的の範囲外の行為その他法

令もしくは定款に違反する行為をし，またはこれらの行為をするおそれがある場合において当該行為によって当該株式会社に「著しい損害」が生ずるおそれがあるときは，当該取締役等に対し当該行為を止めるよう請求することができる（会社360条1項・2項，422条）。この違法行為差止請求権は株主が株式会社に代位して行うものであり単独株主権である。

ただし，監査役設置会社・監査等委員会設置会社・指名委員会等設置会社の場合は監査機能が制度的により充実していることから株主による監督権が後退しており，要件の範囲がより狭い「回復しがたい損害」が生ずるおそれがあるときにのみ差止請求が認められる（会社360条1項・3項，422条）。

なお，実務では通常，本案訴訟とは別に仮に差し止める（仮の地位を定める）仮処分の命令を求める申立てがなされる（民保23条2項）。

(5) 役員の解任の訴え

役員（取締役・会計参与・監査役）および会計監査人はいつでも株主総会の決議で解任することができるが（会社339条1項），役員の職務の執行に関し不正の行為または法令もしくは定款に違反する重大な事実があったにもかかわらず当該役員を解任する旨の議案が株主総会で否決されたとき，または当該役員等を解任する旨の株主総会の決議が種類株主総会で否決されたため（会社323条）その効力を生じないときは，公開会社の場合，総株主の議決権の3％以上（定款で引下可）の議決権を6ケ月前（定款で短縮可）から引き続き有する株主，または発行済株式の3％以上（定款で引下可）の株式を6ケ月前（定款で短縮可）から引き続き有する株主（非公開会社の場合は保有期間要件なし）は，解任決議を否決した株主総会の日（会日）から30日以内に役員の解任の訴えを提起できる（会社854条1項・2項）。

9 役員等に対する責任追及等のための株主の情報収集権

株主が役員等の責任を追及する場合，一般に訴訟のための証拠等の情報収集力に限界がある。そこで会社法上，株式会社等から一定の場合に株主に開示される情報として，商業登記（会社907条以下），定款（会社31条），株主による議決権行使書面（会社311条），株主名簿（会社125条），新株予約権原簿（会社249条），株主総会議事録（会社318条），検査役の調査情報（会社358条），取締役会

議事録（会社371条），会計帳簿等（会社433条），計算書類・事業報告・監査報告・会計監査報告（会社437条），決算公告（会社440条），株式発行（会社59条，203条），社債発行（会社677条），社債原簿（会社684条）があり，また金融商品取引法上，有価証券届出書，有価証券報告書，四半期報告書，半期報告書，臨時報告書（金商25条），公開買付け（金商27条の２），大量保有報告書（金商27条の23），委任状に関する開示（金商194条，金商令36条の２），その他有価証券上場規程等に基づく適時開示（重要な会社情報の開示）等がある。

　以上の開示資料は役員等の責任追及等のための訴訟資料等を得たり訴訟戦略を立てたりする上で有効な手段となる。計算書類等の開示については後述の「第５章３」で触れることとし，以下では会社法上とくに重要と思われるその他の株主の情報開示請求権について述べる。

(1)　株主名簿閲覧等請求権

　株主名簿閲覧等請求権は単独株主権であり，株主が他の株主に委任状を勧誘する際に必要である。当該請求に当たり株主は当該請求の理由を明らかにしなければならず，また①権利の確保または行使に関する調査以外の目的で請求を行ったとき，②当該株式会社の業務の遂行を妨げ，または株主の共同の利益を害する目的で請求を行ったとき，③請求者が当該閲覧等により知り得た事実を利益を得て第三者に通報するため請求を行ったとき，④過去２年以内においてその通報をしたことがあるものであるとき，会社はこれを拒むことができる（会社125条２項）。また株式会社の親会社社員はその権利を行使するため必要があるときは理由を明らかにして裁判所の許可を得れば当該請求をすることができる（会社125条４項）。

(2)　委任状・議決権行使書面等（書面・電磁的方法）の閲覧等請求権

　2019（令和元）年会社法改正前は，株主による代理権を証明する書面（委任状）・議決権行使書面等の閲覧等請求権に関して請求目的（理由）の開示が求められておらず，また会社の拒絶事由も定められてはいなかったが，同改正により株主名簿の閲覧等請求の場合と同一の要件が定められた（会310条，311条，312条）。

(3)　取締役会議事録の閲覧等請求権

　取締役会議事録の閲覧等請求権は単独株主権であるが，監査役設置会社・監査等委員会設置会社・指名委員会等設置会社の場合，その閲覧等には裁判所の許可が必要である（会社371条3項）。

(4)　業務の執行に関する検査役の選任請求権

　会社の業務の執行に関し不正の行為または法令もしくは定款に違反する重大な事実があることを疑うに足りる事由があるときは，総株主（株主総会において決議をすることができる事項の全部につき議決権を行使することができない株主を除く）の議決権の3％以上（定款で引下可）の議決権または発行済株式（自己株式を除く）の3％以上（定款で引下可）の株式を有する株主は，少数株主権として株式会社の業務および財産の状況を調査させるため裁判所に対し検査役の選任を申し立てることができる（会社358条1項・2項）。これを業務執行に関する検査役の選任請求権といい，検査役は臨時の機関である。この検査役はその職務を行うため必要があるときは子会社の業務および財産の状況も調査できる（同条4項）。この検査役の調査対象は会計帳簿またはこれに関する資料に限定されないとされている。なお検査役はその調査結果を裁判所に報告した後に，株式会社および当該申立株主に報告書の写しまたは記録を提供しなければならない（同条5－7項）。

(5)　会計帳簿等閲覧等請求権

　総株主（株主総会において決議をすることができる事項の全部につき議決権を行使することができない株主を除く）の議決権の3％以上（定款で引下可）の議決権を有する株主または発行済株式（自己株式を除く）の3％以上（定款で引下可）の株式を有する株主には少数株主権として会計帳簿等の閲覧等請求権があり，当該請求の理由を明らかにすれば株式会社の営業時間内ならいつでも請求できる（会社433条1項）。またこの会計帳簿等請求権は株式会社の親会社社員にも認められているが，当該請求の理由を明らかにした上で裁判所の許可を得ることが必要であり，権利濫用のおそれがあれば裁判所は閲覧等を許可することができない（会社433条3項・4項）。

　閲覧等の対象となる会計帳簿等とは，「会計帳簿またはこれに関する資料」

のことであり（会社433条 1 項 1 号・2 号），会計帳簿には計算書類を作成する元
になる仕訳帳・総勘定元帳・補助簿（仕訳帳に代用される伝票・現金出納帳・売
上帳・仕入帳・手形小切手元帳等）があり，また「これに関する資料」には会計
帳簿を作成する材料となった仕訳帳に代用されない伝票・受取証・契約書・信
書等（横浜地判平 3 ・4 ・19判時1397・114）の徴憑書類がある。

　ただし，株主の会計帳簿等閲覧等請求権の対象となる「会計帳簿またはこれ
に関する資料」の範囲をめぐっては限定説と非限定説が対立している。限定説
はそれを商業帳簿における会計帳簿と同一であるとし，会計帳簿と会計帳簿を
作成する材料となった書類等に限るとしている（東京地決平元・6 ・22判時
1315・3 ，横浜地判平 3 ・4 ・19判時1397・114）のに対し，非限定説は会社が任
意に作成する帳簿も含む会社の経理状況を示す一切の帳簿および書類の閲覧等
請求ができるとする。

　そもそも検査役の調査対象は会計帳簿・資料に限定されないと解され（会社
358条 1 項），また監査役・会計監査人が閲覧できる帳簿は会計帳簿・資料（会
社358条 1 項，389条 4 項，396条 2 項）とされその範囲は非限定と解される。そ
れに対して少数株主や親会社社員が少数株主権として閲覧等できる会計帳簿等
について限定説が唱えられているのは機密保持の観点からである。

　裁判例にも，本条にいう「会計帳簿」とは一定時期における営業上の財産・
その価額・取引その他の営業上の財産に影響を及ぼすべき事項を記載する帳簿，
すなわち総勘定元帳・日記帳・仕訳帳・補助簿等を意味し，また「会計の書類
（これに関する資料）」とは右の会計の帳簿を作成する材料となった書類その他，
会計の帳簿を実質的に補充する書類を意味するとして限定説の立場を採るもの
があり，法人税確定申告書は「会計帳簿」作成の材料となる余地はなくむしろ
法人税確定申告書は損益計算書および会計の帳簿を材料にして作成される書類
であるから法人税確定申告書およびその控や案は本条所定の「会計帳簿」およ
び「会計の書類（これに関する資料）」には当たらないとしている（東京地決平
元 6 ・22判時1315・3 ）。

　ところで，この会計帳簿等は会社の機密情報でもあるため株主の権利濫用に
よる当該情報の不正利用から会社を保護する必要がある。そこで株主が会計帳
簿等閲覧等請求権を行使する場合，請求の理由を明らかにする必要があり（会
社433条 1 項），また株式会社は以下の場合に当該請求を拒絶することができる。
すなわち，①当該請求を行う株主（以下，請求者という）がその権利の確保ま

たは行使に関する調査以外の目的で請求を行ったとき，②請求者が会社業務の遂行を妨げ，株主の共同の利益を害する目的で請求を行ったとき，③請求者が当該株式会社の業務と実質的に競争関係にある事業を営み，またはこれに従事するものであるとき，④請求者が会計帳簿またはこれに関する資料の閲覧等によって知り得た事実を利益を得て第三者に通報するため請求したとき，⑤請求者が過去2年以内において会計帳簿またはこれに関する資料の閲覧等によって知り得た事実を利益を得て第三者に通報したことがあるものであるときである（会社433条2項）。

　株主の権利の確保または行使に関する調査に関連して拒絶事由に当たるとした裁判例には，株主が会社の不動産を株主の関連会社に相場を下回る廉価で売却させるとともに右売却に関する専任媒介権を付与させることにより利益配当以外の方法による利益の供与をさせようとして交渉を有利に運ぶための手段としてされたものと推認される場合において，株主の権利または行使に関する調査を目的とするものではないとしたものがある（大阪地判平11・3・24判時1741・150）。

　他方，拒絶事由に当たらないとした裁判例には，閲覧請求の目的が個人的資料収集のためであったとしても企業秘密の漏洩等の損害を被る旨の疎明がなく，会社の業務執行に不正があったと推認されそのために経営を是正し社員の権利を確保する目的でなされたとき（神戸地決平2・4・10判時1364・107），譲渡制限株式を他に譲渡しようとする株主が株式の適正な価格を算定する目的で閲覧等請求をした場合（最判平16・7・1民集58・5・1214）がある。

　実質的に競争関係にある事業に関連して，現に競業を行う会社のみならず近い将来競業を行う蓋然性の高い会社も含まれるとする裁判例があり（東京地決平6・3・4判時1495・139），さらに当該株主が当該会社と競業をなす者であるなどの客観的な事実が認められれば足り，当該株主に会計帳簿等の閲覧等によって知り得る情報を自己の競業に利用するなどの主観的意図があることを要しないとした判例もある（最決平21・1・15民集63・1・1）。

10　会計参与

　会計参与も役員であり，取締役または執行役と共同して計算書類およびその附属明細書，臨時計算書類ならびに連結計算書類を作成し，また会計参与報告

を作成しなければならず（会社374条1項・6項），株主から説明を求められた場合には当該事項について必要な説明をしなければならない（会社314条）。

　会計士や税理士等も事実上，計算書類等の作成に関わっているが，2005（平成17）年制定会社法で会計参与が制度化されたことにより会計参与になれば役員としての責任も求められるようになった。会計参与は定款の定めにより任意に設置することができるが（会社326条2項），監査等委員会設置会社および指名委員会等設置会社を除く取締役会設置会社で非公開会社の場合，会計参与を置けば監査役を置かなくてもよい（会社327条2項）。会計参与は株式会社とは委任関係にあるため株式会社に対して善管注意義務を負う（民644条）。会計参与は，いつでも会計帳簿・資料の閲覧等を請求し取締役および支配人その他の使用人に対して会計に関する報告を求めることができ（報告徴取権，会社374条2項），また職務を行うため必要なときは子会社に対して会計に関する報告を求め，子会社の業務・財産の状況を調査することができる（同条3項）。ただし正当な理由があれば当該子会社は当該報告・調査を拒むことができる（同条4項）。

　会計参与は，職務を行うに際して取締役（指名委員会等設置会社の場合は執行役または取締役）の職務の執行に関し不正の行為または法令違反もしくは定款違反の重大な事実があることを発見したときは遅滞なく，監査役設置会社であれば監査役に，監査役会設置会社であれば監査役会に，監査等委員会設置会社であれば監査等委員会に，指名委員会等設置会社であれば監査委員会に報告する義務がある（会社375条1項-4項）。また会計参与は計算書類の承認（会社436条3項，441条3項，444条5項）に関する取締役会に出席し，必要があれば意見を述べる義務がある（会社376条1項）。

　会計参与は株主総会の普通決議によって選任され，いつでも解任され得るが（会社339条1項，329条1項，309条1項），会計参与の選任・解任または辞任について株主総会で意見を述べることができ（株主総会での意見陳述権），その概要は株主総会参考書類に記載され，会計参与を辞任した者は次期株主総会で辞任した旨およびその理由を述べることができる（会社345条1項-3項）。これは会計参与の独立性確保の要請に基づくものである。

　会計参与には専門的知識が求められその資格要件として公認会計士もしくは監査法人または税理士もしくは税理士法人でなければならない（会社333条1項）。また株式会社またはその子会社の取締役・監査役・執行役・支配人その他の使

用人は会計参与になることができない（兼任禁止，同条3項1号）。

　会計参与の任期は取締役の任期と同様であり（会社334条1項），原則として2年（選任後2年以内に終了する事業年度にかかる定時株主総会の終結時まで），監査等委員会設置会社または指名委員会等設置会社の場合，原則として1年である（会社332条1項・3項・6項）。また非公開会社（監査等委員会設置会社および指名委員会等設置会社を除く）では定款でその任期を10年まで伸長できる（会社332条2項）。

　会計参与の報酬等は，定款にその額を定めていないときは株主総会の決議で定める（会社379条1項，309条1項）。会計参与が2人以上いる場合において各会計参与の報酬等について定款の定めまたは株主総会の決議がないときは，当該報酬等は定款または株主総会決議で定めた範囲内において会計参与の協議によって定める（会社379条2項）。なお会計参与は株主総会において会計参与の報酬等について意見を述べることができる（会社379条3項）。

　会計参与がその職務の執行について支出する（した）費用については，会計参与は株式会社に対し，①費用の前払請求，②支出した費用および支出の日以後におけるその利息の償還請求，③負担した債務の債権者に対する弁済（当該債務が弁済期にない場合にあっては相当の担保の提供）の請求ができ，株式会社は当該請求にかかる費用または債務が当該監査役の職務の執行に必要でないことを証明した場合を除き請求を拒むことができない（会社380条）。

　なお，会計参与は取締役等の任務懈怠責任と同様，株式会社に対して損害賠償責任を負い（会社423条1項），その職務を行うにつき悪意・重過失があれば第三者に対しても損害賠償責任を負い（会社429条），とりわけ計算書類等に虚偽記載等があれば過失推定責任を負う（同条2項2号）。

11　監査役

(1)　監査役の役割

　公開会社では取締役会の設置が強制されているが，公開会社である取締役会設置会社または会計監査人設置会社では監査等委員会設置会社および指名委員会等設置会社を除き監査役の1人以上の設置が強制されている（会社327条1項-3項）。

　監査役は役員であり，取締役等（会計参与設置会社では取締役および会計参与）の職務の執行を監査し監査報告を作成しなければならない（会社381条1項）。監査役は取締役等の職務の執行状況を調査するため，取締役・会計参与・支配人その他の使用人に対して事業の報告を求め（報告徴取権），業務および財産の状況を調査すること（業務財産状況調査権）ができる（会社381条2項）。この報告徴取権および業務財産状況調査権は原則として子会社に対しても適用される（会社381条3項）。

　監査役の監査の内容は通説によれば，取締役等の職務執行が法令・定款に違反していないかどうかの適法性監査に限られ，妥当性監査は含まれないとされている。

　その監査の範囲は原則として会計監査と業務監査のいずれにも及ぶが，非公開株式会社（監査役会設置会社および会計監査人設置会社を除く）では定款の定めにより監査範囲を会計に関するものに限定できる（会計限定監査役，会社389条1項）。ただし監査の範囲を定款で会計に関するものに限る株式会社は監査役設置会社とは定義されず（会社2条9号），他方で2014（平成26）年会社法改正前は，監査役設置会社は監査の範囲を会計に関するものに限定する旨の定款の定めがある場合であっても監査役設置会社である旨および監査役の氏名が登記事項であったため登記上は監査の範囲を定款で会計に関するものに限っているかどうかが不明であった。そこで2014（平成26）年改正会社法で当該定款の定めがある旨も登記事項とされた（会社911条3項17号）。これによりたとえば，監査役設置会社において役員等に対する責任追及等の訴えにかかる提訴請求を監査役にすべきか代表取締役にすべきかが容易に判別できるようになった。

　監査役も取締役と同様，株主総会決議で選任されるので株式会社との関係は委任関係となり，監査役は株式会社に対して善管注意義務を負う（会社330条，民644条）。しかし監査役は忠実義務を負わない（会社355条参照）。

(2)　監査役の独立性確保

　監査役にはその独立性を確保するため，監査役の地位的保障および経済的保障に関して以下のような規制がある。

　監査役は株式会社もしくはその子会社の取締役・支配人その他の使用人または当該子会社の会計参与・執行役を兼ねることができない（兼任禁止，会社335条2項）。なぜなら監査役は主として業務執行者を監査する立場にあるため自

ら業務執行者となったり業務執行者の指揮下に置かれたりすると監査の実効性に乏しくなるからである。しかし取締役であった者が監査役になった場合，過去の自己の職務の執行を監査することもあり得るが（自己監査），このような「横滑り監査役」について裁判所は，会社法がとくに禁止していないことを理由にそれを許容している（東京高判昭61・6・26判時1200・154，最判昭62・4・21商事1110・79）。

　監査役の任期は原則4年（選任後4年以内に終了する事業年度のうち最終のものに関する定時株主総会の終結時まで）であり定款で短縮もできず，取締役の任期より長く設定されている（会社336条1項）。非公開株式会社では監査役の任期を定款で10年まで伸長できる（会社336条2項）。

　監査役は株主総会の普通決議（会社329条1項，309条1項）で選任されるが，監査役の選任議案の株主総会への提出には取締役会の決定に加え（会社298条1項5号），監査役（監査役が2人以上の場合にはその過半数）の同意が必要とされ（会社343条1項），監査役は取締役に対して①監査役の選任を株主総会の目的とすること，②監査役の選任に関する議案を株主総会に提出することを請求できる（同条2項）。

　監査役の解任には株主総会の普通決議ではなく特別決議が必要であり（会社339条1項，309条2項7号），監査役は監査役の選任・解任または辞任について株主総会で意見を述べることができ（会社345条1項・4項），監査役を辞任した者は辞任後最初に招集される株主総会に出席して辞任した旨およびその理由を述べることができる（同条2項・4項）。

　監査役の報酬は定款でその額を定めていない場合には株主総会の決議で定め（会社387条1項），監査役が2人以上ある場合において各監査役の報酬等について定款の定めまたは株主総会の決議がないときは当該報酬等は定款または株主総会決議で定めた範囲内において監査役の協議によって定め（同条2項），監査役は報酬等について株主総会で意見を述べることができる（同条3項）。

　監査費用について，監査役は職務の執行に関して株式会社に対し①費用の前払請求，②支出した費用および支出の日以後におけるその利息の償還請求，③負担した債務の債権者に対する弁済（当該債務が弁済期にない場合にあっては相当の担保の提供）の請求ができるが，株式会社は当該請求にかかる費用または債務が当該監査役の職務の執行に必要でないことを証明した場合を除き請求を拒むことができない（会社388条）。民法でも委任にかかる受任者による費用の

前払請求は認められるが（民649条），会社法は立証責任を会社側に転換している。

(3)　監査役の職務

監査役の職務権限は強大であり，整理すると次のような権利義務がある。すなわち，①株主総会において株主から特定の事項について説明を求められた場合の説明義務（会社314条），②取締役会で代表取締役・業務執行取締役から定期的に職務の状況について報告を受ける権利（会社363条2項），③取締役・会計参与・支配人その他の使用人に対する事業報告徴取権および業務財産状況調査権（会社381条2項），④その職務を行うため必要がある場合の子会社に対する事業報告徴取権および業務財産状況調査権（会社381条3項），⑤取締役に不正行為もしくはそのおそれ，または法令・定款違反の事実もしくは著しく不当な事実があると認められるときの取締役（会）への報告義務（会社382条），⑥取締役会への出席・意見陳述義務（会社383条1項本文），⑦取締役会招集請求権・招集権（会社383条2項・3項），⑧取締役が株主総会に提出する議案・書類等の調査義務，およびそれが法令・定款違反または著しく不当な事項があると認められる場合の株主総会への報告義務（会社384条），⑨監査役設置会社の目的の範囲外の行為その他法令・定款違反行為，またはそのおそれがある場合で会社に著しい損害が生じるおそれがある場合の取締役の行為の差止請求権（会社385条），⑩会社と取締役との間の訴訟における訴えの提起・提訴請求・訴訟告知・和解通知・異議催告の受領に関する会社の代表権（会社386条1項・2項），⑪株式会社が監査役の職務の執行に必要でないことを証明しない限り拒むことができない監査費用請求権（会社388条），⑫取締役の責任の一部免除に対する同意権（会社425条3項，426条2項，427条3項，436条1項・2項，381条1項），⑬会社の組織に関する行為の無効の訴え提起権（会社828条），⑭各種の手続開始申立権（会社511条，522条）である。

監査役の業務監査権限は，法令・定款に適合しているかどうかの適法性監査に限られるかそれとも妥当性監査も含まれるのかについて争いがあるが，妥当性監査については否定的な見解が多い。しかし監査役が取締役の著しく不当な職務執行の事実・事項があると認めるときは取締役（会）（会社382条）および株主総会（会社384条）に報告しなければならず，また取締役の任務懈怠について監査する場合，著しく不合理な経営判断も取締役の善管注意義務違反となる

ことから妥当性監査は必ずしも排除されていないとの意見もある。

　監査役は独任制の機関であり監査役が複数いる場合でも原則として各自が監査権限を行使できる。

　監査役は取締役の任務懈怠責任と同様，株式会社に対して損害賠償責任を負い（会社423条1項），その職務を行うにつき悪意・重過失があれば第三者に対しても損害賠償責任を負い（会社429条），とりわけ監査報告書に虚偽記載等があれば過失推定責任を負う（同条2項3号）。

12　監査役会

(1)　監査役会制度

　監査役会制度は1993（平成5）年の改正商法（会社法）で導入された。株式会社は定款の定めによって監査役会を任意に置くことができるが（会社326条2項），公開大会社は監査役会設置会社・監査等委員会設置会社・指名委員会等設置会社のいずれかを選択することが強制される（会社328条1項）。

　監査役会はすべての監査役で組織される（会社390条1項）。監査役会設置会社では監査役は3人以上でその半数以上は社外監査役でなければならず（会社335条3項），また監査役会は監査役の中から常勤監査役を選定しなければならず（会社390条3項），かつその解職もできる（同条2項2号）。

　監査役会の職務には，①監査報告の作成，②常勤監査役の選定および解職，③監査の方針・監査役会設置会社の業務および財産の状況の調査の方法その他の監査役の職務の執行に関する事項の決定がある（会社390条2項）。上記③は監査役が監査役会において職務分担できることを意味しているが，監査役の独任制により独自の権限の行使は妨げられない。

　監査役会は各監査役が招集し（会社391条），監査役は監査役会の日の1週間前（定款で短縮可）までに各監査役に対して招集通知を発しなければならない（会社392条1項）。ただし監査役全員の同意があるときは招集の手続を省略して開催できる（会社392条2項）。

　監査役会の決議は監査役の過半数をもって行い（会社393条1項），その議事については議事録が作成され，出席した監査役はこれに署名または記名押印しなければならない（同条2項）。監査役会の決議に参加した監査役で議事録に

異議をとどめない者はその決議に賛成したものと推定される（同条4項）。

　監査役会議事録は監査役会の日から10年間，会社の本店に備え置かれ（会社394条1項），監査役会設置会社の株主はその権利を行使するため必要があるときは裁判所の許可を得てその閲覧等を請求できる（同条2項）。監査役設置会社の債権者が役員の責任を追及するため必要があるとき，および親会社社員がその権利を行使するため必要があるときも裁判所の許可を得てその閲覧等請求ができる（会社394条3項）。ただし裁判所はこのような閲覧等が監査役会設置会社またはその親会社もしくは子会社に著しい損害を及ぼすおそれがあると認めるときは当該閲覧等を許可することができない（同条4項）。

　取締役・会計参与・監査役・会計監査人が，監査役の全員に対して監査役会に報告すべき事項を通知したときは当該事項の監査役会への報告を省略できる（会社395条）。

(2)　社外監査役

　社外監査役は1993（平成5）年に監査役会制度が導入された際に監査役会設置会社への設置強制がなされたものであり，監査役会の3人以上の監査役のうち半数以上は社外監査役でなければならない（会社335条3項）。2014（平成26）年改正会社法では社外取締役と同様に社外監査役の独立性も強化され，社外監査役の要件に当該株式会社の親会社または兄弟会社の関係者でないこと，および当該株式会社の取締役等の近親者でないことが新たに追加されその要件が厳格化された一方，「過去要件」については同改正法で「過去期間無制限」から「就任前10年間」に緩和された。

　監査役会設置会社に設置が強制される社外監査役とは，株式会社の監査役であって以下の要件のいずれにも該当するものである（会社2条15号）。

(イ)　その就任の前10年間，当該株式会社またはその子会社の取締役・会計参与（会計参与が法人であるときはその職務を行うべき社員）・執行役・支配人その他の使用人であったことがないこと。

(ロ)　その就任の前10年内のいずれかの時において当該株式会社またはその子会社の監査役であったことがある者にあっては当該監査役への就任の前10年間，当該株式会社またはその子会社の取締役・会計参与・執行役・支配人その他の使用人であったことがないこと。

(ハ)　当該株式会社の親会社等（自然人であるものに限る，つまり支配株主）また

は親会社等（法人）の取締役・監査役・執行役・支配人その他の使用人でないこと。

(ニ) 当該株式会社の親会社等の子会社等（当該会社およびその子会社を除く，つまり兄弟会社）の業務執行取締役等でないこと。

(ホ) 当該株式会社の取締役・支配人その他の重要な使用人・親会社等（自然人であるものに限る，つまり支配株主）の配偶者または二親等内の親族（本人の両親・祖父母・兄弟姉妹・子・孫，配偶者の両親・祖父母・兄弟姉妹，民725条-726条）でないこと。

13 会計監査人

(1) 会計監査人とその制度趣旨

会計監査人は株式会社の計算書類等（計算書類・附属明細書・臨時計算書類・連結計算書類）を監査し，会計監査報告を作成する機関ではあるが（会社396条1項，会社計算126条），あくまでも会社外部の会計監査の専門家あって会社の役員ではない。

会計監査人は，大会社・監査等委員会設置会社・指名委員会等設置会社において設置が強制される（会社328条，327条5項）。会計監査人の設置強制の趣旨は，大会社では株主にとってはもちろん会社債権者にとっても利害がより大きいことからその社会的影響を考慮して，また監査等委員会設置会社および指名委員会等設置会社ではその機関設計の特殊性に鑑みて専門家による外部監査を通じて会社の計算書類等の信頼性を確保することにある。

取締役会で承認を受けた計算書類（会社436条3項）について会計監査人の会計監査報告に無限定適正意見が含まれているなど一定の要件（計算書類が法令および定款に従い株式会社の財産および損益の状況を正しく表示しているものとして法務省令で定めるもの）を満たせば，株主総会における承認決議を省略することができる（会社439条，会社計算135条）。

会計監査人は公認会計士または監査法人（公認会計士が5名以上からなる法人）でなければならず（会社337条1項，公認会計士34条の7第1項），①公認会計士法の規定により会社法435条2項に規定する計算書類について監査することができない者，②株式会社の子会社もしくはその取締役・会計参与・監査役

もしくは執行役から公認会計士もしくは監査法人の業務以外の業務により継続的な報酬を受けている者またはその配偶者，③監査法人でその社員の半数以上が②に該当する者は会計監査人となることができない（会社337条3項）。

会計監査人は監査役等（監査役・監査役会・監査等委員会・監査委員会）が決定した議案に基づいて（会社344条，399条の2第3項2号，404条2項2号），株主総会の普通決議で選任・不再任（会社329条1項，309条1項）がなされ，当該決議でいつでも解任される（会社339条1項）。

会計監査人は株式会社との関係では委任関係にあるため（会社330条），株式会社に対して善管注意義務（民644条）を負う。会計監査人は取締役の任務懈怠責任と同様，株式会社に対して損害賠償責任を負い（会社423条1項），その職務を行うにつき悪意・重過失があれば第三者に対しても損害賠償責任を負い（会社429条），とりわけ会計監査報告に虚偽記載等があれば過失推定責任を負う（同条2項4号）。

会計監査人の任期は，原則1年（選任後1年以内に終了する事業年度のうち最終のものに関する定時株主総会の終結時まで）であるが，会計監査人は監査の継続性が重視されることから定時株主総会において別段の決議がされなかったときは当該定時株主総会において自動的に再任されたものとみなされる（会社338条1項・2項）。

会計監査報告は取締役会設置会社が定時株主総会の招集の通知に際して株主に提供する書類（計算書類・事業報告・監査報告等）に含まれ（会社436条3項，437条），またそれは定時株主総会の日（会日）の1週間（取締役会設置会社にあっては2週間）前の日から5年間，本店に備え置かれなければならず，株主・債権者・親会社社員は営業時間内はいつでもその閲覧等を請求できる（会社436条2項，442条）。

(2)　会計監査人の職務

会計監査人は株式会社の計算書類等を監査するため（会社396条1項），いつでも会計帳簿またはこれに関する資料の閲覧等をし（会計帳簿・資料閲覧等請求権），または取締役および会計参与ならびに支配人その他の使用人に対し会計に関する報告を求めること（報告徴取権）ができる（会社396条2項）。

また，会計監査人はその職務を行うため必要があるときは会計監査人設置会社の子会社に対して会計に関する報告を求め，または会計監査人設置会社もし

くはその子会社の業務および財産の状況の調査をすること（業務財産状況調査権）ができる（会社396条3項）。ただし正当な理由があるときは当該子会社はこの報告または調査を拒むことができる（同条4項）。

　会計監査人は，その職務を行うに際して取締役（指名委員会等設置会社では執行役または取締役）の職務の執行に関し不正の行為または法令・定款に違反する重大な事実を発見したときは，遅滞なく監査役（監査役会設置会社では監査役会，監査等委員会設置会社では監査等委員会，指名委員会等設置会社では監査委員会）に報告しなければならない（会社397条1項-5項）。

　会計監査人は，監査対象の書類が法令・定款に適合するかどうかについて監査役（監査役会設置会社では監査役会・監査役，監査等委員会設置会社では監査等委員会・監査等委員，指名委員会等設置会社では監査委員会・監査委員）と意見を異にする場合には定時株主総会に出席して意見を述べることができ（会社398条1項），定時株主総会において会計監査人の出席を求める決議があったときは会計監査人は定時株主総会に出席して意見を述べなければならない（同条2項）。

(3) 会計監査人の独立性の確保

　会計監査人にはその独立性を確保するため，以下のような規制がある。

　前述のように，株式会社の子会社もしくはその取締役・会計参与・監査役・執行役から，公認会計士・監査法人の業務以外の業務により継続的な報酬を受けている者またはその配偶者・その社員の半数以上がそれに該当する監査法人は会計監査人の欠格事由とされている（会社337条3項2号・3号）。

　監査役（会）設置会社においては，株主総会に提出する会計監査人の選任・解任・不再任に関する議案の内容は，監査役設置会社では監査役が（監査役が2人以上の場合はその過半数で），監査役会設置会社では監査役会が決定する（会社344条1項-3項）。この規定はいわゆる「インセンティブのねじれ」，つまり監査を受ける立場の取締役または取締役会が会計監査人の選任・解任・不再任の議案を決定する等の問題を解消すべく2014（平成26）年改正会社法で導入されたものである。なお監査等委員会設置会社の場合は監査等委員会に（会社399条の2第3項2号），指名委員会等設置会社の場合は監査委員会に（会社404条2項2号），会計監査人の選任・解任・不再任に関する議案の内容の決定権限がある。

　会計監査人は監査役の場合と同様，会計監査人の選任もしくは解任または辞任について株主総会で意見を述べることができる（会社345条1項・5項）。

　なお，会計監査人の報酬等の決定についてもインセンティブのねじれの問題が関係しているが，定款・株主総会決議で定めなければならないとする規定はとくにない（会社361条1項参照）。取締役がそれを定める場合，監査役（監査役が2人以上ある場合にはその過半数）・監査役会・監査等委員会・監査委員会の同意を得なければならないとされるにとどまっている（会社399条）。

14　監査等委員会設置会社

(1)　監査等委員会設置会社の特徴

　監査等委員会設置会社は監査等委員会を置く株式会社であり（会社2条11号の2），社外取締役の活用を促進し取締役会の監督機能を強化することを目的として2014（平成26）年改正会社法で創設された。

　監査等委員会設置会社は，いわば監査役会設置会社と指名委員会等設置会社の中間的な形態であり定款の定めによって任意に設置することができる（会社326条2項）。ただし監査役を置いてはならず（会社327条4項），その代わりにそれ以外の取締役と区別される「監査等委員である取締役」が監査役的な役割を果たしており（会社38条2項，327条4項，399条の2第2項・3項），また取締役会および会計監査人を置かなければならない（会社327条1項・5項）ことから公開大会社に適した機関設計となっている。よって公開大会社にとって監査等委員会設置会社は監査役会設置会社・指名委員会等設置会社と並んで三つの選択肢の一つとなっており（会社328条1項），これらは制度間競争に晒されている。しかし2002（平成14）年に委員会等設置会社として導入され現在はその名称が変更されている指名委員会等設置会社は実際にはあまり普及しておらず，その理由としてその指名委員会や報酬委員会の存在により社長（代表執行役）に事実上の人事権（取締役候補者の指名）および報酬決定権（取締役の個別の報酬額の決定）がないことが指摘されていた。そこで指名委員会と報酬委員会を外して監査（等）委員会だけを置き，代表取締役を復活させたのが監査等委員会設置会社である。

　監査等委員会設置会社では取締役である3人以上の監査等委員で構成される

監査等委員会が設置され，その委員の過半数は社外取締役でなければならない（会社2条11号の2，331条6項）。

監査等委員会設置会社の監査等委員は取締役会の構成員であり，取締役として取締役会に出席するので当然，妥当性監査も行える。なお監査等委員会設置会社の代表取締役は取締役の中から取締役会で選定されるが，監査等委員である取締役は代表取締役になることはできない（会社399条の13第3項）。

その他，監査等委員会の取締役の過半数のみならず取締役会の取締役の過半数も社外取締役である場合，または定款の定めがある場合，取締役会の決議により重要な業務執行の決定を代表取締役等に大幅に委ねることができるため業務執行の迅速な決定が可能となる（会社399条の13第5項・6項）。

さらに，監査等委員会設置会社では監査等委員以外の取締役の利益相反取引（会社356条1項2号・3号）においてその取引につき監査等委員会の承認を受けたときは，会社に損害が生じたとしても任務懈怠の推定規定（会社423条3項）は適用されない（同条4項）。

(2) 監査等委員の独立性の確保

監査等委員である取締役は，監査等委員会設置会社もしくはその子会社の業務執行取締役もしくは支配人その他の使用人または当該子会社の会計参与（会計参与が法人であるときはその職務を行うべき社員）もしくは執行役を兼ねることができない（兼任禁止，会社331条3項）。

監査等委員である取締役は，株主総会の決議でそれ以外の取締役と区別して選任されねばならない（会社329条2項）。つまり監査等委員は取締役会で選定されるのではなく，株主総会で監査等委員である取締役として選任される。なお監査役会における常勤監査役のように常勤の監査等委員としての取締役を選任する必要はない（会社390条3項参照）。

取締役が監査等委員である取締役の選任に関する議案を株主総会に提出する場合，監査等委員会の同意が必要である（会社344条の2第1項）。また監査等委員会は取締役に対し監査等委員である取締役の選任を株主総会の目的とすること，または監査等委員である取締役の選任に関する議案を株主総会に提出することを請求できる（同条2項）。

監査等委員以外の取締役の任期は1年であるのに対し監査等委員である取締役の任期は2年である（会社332条1項・3項）。この2年の任期は定款または

株主総会の決議によって短縮することはできない（同条 4 項）。監査等委員である取締役の解任には株主総会の特別決議が必要である（会社344条の 2 第 3 項，309条 2 項 7 号）。

　監査等委員である取締役は，株主総会において監査等委員である取締役の選任・解任・辞任について意見を述べることができ，辞任した者は辞任後最初に招集される株主総会に出席して，辞任した旨およびその理由を述べることができる（会社342条の 2 第 1 項・ 2 項）。

　また，監査等委員会が選定する監査等委員は株主総会において監査等委員である取締役以外の取締役の選任・解任・辞任について監査等委員会の意見を述べることができる（会社342条の 2 第 4 項）。

　監査等委員の報酬についても監査等委員である取締役以外の取締役と区別して定められねばならず（会社361条 2 項），監査等委員である取締役の報酬等について定款の定めまたは株主総会の決議がないときは当該報酬等は監査等委員である取締役の協議によって定める（同条 3 項）。また監査等委員である取締役は株主総会において監査等委員である取締役の報酬等について意見を述べることができ，監査等委員会が選定する監査等委員は株主総会において監査等委員である取締役以外の取締役の報酬等について監査等委員会の意見を述べることができる（同条 6 項）。

　監査費用についても監査等委員がその職務の執行について監査等委員会設置会社に対して①費用の前払請求，②支出をした費用および支出の日以後におけるその利息の償還の請求，③負担した債務の債権者に対する弁済の請求をしたときは，当該監査等委員会設置会社は当該請求にかかる費用または債務が当該監査等委員の職務の執行に必要でないことを証明した場合を除きこれを拒むことができない（会社399条の 2 第 4 項）。

(3)　監査等委員会・監査等委員の職務

　監査等委員会の職務は，取締役（会計参与設置会社では取締役および会計参与）の職務の執行の監査および監査報告の作成である（会社399条の 2 第 3 項 1 号）。

　監査等委員会は，①各事業年度の計算書類（貸借対照表，損益計算書その他株式会社の財産および損益の状況を示すために必要かつ適当なものとして法務省令で定めるもの）および事業報告ならびにこれらの附属明細書の作成（会社436条 2 項），②株主総会に提出する会計監査人の選任・解任・不再任に関する議案の

内容の決定（会社399条の2第3項2号），③監査等委員会以外の取締役の選任・解任・辞任（会社342条の2第4項）および報酬（会社361条6項）について株主総会で述べる意見の決定（会社399条の2第3項3号）ができる。

　監査等委員会が選定する監査等委員は，①いつでも取締役（会計参与設置会社では取締役および会計参与）および支配人その他の使用人に対しその職務の執行に関する事項の報告を求め，または監査等委員会設置会社の業務および財産の状況の調査をすること（会社399条の3第1項），②監査等委員会の職務を執行するために必要があるときは監査等委員会設置会社の子会社に対して事業の報告を求め，またはその子会社の業務および財産の状況を調査すること（会社399条の3第2項）ができる。

　また，監査等委員会が選定する監査等委員は招集権者の定めがある場合であっても取締役会を招集することができる（会社399条の14）。

　さらに，監査等委員会設置会社が取締役に対し，または取締役が監査等委員会設置会社に対して訴えを提起する場合には，当該訴えについては取締役会が定める者または監査等委員会が選定する監査等委員が会社を代表する（会社399条の7第1項-3項）。

　監査等委員は，①当該報告の徴取または調査に関する事項についての監査等委員会の決議があるときはこれに従わなければならず（会社399条の3第4項），②取締役が不正の行為をし，もしくは当該行為をするおそれがあると認めるとき，または法令もしくは定款に違反する事実もしくは著しく不当な事実があると認めるときは，遅滞なくその旨を取締役会に報告しなければならない（会社399条の4）。

　また，監査等委員は取締役が株主総会に提出しようとする議案，書類その他法務省令で定めるものについて法令もしくは定款に違反し，または著しく不当な事項があると認めるときはその旨を株主総会に報告しなければならない（会社399条の5）。

　さらに，監査等委員は取締役が監査等委員会設置会社の目的の範囲外の行為その他法令もしくは定款に違反する行為をし，またはこれらの行為をするおそれがある場合において当該行為によって当該監査等委員会設置会社に著しい損害が生ずるおそれがあるときは，当該取締役に対し当該行為をやめること（差止め）を請求することができる（会社399条の6第1項）。

(4)　監査等委員会の運営

　監査等委員会は各監査等委員が招集し（会社399条の８），監査等委員会の日の１週間前までに各監査等委員に対してその通知を発しなければならないが（会社399条の９第１項），監査等委員の全員の同意があるときは招集の手続を経ることなく監査等委員会を開催できる（会社399条の９第２項）。

　取締役（会計参与設置会社では取締役および会計参与）は，監査等委員会の要求があったときは監査等委員会に出席し監査等委員会が求めた事項について説明をしなければならない（会社399条の９第３項）。

　監査等委員会の決議は議決に加わることができる監査等委員の過半数が出席しその過半数をもって行い，この決議について特別利害関係を有する監査等委員は議決に加わることができない（会社399条の10第１項・２項）。

　監査等委員会設置会社は監査等委員会の議事について議事録を作成しなければならず（会社399条の10第３項），また監査等委員会の日から10年間それをその本店に備え置かなければならず（会社399条の11第１項），これらは一定の場合に株主・債権者・親会社社員の閲覧等に供せられる（会社399条の11第２項－４項）。

(5)　監査等委員会設置会社の取締役会の職務

　監査等委員会設置会社の取締役会の職務は，会社法362条の規定にかかわらず，①経営の基本方針の決定，②監査等委員会の職務の執行のため必要なものとして法務省令で定める事項の決定，③取締役の職務の執行が法令および定款に適合することを確保するための体制その他株式会社の業務ならびに当該株式会社およびその子会社から成る企業集団の業務の適正を確保するために必要なものとして法務省令で定める体制の整備の決定，④取締役の職務の執行の監督，⑤代表取締役の選定および解職，⑥その他，監査等委員会設置会社の業務執行の決定である（会社399条の13第１項）。

　さらに，監査等委員会設置会社の取締役会には専決事項があり，①重要な財産の処分および譲受け，②多額の借財，③支配人その他の重要な使用人の選任および解任，④支店その他の重要な組織の設置，変更および廃止，⑤募集社債の総額その他の社債を引き受ける者の募集に関する重要な事項としての法務省令で定める事項，⑥定款の定めに基づく，役員等の会社に対する任務懈怠責任

の免除，⑦その他の重要な業務執行の決定を取締役に委任することはできない（会社399条の13第4項）。

　ただし，監査等委員会設置会社の取締役の過半数が社外取締役である場合には，一定の事項を除いて当該会社の取締役会はその決議によって重要な業務執行の決定を取締役に大幅に委任することができ，この重要な業務執行の決定の全部または一部の決定を取締役に委任することができる旨を定款で定めることができる（会社399条の13第5項・6項）。

15　指名委員会等設置会社

(1)　指名委員会等設置会社の特徴

　「指名委員会等設置会社」はもともと2002（平成14）年商法改正で「委員会等設置会社」として導入された制度であったが，2005（平成17）年制定会社法で「委員会設置会社」に名称変更され，さらに2014（平成26）年改正会社法以来，今日の名称に至っている。

　指名委員会等設置会社は三委員会，すなわち指名委員会・監査委員会・報酬委員会（以下「指名委員会等」という）を置く株式会社である（会社2条12号）。各委員会は取締役で構成されその過半数は社外取締役でなければならない（会社400条3項，2条15号）。

　また，指名委員会等設置会社は取締役会および会計監査人を置かなければならないが監査役・監査等委員会を置いてはならず（会社327条1項・4項-6項），また代表取締役の代わりに（代表）執行役が置かれる（会社420条1項，420条1項）。

　指名委員会等設置会社は定款の定めにより任意に設置することができるが（会社326条2項），取締役会および会計監査人の設置が強制されることから公開大会社に適した機関設計となっている。よって公開大会社にとって指名委員会等設置会社は監査役会設置会社（会社328条1項）および監査等委員会設置会社と並んで三つの選択肢の一つとなっており，これらは制度間競争にさらされている。

　指名委員会等設置会社は一方で執行役が取締役会の決議で委任を受けた業務の執行の決定および指名委員会等設置会社の業務の執行を行い（会社418条），

他方で取締役会が執行役の職務の執行を監督することにより（会社416条1項2号），業務の執行と監督の分離による監査機能の強化と経営の効率化をねらっている。

⑵　指名委員会等（三委員会）

指名委員会等設置会社の指名委員会等（三委員会）には指名委員会（会社404条1項）・監査委員会（同条2項）・報酬委員会（同条3項）がある。これら各委員会は取締役会の内部機関であり委員3人以上で構成され（会社400条1項），各委員は取締役の中から取締役会決議で選定され（同条2項），また各委員会の過半数は社外取締役でなければならない（同条3項，2条15号）。なお同じ取締役が複数の委員会の委員を兼ねてもかまわない。

指名委員会等設置会社の取締役は当該指名委員会等設置会社の支配人その他の使用人を兼ねることができないが（兼任禁止，会社331条4項），執行役を兼ねることはできる（会社402条6項）。なお指名委員会等設置会社の取締役の任期は1年である（会社332条6項）。

指名委員会等は当該指名委員会等の各委員が招集する（会社410条）。指名委員会等を招集するにはその委員は指名委員会等の日の1週間前（取締役会決議で短縮可）までに当該指名委員会等の各委員に対してその通知を発しなければならないが，当該指名委員会等の委員の全員の同意があるときは招集の手続を経ることなく開催することができる（会社411条1項・2項）。

指名委員会等は執行役等に対し当該指名委員会等に出席し説明をするよう求めることができる（会社411条3項）。

指名委員会等の決議は議決に加わることができる委員の過半数が出席しその過半数をもって行い，特別利害関係を有する委員は議決に加わることができない（会社412条1項・2項）。

指名委員会等の議事については議事録を作成し指名委員会等の日から10年間それをその本店に備え置かなければならず（会社413条1項），指名委員会等設置会社の取締役・株主・債権者・親会社社員は一定の場合にそれを閲覧等できる（会社413条2項-5項）。

㈠　指名委員会の職務

指名委員会の職務は，株主総会に提出する取締役（会計参与設置会社では取締

役および会計参与）の選任および解任に関する議案の内容の決定である（会社404条1項）。

(ロ) 監査委員会の職務

　監査委員会の職務は，執行役等（執行役および取締役，会計参与設置会社では執行役，取締役，会計参与，以下同じ）の職務の執行の監査および監査報告の作成，および株主総会に提出する会計監査人の選任・解任・不再任に関する議案の内容の決定である（会社404条2項）。この監査権限は委員がすべて取締役であることから適法性監査だけでなく妥当性監査にも当然に及ぶと解されている。

　監査委員会が選定する監査委員はいつでも執行役等および支配人その他の使用人に対しその職務の執行に関する事項の報告を求め，または指名委員会等設置会社の業務および財産の状況の調査をすることができ，また監査委員会の職務を執行するため必要があるときは指名委員会等設置会社の子会社に対して事業の報告を求め，またはその子会社の業務および財産の状況の調査をすることができる（会社405条1項・2項）。

　監査委員は執行役または取締役が不正の行為をし，もしくは当該行為をするおそれがあると認めるとき，または法令・定款に違反する事実もしくは著しく不当な事実があると認めるときは遅滞なくその旨を取締役会に報告しなければならない（会社406条）。

　また，監査委員は執行役または取締役が指名委員会等設置会社の目的の範囲外の行為その他法令・定款に違反する行為をし，またはこれらの行為をするおそれがある場合において当該行為によって当該指名委員会等設置会社に著しい損害が生ずるおそれがあるときは，当該執行役または取締役に対し当該行為をやめること（差止め）を請求することができる（会社407条1項）。

　指名委員会等設置会社が執行役（執行役であった者を含む）もしくは取締役（取締役であった者を含む）に対し，または執行役もしくは取締役が指名委員会等設置会社に対して訴えを提起する場合には当該訴えについては監査委員が当該訴えにかかる訴訟の当事者である場合，取締役会が定める者が代表し，それ以外の場合，監査委員会が選定する監査委員が会社を代表する（会社408条1項1号・2号）。

(ﾊ)　報酬委員会の職務

　報酬委員会の職務は，執行役等（執行役・取締役・会計参与）が受ける個人別の報酬等の内容の決定であり，執行役が指名委員会等設置会社の支配人その他の使用人を兼ねているときは当該支配人その他の使用人の報酬等の内容についても同様である（会社404条3項）。

　報酬委員会がこの決定をするには執行役等の個人別の報酬等の内容にかかる決定に関する方針を定め，決定の際にはこの方針に従う必要がある（会社409条1項・2項）。

　さらに，報酬委員会は執行役等の個人別の報酬等について，①額が確定している場合は個人別の額，②額が確定していない場合は個人別の具体的な算定方法，③金銭でない場合は個人別の具体的な内容を決定しなければならないが，会計参与については個人別に額が確定したものに限られる（会社409条3項）。

(3)　指名委員会等設置会社の取締役会の職務

　指名委員会等設置会社の取締役会の職務は，①経営の基本方針の決定，②監査委員会の職務の執行のため必要なものとして法務省令で定める事項（会社則112条1項）の決定，③執行役が2人以上ある場合における執行役の職務の分掌および指揮命令の関係その他の執行役相互の関係に関する事項の決定，④執行役が取締役会の招集を請求する場合（会社417条2項）の請求を受ける取締役の決定，⑤執行役の職務の執行が法令および定款に適合することを確保するための体制その他株式会社の業務ならびに当該株式会社およびその子会社から成る企業集団の業務の適正を確保するために必要なものとして法務省令で定める体制の整備（会社則112条2項）の決定，⑥その他指名委員会等設置会社の業務執行の決定，⑦執行役等の職務の執行の監督である（会社416条1項）。

　指名委員会等設置会社の取締役会は上記①から⑤までの事項を決定しなければならず（会社416条2項），また上記①から⑦までの職務の執行を取締役に委任することができないが（同条3項），取締役会の決議によって一定の例外（同条4項1号-20号）を除き指名委員会等設置会社の業務執行の決定を執行役に大幅に委任することができる（同条4項本文）。

　指名委員会等設置会社においては，招集権者の定めがある場合であっても指名委員会等がその委員の中から選定する者は取締役会を招集することができる（会社417条1項）。

指名委員会等がその委員の中から選定する者は遅滞なく当該指名委員会等の職務の執行の状況を取締役会に報告しなければならない（会社417条3項）。

(4) 指名委員会等設置会社の執行役・代表執行役

指名委員会等設置会社は1人または2人以上の執行役を置かなければならず（会社402条1項），執行役は取締役会の決議によって選任し（同条2項），取締役会の決議によっていつでも解任することができる（会社403条1項）。解任された執行役はその解任について正当な理由がある場合を除き指名委員会等設置会社に対し解任によって生じた損害の賠償を請求することができる（同条2項）。

執行役の資格には取締役の資格等の規定（会社331条1項）が準用され（会社402条4項），また公開会社の場合，執行役が株主でなければならない旨を定款で定めることができない（会社402条5項）。執行役は取締役を兼ねることができる（会社402条6項）。なお執行役の任期は原則として1年（定款で短縮可）である（会社402条7項）。

執行役が欠けた場合，または定款で定めた執行役の員数が欠けた場合，任期の満了または辞任により退任した執行役は新たに選任された執行役が就任するまでなお執行役として権利義務を有し，裁判所は必要があると認めるときは利害関係人の申立てにより一時執行役（仮執行役）を選任することができる（会社403条3項，401条2項・4項）。

執行役の職務は，取締役会決議によって委任を受けた指名委員会等設置会社の業務執行の決定（会社416条4項）および業務の執行である（会社418条）。

執行役は3ケ月に1回以上，自己の職務の執行の状況を取締役会に報告しなければならず，また取締役会の要求があったときは取締役会に出席し取締役会が求めた事項について説明をしなければならない（会社417条4項・5項）。

さらに，執行役は指名委員会等設置会社に著しい損害を及ぼすおそれのある事実を発見したときは直ちに当該事実を監査委員に報告しなければならない（会社419条1項）。

執行役が2人以上のときは，取締役会は執行役の中から代表執行役を選定しなければならず，執行役が1人のときはその者が代表執行役に選定されたものとされる（会社420条1項）。代表執行役は取締役会の決議によっていつでも解職することができる（同条2項）。

代表執行役は指名委員会等設置会社を代表し，株式会社の業務に関する一切

の裁判上または裁判外の行為をする権限を有し，会社が代表執行役のこの権限に制限を加えても善意の第三者に対抗できない（会社420条3項，349条4項・5項）。

　指名委員会等設置会社は，代表執行役以外の執行役に社長・副社長・その他指名委員会等設置会社を代表する権限を有するものと認められる名称を付した場合，当該執行役がした行為について善意の第三者に対してその責任を負う（会社421条）。このような執行役を表見代表執行役という。

　執行役は指名委員会設置会社とは委任関係にあるので（会社402条3項），指名委員会等設置会社に対して善管注意義務を負う（民644条）。さらに執行役は指名委員会等設置会社に対して忠実義務を負い，競業取引・利益相反取引の場合，取締役会の承認を得なければならない（会社419条2項）。

　指名委員会等設置会社における取締役会の招集権者は，指名委員会等がその委員の中から選定することもできるが（会社417条1項），執行役は取締役会の目的である事項を示して取締役会の招集を請求することができ，当該請求日から5日以内に当該請求日から2週間以内の日を取締役会の日とする取締役会の招集通知が発せられないときは執行役も取締役会を招集することができる（同条2項）。

16　独立役員制度

　社外取締役および社外監査役に関しては，会社法上の社外性だけでなくとくに上場会社向けののソフトローにおいてより要件の厳しい独立性が求められている。

　すなわち東京証券取引所の有価証券上場規程はすべての上場会社に対して一般株主と利益相反が生じるおそれのない社外取締役または社外監査役である独立役員（独立取締役または独立監査役）を1名以上確保すべき義務を定め（東証有価証券上場規程436条の2），また取締役である独立役員を少なくとも1名以上確保する努力義務を定めている（同規程445条の4）。他の証券取引所の規程も同様である。それに伴い上場会社は独立役員届出書を証券取引所に提出しなければならない（同施行規則436条の2）。

　さらに市場第一部・二部上場会社が独立社外取締役を2名以上（場合によっては3分の1以上）選任していない場合は「コーポレート・ガバナンス報告書」

にその理由を説明しなければならない（東証有価証券上場規程436条の3，コーポレートガバナンス・コード原則4-8）。

　独立性基準に抵触する事由には，①当該会社の主要な取引先等またはその業務執行者，②当該会社から役員報酬以外に多額の金銭その他の財産を得ているコンサルタント，経営専門家または法律専門家，③当該会社の親会社または兄弟会社の業務執行者，④過去に①～③であった者等があり，これらの者は独立役員として届け出ることができないものとされている（東証上場管理等に関するガイドラインⅢ5.③の2）。

第5章 株式会社の計算

1 企業会計

　企業会計とは，企業が経営および財産の状況を定期的に把握し利害関係者に開示することを意味する。現在の会計学は貸借対照表上の純資産額を重視する財産法的思想から損益計算書を重視する損益法的思想へと変化している。

　企業の会計制度は，会社法会計・企業会計（金融商品取引法上の会計）・税務会計（法人税法上の会計）に分かれる。会社法会計の目的は株主および債権者保護であり，とりわけ分配可能額（会社の利益をどの程度株主に分配するかの限度）の計算に関する規制であり，企業会計の目的は投資家保護のための開示（ディスクロージャー）であり，また企業の財務内容・経営状況・キャッシュフローの状況等に関する規制であり，税務会計の目的は法人税法に基づく課税の公平であり，課税標準額の計算に関する規制である。

　会社法会計は会社法施行規則および会社計算規則に詳細な規定があるが，その他一般原則として株式会社の会計は「一般に公正妥当と認められる企業会計の慣行に従うものとする」と定められており（会社431条，会社計算3条参照），その会計慣行には企業会計審議会が定めた「企業会計原則」等の会計基準，財団法人財務会計基準機構の企業会計基準委員会が公表する「企業会計基準」，日本公認会計士協会・日本税理士連合会・日本商工会議所・企業会計基準委員会が共同で定めている「中小企業の会計に関する指針」，国際会計基準審議会（IASB）によって採択された「国際財務報告基準」（IFRS）等がある。

2 会計帳簿

　株式会社は適時に正確な会計帳簿を作成しなければならず（会社432条1項，

会社則116条，会社計算 4 条-56条），それに基づき各事業年度にかかる計算書類およびその附属明細書を作成しなければならない（会社計算59条 3 項）。また株式会社は会計帳簿閉鎖の時から10年間，その会計帳簿およびその事業に関する重要な資料を保存しなければならない（会社432条 2 項）。裁判所は申立てにより，または職権で訴訟当事者に対し会計帳簿の全部または一部の提出を命ずることができる（会社434条）。

　ここで「会計帳簿」とは計算書類と附属明細書の作成の基礎となる帳簿であり，それには日記帳，総勘定元帳，仕訳帳，伝票（これを仕訳帳に代用する場合に限る），その他，補助簿としての現金出納帳・仕入帳・売上帳・商品在高帳・売掛金元帳・買掛金元帳・受取手形記入帳・支払手形記入帳等があり（横浜地判平 3 ・ 4 ・19判時1397・114参照），これらは複式簿記によって作成される。

　また，「その事業に関する重要な資料」とは会計帳簿を作成する材料に使われた伝票（仕訳帳に代用されない場合に限る）・受取証（受領書）・契約書・信書等である。

　裁判所は申立てにより，または職権で訴訟の当事者に対し会計帳簿の全部または一部の提出を命ずることができる（会社434条）。

　なお，会計帳簿等（会計帳簿またはこれに関する資料）は一定の要件を満たした少数株主によって閲覧等され得ることは前述のとおりである（会社433条）。

3　計算書類等

(1)　計算書類等の意義

　株式会社は，成立の日における貸借対照表を作成し（会社435条 1 項，会社計算58条），また各事業年度にかかる計算書類および事業報告ならびにこれらの附属明細書を作成しなければならない（会社435条 2 項）。ここで計算書類とは，貸借対照表・損益計算書・株主資本等変動計算書・個別注記表である（会社435条 2 項，会社計算59条 1 項）。

　株式会社は計算書類を作成した時から10年間，当該計算書類およびその附属明細書を保存しなければならない（会社435条 4 項）。

　貸借対照表とは，ある一定時点（たとえば決算日）における会社の財務状況を示す表であり，向かって左側（借方）に資産の部，右側（貸方）に負債の部

および純資産の部を記載すべきものである（会社計算73条1項）。

　資産の部は流動資産・固定資産・繰延資産に（会社計算74条1項），負債の部は流動負債・固定負債に（会社計算75条1項），純資産の部は株主資本，評価・換算差額等，新株予約権に（会社計算76条1項），それぞれ区分される。なお負債に引当金がある場合，当該引当金ごとに他の負債と区別しなければならない（会社計算75条2項1号ニ・2号ハ）。

　流動資産は，事業取引に関係する資産や通常1年以内の短期で現金化・費用化できる資産（会社計算74条3項1号），固定資産は長期的継続的に事業用として用いられる資産（会社計算74条2項・3項2号-4号），繰延資産は既に支出された費用および支払義務が確定したものを将来の収益に対応させるため（費用・収益対応の原則）に資産として計上するものであり換金性のない資産（会社計算74条3項5号）である。繰延資産にはたとえば創立費，開業準備費，開発費，新株・社債の発行費があり当該事業年度以降の一定の期間内に償却できる。

　流動負債は，事業取引から発生した債務であり貸借対照表日の翌日から起算して1年以内に履行期が到来するもので（会社計算75条2項1号），固定負債は通常の事業取引以外で発生する債務のうち履行期が貸借対照表の翌日から起算して1年以内に到来しないものである（会社計算75条2項2号）。

　引当金は将来発生する可能性のある特定の支出や損失に備えるため，当期の費用または損失として繰り入れて準備し貸借対照表の負債の部に計上することができるものであり，繰延資産とは逆の概念である（会社計算75条2項1号ニ・2号ハニ）。引当金にはたとえば退職給与引当金・修繕引当金・貸倒引当金がある。

　なお，純資産の部の株主資本は資本金・新株式申込証拠金・資本剰余金・利益剰余金・自己株式・自己株式申込証拠金に区分される（会社計算76条2項）。

　損益計算書は，ある一定の期間，たとえば事業年度においてどれだけの費用でどれだけの収益または損失が生じたかを示す収支の計算書で会社の業績を明らかにするものであり（会社計算87条），売上高・売上原価・販売費および一般管理費・営業外収益・営業外費用・特別利益・特別損失の7つの項目に区分される（会社計算88条1項）。

　売上高から売上原価を引いた額（売上総損益金額）は売上総利益金額として表示され（会社計算89条1項），売上総損益金額から販売費および一般管理費の合計額を引いた額（営業損益金額）は営業利益金額として表示され（会社計算90

条1項），営業損益金額に営業外収益を足した額から営業外費用を引いた額（経常損益金額）は経常利益金額として表示され（会社計算91条1項），経常損益金額に特別利益を足した額から特別損失を引いた額（税引前当期純損益金額）は税引前当期純利益金額として表示され（会社計算92条1項），税引前当期純損益金額に還付税額等を足し法人税等を引いた額（当期純損益金額）は当期純利益金額として表示される（会社計算94条1項）。

　株主資本等変動計算書は，貸借対照表の純資産の項目である資本金・資本剰余金・利益剰余金・自己株式が一定の期間（期中）にどのように変動したかを示すものである（会社計算96条）。

　個別注記表は，貸借対照表・損益計算書・株主資本等変動計算書に関する注記事項をまとめて表示したもので（会社計算97条-116条），それには継続企業の前提に関する注記・重要な会計方針にかかる注記・重要な後発事象に関する注記・一株当たり情報に関する注記等がある。

　事業報告は，株式会社の状況に関する重要な事項，法令遵守体制・内部統制システムの概要，株式会社の財務および事業の方針の決定を支配する者のあり方に関する基本方針（企業買収防衛策等）をその内容とするものであり（会社則118条），これは計算書類ではなく株主総会に報告すればそれで足りる報告書である。

　公開会社には特則があり，その事業報告の内容には株式会社の現況に関する事項・その会社役員に関する事項・その株式に関する事項・その新株予約権等に関する事項を含めなければならない（会社則119条）。

　附属明細書は，計算書類（貸借対照表・損益計算書・株主資本等変動計算書・個別注記表）および事業報告の内容を補足する重要事項をその内容とするものであり，これも計算書類ではない（会社則128条，会社計算117条）。

　臨時計算書類は，事業年度中の一定の日を臨時決算日と定めてその日における当該株式会社の財産の状況を把握するために作成される貸借対照表や損益計算書のことである（会社441条1項）。この場合，事業報告の作成は任意であるが，監査役等（監査役・監査等委員会・監査委員会）または会計監査人の監査および株主総会・取締役会の承認を受けることが必要である（同条2項-4項）。事業年度途中に剰余金の配当を行う場合，この臨時計算書が作成される。

　連結計算書類は，当該会社およびその子会社から成る企業集団の財産および損益の状況を示す計算書類であり，連結貸借対照表・連結損益計算書・連結株

主資本等変動計算書・連結注記表・国際会計基準で作成する連結計算書類等のことである（会社計算61条）。

　事業年度の末日において大会社であって，かつ金融商品取引法24条1項に基づく有価証券報告書提出会社は連結計算書類を作成しなければならない（会社444条3項）。また会計監査人設置会社はこれを作成することができる（同条1項）。

　なお，金融商品取引法は以上の書類に加え，キャッシュ・フロー計算書の開示も要求している（財務規110条-119条）。

(2)　計算書類等の監査・取締役会の承認

　監査役設置会社（監査役の監査の範囲を会計に関するものに限定する旨の定款の定めがある株式会社を含み，会計監査人設置会社を除く）においては，計算書類および事業報告ならびにこれらの附属明細書の監査を受けなければならない（会社436条1項，会社計算121条-124条）。

　会計監査人設置会社においては，計算書類および附属明細書について監査役（監査等委員会設置会社では監査等委員会，指名委員会等設置会社では監査委員会）および会計監査人によって監査を受けなければならず（会社436条2項1号），また事業報告およびその附属明細書について監査役（監査等委員会設置会社では監査等委員会，指名委員会等設置会社では監査委員会）によって監査を受けなければならない（会社436条2項1号）。

　監査結果として監査報告・会計監査報告が作成され，それらは取締役（会計監査報告の場合，監査役および取締役）に通知される（会社則129条-132条，会社計算122条-132条）。

　取締役会設置会社においては，計算書類および事業報告ならびにこれらの附属明細書で監査を受けたものについて取締役会の承認を受けなければならない（会社436条3項）。

(3)　計算書類等の株主への提供・株主総会の承認

　取締役会設置会社においては，取締役は定時株主総会の招集通知に際して株主に対し取締役会の承認を受けた計算書類および事業報告を，さらに監査を受けなければならない会社においては監査報告または会計監査報告も提供しなければならない（会社437条）。

　各事業年度にかかる計算書類・事業報告（場合によっては監査報告・会計監査報告を含む）に附属明細書を加えた計算書類等は，定時株主総会の日（会日）の１週間（取締役会設置会社にあっては２週間）前の日から会社の本店に５年間，およびその写しを支店に３年間，備え置かなければならない（会社442条１項・２項）。

　定時株主総会へは監査役設置会社（取締役会設置会社を除く）の場合，監査役の監査を受けた計算書類および事業報告が，会計監査人設置会社の場合，会計監査人の監査を受けた計算書類および事業報告が，取締役会設置会社の場合，取締役会の承認を受けた計算書類および事業報告が提出され（会社438条１項），そのうち計算書類は原則として定時株主総会の承認（普通決議）を受けなければならず（同条２項，309条１項），事業報告は定時株主総会で報告されなければならない（会社438条３項）。

　ただし，会計監査人設置会社においては特則があり，取締役会の承認を受けた計算書類（会社436条３項）が法令および定款に従い株式会社の財産および損益の状況を正しく表示しているものとして法務省令で定める要件（会社則116条，会社計算135条）に該当する場合には（会計監査報告において会計監査人から無限定適正意見を付され，かつ監査役（会）または監査委員会の監査報告に会計監査人の監査方法または結果を相当でないと認める意見がなければ）定時株主総会での承認が不要となり，この場合，取締役は当該計算書類の内容を定時株主総会に報告するだけでよい（会社439条）。

(4)　計算書類の公告

　株式会社は，定時株主総会の終結後，遅滞なく貸借対照表（大会社では貸借対照表および損益計算書）を公告しなければならない（会社440条１項）。

　公告の方法には，①官報に掲載する方法（会社939条１項１号），②時事に関する事項を掲載する日刊新聞紙に掲載する方法（同条１項２号），③貸借対照表・損益計算書の電子公告（同条１項３号），④貸借対照表（大会社では貸借対照表および損益計算書）のみの電磁的方法（会社440条３項）があるが，公告方法が①と②の場合，貸借対照表（大会社では貸借対照表および損益計算書）の要旨の公告で足りる（同条２項）。

　なお，金融商品取引法24条１項の規定により有価証券報告書（金融庁の電子開示システムである EDINET でも検索可能）を内閣総理大臣に提出しなければな

らない株式会社（株式上場企業等）では，決算の内容が有価証券報告書で開示
されていることから，この有価証券報告書をもって公告に替えられる（会社
440条 4 項）。

⑸　計算書類等の備置および閲覧等

　株式会社は，各事業年度にかかる計算書類等（計算書類および事業報告ならび
にこれらの附属明細書（監査が要求されている場合，監査報告または会計監査報告
を含む））を定時株主総会の日の 1 週間（取締役会設置会社では 2 週間）前の日か
ら 5 年間その本店に， 3 年間その支店に備え置かなければならない（会社442
条 1 項・ 2 項）。

　ただし，計算書類等が電磁的記録で作成されている場合であってこれにより
支店で閲覧・書面の交付請求に応じることができる場合，支店での備置きは不
要である（会社442条 2 項但書）。なお臨時計算書類もそれを作成した日から 5
年間本店に， 3 年間支店に備え置かなければならない（会社442条 1 項 2 号・ 2
項 2 号）。

　株主および会社債権者は，株式会社の営業時間内はいつでも本店・支店に備
え置かれた計算書類等について閲覧等請求ができる（会社442条 3 項）。また株
式会社の親会社社員もその権利を行使するため必要があるときは裁判所の許可
を得てその閲覧等請求ができる（会社442条 4 項）。

4　資本の原則

　講学上，以前は会社債権者を保護するための資本の三原則といえば，①資本
確定の原則，②資本充実・維持の原則，③資本不変の原則であったが，1950
（昭和25）年商法改正で導入された授権株式制度により，さらに2005（平成17）
年会社法制定前旧商法では新株発行において引受けが予定の株数を下回った場
合でも引受け・払込みがなされた部分について新株発行の効力が認められてお
り，また2005（平成17）年制定会社法により一部払込みがあっただけで会社設
立が認められるようになったことで資本確定の原則は規定上廃止済みであり，
現在では形式上は①資本充実の原則，②資本維持の原則，③資本不変の原則が
あることになっている。しかし資本維持の原則以外，その意義は後退している
のが実情である。

　資本充実の原則は，株式の発行価額に相当する金銭や財産の出資が確実になされていなければならないものとし，旧商法下では実際に出資された金銭および財産の総額が公示された資本額に不足する場合，発起人および取締役は引受け・払込み・給付担保責任を負わされていたが，2005（平成17）年制定会社法で廃止され，また実際に出資された金銭および財産の価額を資本金の額とすることができるため資本充実の原則はほとんど機能する余地がなくなっている。

　ただし，現行法上，出資の履行についての全額払込み・全部給付主義（会社34条1項，63条1項，208条2項・3項），現物出資および財産引受けにかかる検査役の調査（会社33条，207条），出資金・現物財産等の価額不足額填補責任（会社52条，103条1項，212条，213条），出資の履行と株式会社に対する債権との相殺禁止（会社208条3項），出資の履行を仮装した場合の責任（会社52条の2，102条3項・4項，102条の2，103条2項，213条の2第1項，213条の3第1項）は残存している。

　資本維持の原則は，会社財産が債権者にとって担保的引当てとなるべき財産であることから決算時において資本金額相当の財産が会社に確保されていなければならないことを意味し，会社財産を容易に社外に流失させるべきではないという考えに基づき会社法上も剰余金の配当および自己株式の取得等には財源規制を課しその原資を剰余金の分配可能額に限定していることから現在でも維持されている原則である。

　資本不変の原則は，株主総会の特別決議および債権者異議手続を経なければ資本金の額を自由に減少させることができないというものであるが，法定の手続を経さえすれば資本金を減少させることができるというものである。

5　資本金と純資産の部

　株主が株式取得に際して会社に対して払込みまたは給付をした金銭または現物の財産の額は，貸借対照表上の純資産の部の中の株主資本の項目に資本金として計上される（会社445条1項，会社計算76条2項1号）。

　純資産の部は，株主資本，評価・換算差額等，新株予約権の項目に区分され（会社計算76条1項），さらに株主資本は資本金・新株式申込証拠金・資本剰余金・利益剰余金・自己株式（控除項目）・自己株式申込証拠金に区分される（会社計算76条2項）。

　また，資本剰余金は資本準備金・その他資本剰余金に，利益剰余金は利益準備金・その他利益準備金に区分される（会社計算76条4項・5項）。

　さらに，評価・換算差額等はその他有価証券評価差額金・繰延ヘッジ損益・土地再評価差額金・為替換算調整勘定・退職給付にかかる調整累計額に区分される（会社計算76条7項）。

　資本金とは，会社財産として確保すべき計算上の一定の基準額のことである。資本金は株式の実際の払込額（現物出資の場合は給付額）の総額であるが（会社445条1項），この払込みまたは給付にかかる額の2分の1を超えない額は資本金として計上しなくてもよく（同条2項），その場合，資本準備金として計上しなければならない（同条3項）。

　準備金は法定準備金ともいい，これには資本準備金と利益準備金がある（会社445条3項-5項）。準備金の額は後述のように剰余金の配当をする際に減少する剰余金の10分の1を準備金の額が資本金の額の4分の1になるまで積み立てることにより増加する（会社445条4項，会社計算22条）。さらに合併・吸収分割・新設分割・株式交換・株式移転・株式交付を行った際にも資本金・準備金が計上されることがある（会社445条5項，会社計算35条以下）。

6　資本金・準備金の額の増減

　純資産の部の係数は株主総会決議で変動させることができ，資本金の額の減少は株主および債権者に影響を与え得る会社の基礎的変更であるがゆえに原則として株主総会の特別決議が必要であるが（会社447条1項，309条2項9号），準備金を減少させての資本組入れ，および剰余金を減少させての準備金組入れは株主総会の普通決議で可能である（会社448条，450条-452条，309条1項）。

　また，資本金の額および準備金の額の減少の場合，責任財産の数字上の減少を意味するがゆえに原則として会社債権者は異議を述べることができ，会社債権者を保護するための債権者異議手続が用意されている（会社449条）。

　資本金の額を減少させる場合（いわゆる減資）には，株主への会社財産の払戻し（剰余金の配当・自己株式の取得）を伴う実質的な減資と，単に計算上資本金の額を減少させる形式的な減資があり，資本減少発効日の資本金の額を限度として行うことができる（会社447条2項）。その意味で資本金はゼロになることはあってもマイナスになることはない。

　減資の目的には，資本の欠損の塡補・資本金の額の全部または一部の資本準備金への組入れ・資本金の額のその他資本剰余金への組入れによって株主への配当原資とすること・増資と100％減資を同時に行うことによる債務超過会社の再建等がある。

　前述のように資本金の額の減少を行う場合，株主総会の特別決議（会社447条1項，309条2項9号）と債権者異議手続（会社449条）が必要であるが，定時株主総会において決議をする場合，減少する資本金の額が欠損の額を超えなければ，つまり既に発生している欠損を塡補するためだけに減資をする場合には株主総会の決議は普通決議でよい（会社309条2項8号括弧書）。

　さらに，株式発行と同時に資本金の額を減少する場合（増資と減資の同時履行）で当該資本金の額の減少の効力が生ずる日後の資本金の額が当該日前の資本金の額を下回らない場合，つまり増資額が減資額以上である場合には取締役の決定（取締役会設置会社では取締役会の決議）だけでよい（会社447条3項）。

　債権者異議手続は，会社債権者が異議を述べることができる手続のことであり，株式会社は当該資本金の額の減少について異議を述べることができる旨等を一定の期間内（1か月を下ることができない）に公告し，かつ知れている債権者には格別に催告しなければならず（会社449条2項），また会社債権者が異議を述べた場合，当該債権者に対して，①弁済，②相当の担保の提供，③信託会社等への相当の財産の信託をしなければならない（同条5項）。

　なお，資本金の額の減少についてその手続に瑕疵がある場合，資本金額減少無効の訴えをもってのみ無効とすることができる（会社828条1項5号）。この場合，提訴期間は資本金の額の減少の効力が生じた日から6ヶ月以内で，提訴権者は当該株式会社の株主等（株主・取締役・清算人・監査役設置会社の監査役・指名委員会等設置会社の執行役）・新株予約権者・破産管財人・資本金の額の減少について承認をしなかった債権者である（同条2項）。また無効判決には対世効が認められるが（会社838条），遡及効はなく将来効がある（会社839条）。

　次に，剰余金の額を減少して資本金の額を増加する場合（剰余金の資本組入れ），減少する剰余金の額および資本金の額の増加がその効力を生ずる日を定め株主総会で決定しなければならない（会社450条1項・2項）。この場合は普通決議でかまわないが（会社309条1項），株主総会の決定が必要な理由は剰余金の減少により剰余金分配可能額も減少し株主に影響があるからである。この場合，減少する剰余金の額は資本金の額の増加の効力発生日における剰余金の

額を超えてはならない（会社450条 3 項）。またこの場合，資本金の額は増加することにより責任財産の増加するため会社債権者異議手続はとくに必要がない。

　準備金の額を減少させる場合，株主総会の決議で（これも普通決議でよい），減少する準備金の額の全部または一部を資本金とする場合（準備金の資本組入れ），その旨および資本金とする額，準備金の額の減少がその効力を生ずる日を定めなければならない（会社448条 1 項，309条 1 項）。

　株式会社が株式の発行と同時に準備金の額を減少する場合においては，当該準備金の額の減少の効力が生ずる日後の準備金の額が，当該日前の準備金の額を下回らない場合，取締役の決定（取締役会設置会社では取締役会の決議）だけでよい（会社448条 3 項）。

　準備金の額の減少の場合も，資本金の場合と同様に原則として債権者異議手続が必要であるが（会社449条 1 項本文），減少する準備金の額の全部を資本金とする場合（同条 1 項括弧書），または欠損を塡補するために準備金を減少する場合（同条 1 項但書）にはそれは不要である。

　なお，剰余金の額は資本金の場合と同様にそれを減少して準備金の額を増加すること（剰余金の準備金組入れ）ができ，この場合も株主総会の普通決議で減少する剰余金の額，および準備金の額の増加がその効力を生ずる日について決定しなければならないが（会社451条 1 項・ 2 項），債権者異議手続はとくに必要がない。

7　剰余金の配当等およびその規制

　株主には剰余金の配当を受ける権利があり（会社105条 1 項 1 号），また株式会社はその株主（自己株式を保有する当該株式会社を除く）に対し剰余金の配当をすることができる（会社453条）。剰余金の配当には現物配当も認められる（会社454条 4 項）。

　剰余金は株主への分配可能額を算定する基礎となる数値であり，純資産から資本金および資本準備金を控除した金額であり（会社461条 2 項 1 号，446条），「その他資本剰余金」および「その他利益剰余金」からなる。「その他資本剰余金」は資本準備金以外の資本剰余金のことであり（会社計算76条 4 項），「その他利益剰余金」は利益準備金以外の利益剰余金のことである（同条 5 項）。

　剰余金の配当等には，株主を保護するための手続規制，および会社財産の流

出の危険から会社債権者を保護するための財源規制がなされており，財源規制については剰余金の分配と自己株式の有償取得に横断的になされている。

剰余金の算定方法は，会社法446条の1号から4号までに掲げる額の合計額から，5号から7号に掲げる額の合計額を減じて得た額のことである（会社446条）。要するに剰余金額は貸借対照表上の純資産額から資本金と準備金を引いた額のことであるが，決済日後の剰余金の変動も考慮する必要があるため，正確には次のとおりである。

すなわち，①最終事業年度の末日における資産の額と自己株式の帳簿価額の合計額から負債の額と資本金及び準備金の額の合計額と法務省令で定める額（会社計算149条）を引いた額，②最終事業年度の末日後に自己株式の処分をした場合における自己株式の対価の額から自己株式の帳簿価額を引いた額，③最終事業年度の末日後に資本金の額を減少した場合における当該減少額（準備金組入額を除く），④最終事業年度の末日後に準備金の減少をした場合における減少額（資本組入額を除く）の合計額から，⑤最終事業年度の末日後に自己株式の消却をした場合における自己株式の帳簿価額，⑥最終事業年度の末日後に剰余金の配当をした場合における配当財産の帳簿価額の総額および現物配当の場合の金銭分配請求権を行使した株主に交付した金銭の額の合計額および現物配当の場合の基準未満株主の株主に支払った金銭の額の合計額，⑦法務省令で定める一定額（会社計算150条）の合計額を合計した額を引いた額が剰余金ということになる。

剰余金の分配規制は，会社債権者にとって担保的引当てである会社財産が社外に流出するような場面，具体的には①譲渡制限株式の買取り（会社138条1号ハ・2号ハ参照），②子会社からの自己株式の取得および市場取引・公開買付けによる自己株式の取得（会社156条1項，163条，165条1項参照），③すべての株主に売却機会を与えて行う自己株式の取得（会社157条1項参照），④全部取得条項付種類株式の取得（会社173条1項参照），⑤相続人等への売渡請求に基づく自己株式の買取り（会社176条1項参照），⑥所在不明株主の株式の買取り（会社197条3項参照），⑦端数処理手続における自己株式の買取り（会社234条4項，235条参照），⑧剰余金の配当において横断的に広く適用される（会社461条1項）。

剰余金の分配の財源規制は，剰余金の額を計算した後にそこから加算・減算して算出する分配可能額（会社446条，461条2項）を通じてなされる。すなわち株主に対して交付する金銭等（当該株式会社の株式を除く）の帳簿価額の総額

は当該行為がその効力を生ずる日における分配可能額を超えてはならない（会社461条1項）。

　剰余金の分配可能額は，①剰余金の額，②臨時計算書類につき株主総会の承認（会社441条4項）または取締役会の承認（同条3項）を受けた場合における，その期間の利益の額として法務省令所定（会社則116条14号，会社計算156条）の各勘定科目に計上した額およびその期間内に自己株式を処分した場合における対価の額の合計額から，③自己株式の帳簿価額，④最終事業年度の末日後に自己株式を処分した場合における対価の額，⑤上記②の期間内の損失の額として法務省令所定（会社則116条14号，会社計算157条）の各勘定科目に計上した合計額，⑥法務省令所定（会社則116条14号，会社計算158条）の各勘定科目に計上した額の合計額を合計した額を引いた額ということになる（会社461条2項）。ただし純資産額が300万円未満の場合には，剰余金があってもその分配はできない（会社458条）。

　なお，剰余金を配当する場合，減少する剰余金の額に10分の1を乗じた額を準備金（資本準備金または利益準備金）に計上し積み立てなければならない（会社445条4項，会社計算22条）。そしてその準備金の積立ては資本準備金および利益準備金の合計額が資本金の額の4分の1に達するまで行う必要がある（会社計算22条2項）。

　剰余金分配の手続規制としては，原則として株主総会の普通決議で可能であるが（会社454条1項・5項，309条1項），現物配当の場合で，かつ株主に金銭分配等請求権を与えない場合（会社454条4項，309条2項10号），および特定の者から自己株式を有償取得する場合（会社160条1項，309条2項2号）には株主総会の特別決議が必要である。なお自己株式に対しては配当ができない（会社453条括弧書）。

　ただし，剰余金の分配が取締役会の決議で可能な場合がある。一つは，取締役会設置会社で取締役会の決議により事業年度中に1回限りで中間配当を行うことができる旨を定款で定めている場合である（会社454条5項）。

　もう一つは，会計監査人設置会社かつ監査役設置会社で取締役の任期が1年である場合，または監査等委員会設置会社で監査等委員である取締役以外の取締役の任期が1年である場合，さらに指名委員会等設置会社で剰余金の配当を取締役会決議によって決定できる旨を定款で定めている場合において取締役会が剰余金の配当等を決定する旨の定款を定めている場合である（会社459条1項

1号-3号)。ただしこれらの会計監査人設置会社においては会計監査人の会計監査に無限定適正意見が付されていなければならず，また監査役会設置会社または監査等委員会設置会社においては会計監査人の監査を相当でないとする監査役会・監査等委員の意見がないことが要件となっている（会社計算155条）。

分配可能額を超える剰余金を分配したような財源規制違反の場合，その効力は無効と解するのが通説である。

また，この場合，①当該行為により金銭等の交付を受けた者，②当該行為に関する職務を行った業務執行者（業務執行取締役・指名委員会等設置会社の場合，執行役），③当該業務執行取締役の行う業務の執行に職務上関与した者として法務省令で定めるもの，④剰余金の分配議案を提出した取締役（指名委員会等設置会社の場合，取締役または執行役）は，当該交付受領者が交付を受けた金銭等の帳簿価額に相当する金銭を当該会社に対し支払う義務を連帯して負う（会社462条1項）。この責任は立証責任が転換された過失責任である（会社462条2項）。なお会社債権者を保護するため，行為時の分配可能額を超える部分についてはこの義務は総株主の同意によっても免除できない（会社462条3項）。

この責任を果たした取締役・執行役は剰余金の分配が分配可能額を超えていたことを知っていた悪意の株主に対しては求償できるが，善意の株主はそれに応じる義務はない（会社463条1項）。ただし分配を受けた株主は会社および会社債権者に対しては善意・悪意を問わず返還義務を負うと解されている。

なお，会社債権者は株主に対し，交付を受けた金銭等の帳簿価額（当該額が当該債権者の株式会社に対して有する債権額を超える場合にあっては当該債権額）に相当する金銭を支払わせることができる（会社463条2項）。この規定は債権者代位権（民423条）の特則であるため，当該債権者は株主に対し自己に対して直接支払うよう請求でき，その場合，会社の無資力要件を満たす必要があると解されている。

ところで，株式会社が会社法116条1項または会社法182条の4第1項の規定による反対株主の株式買取請求に応じて株式を取得した場合で当該株主に対して支払った金銭の額が当該支払日における分配可能額を超える場合，当該株式の取得に関する職務を行った業務執行者は，その職務を行うについて注意を怠らなかったことを証明しない限り株式会社に対して連帯してその超過額を支払う義務を負う（会社464条1項）。この支払義務の範囲はあくまで分配可能額の超過額であって，その点，会社法462条の場合とは異なる。なおこの義務は総

株主の同意によって免除が可能である（同条 2 項）。

　なお，期末に欠損が生じた場合も当該業務を執行した取締役・執行役は株式会社に対し連帯してその超過額を支払う義務を負うが，当該業務執行者がその職務を行うについて注意を怠らなかったことを証明した場合はこの限りでない（会社465条 1 項）。またこの義務は総株主の同意があれば免除できる（同条 2 項）。

第6章 株式会社の資金調達

1 資金調達の方法

　株式会社の資金調達（ファイナンス）の方法には，剰余金の配当をせずに会社に内部留保した内部資金を活用する方法と外部資金を調達する方法がある。内部資金は固定資産の減価償却，利益の内部留保，将来発生予定の費用・損失に備える引当金の引当てによって生み出される。外部資金には銀行等金融機関からの借入れ・社債の発行・株式等（株式・新株予約権・新株予約権付社債）の発行および自己株式の処分・取引先からの信用（手形の振出し・コマーシャルペーパーの発行・買掛け・未払金等）がある。

　株式等の発行・自己株式の処分および内部留保によって調達した資金は返済する必要がない資本でありこれを自己資本という。他方，外部資金によって調達した資金は返済しなければならない資本でありこれを他人資本という。また自己資本の調達をエクイティー・ファイナンスといい，他人資本の調達をデット・ファイナンスという。

　不特定多数の投資家からの大量の資金調達には株式等・社債の発行・自己株式の処分が適している。銀行等金融機関からの借入れを間接金融ともいうのに対し，株式等・社債を発行したり自己株式を処分したりして投資家や市場から資金を調達する手段を直接金融ともいう。

　株式を発行すれば，それは貸借対照表上の純資産の部に計上され，株式会社にとって返済する必要のない自己資本を獲得でき，会社にとって一見都合がよい。しかし株式を大量に発行すると既存株主の持株比率が大幅に低下したり既存の大株主が支える現経営者（取締役等）の経営支配権が脆弱なものとなったりしかねない。資金調達には機動性が重要であるため，株式の大量発行が躊躇されるような場合には負債計上を覚悟の上で，また引き受けてもらえるのであ

るならば社債の発行または銀行借入れ等を選択する場合もある。このように株式会社は経営・財務状況に応じて最適な資金調達を確保する必要がありこれを資本政策という。

2　募集株式の発行等

　株式会社が株式を売却することによって資金調達をする場合には，募集株式の発行（新株の発行）と自己株式の処分とがある。この募集株式の発行と自己株式の処分を合わせて募集株式の発行等という（会社199条以下）。自己株式の処分の場合，自己株式を引き受ける者を募集する。

　なお，新株発行には資金調達を伴わない特殊の株式発行もあり，それには株式分割・株式無償割当て・吸収合併・吸収分割・株式交換に伴う新株発行がある。

(1)　授権資本制度

　公開会社の場合，授権資本制度が採用されており，株式会社設立時は定款に定められた発行可能株式総数の4分の1以上が発行されていればよく（4分の1ルール，会社37条3項本文），会社成立後に取締役会決議で機動的に新株発行をすることができるが（会社201条1項，199条2項），株主総会の特別決議による定款変更をしない限り（会社113条3項1号，466条，309条2項11号），あらかじめ定款に定められた発行可能株式総数の枠内でしか発行することができない（会社37条1項，98条，113条1項）。

　さらに，公開会社において定款を変更して発行可能株式総数の枠を広げる場合であっても，発行済株式総数の4倍を超えることはできない（4倍ルール，会社37条3項，113条3項1号）。これは新株発行による既存株主の持株比率の低下（株式の希薄化）にある程度，歯止めをかけるための措置である。

　ただし，設立しようとする株式会社が非公開会社の場合，4分の1ルールの適用はなく（会社37条3項但書），また非公開会社が定款を変更して発行可能株式総数の枠を広げようとする場合には4倍ルールの適用もない（会社113条3項1号参照）。しかし非公開会社が定款を変更して公開会社となる場合には4倍ルールが適用される（会社113条3項2号）。

(2) 募集株式の発行等の方法

　募集株式の発行等（新株の発行・自己株式の処分）の募集（申込みの勧誘）方法には，①株主割当て，②公募，③第三者割当てがある。

　①株主割当ては，既存の株主に対してその持株比率に応じて（比例して）募集株式の割当てを受ける権利を与えた上で募集をするものである（会社202条）。株主割当てにおいては既存株主はそれに応募しさえすれば持株比率の低下を免れるため既存株主にもっとも配慮した方法であるといえる。しかし募集株式の発行等を行う会社にとって株主割当ては，募集対象が既存株主に限られるため，また株主全員が応募するとは限らないため大規模かつ確実な資金調達には不向きである。

　②公募は，既存の株主に対してはもちろん不特定多数の投資家に対しても幅広く募集を行うものである。公募には既存の株主も応募できるが既存株主以外の投資家とも競争になる場合があり，また応募者が多ければ申し込んだ株数に応じた比例配分となる可能性があるため既存株主の持株比率は必ずしも維持されるわけではない。

　③第三者割当ては，既存株主の持株比率に配慮することなしに特定の既存株主または特定の第三者に対して募集株式の割当てを受ける権利を与えるものである。また第三者割当ては割当てを行う会社にとって緊急の資金需要がある場合に機動的な資金調達が可能である点において，また他の会社との資本提携戦略上，有利であるといえるが，既存株主には持株比率の低下（株式の希薄化）をもたらし，公開会社の場合，取締役会の決議だけで支配株主の異動（支配権の変動）すら生じ，企業買収に対する不公正な防衛手段として利用される可能性もある。さらに第三者にとくに有利な価格で発行がなされる場合（有利発行），一株当たりの株式の価値も低下することになるため，会社法は既存株主を保護するための規制を行っている。

　なお，東京証券取引所も2009（平成21）年に有価証券上場規程を改定し，上場会社が第三者割当てを行う場合で希薄化率が300％を超える場合は上場廃止とし（東証有価証券上場規程601条１項17号，同施行規則601条13項６号），希薄化率が25％以上の場合，またはそれによって支配株主が異動する見込みがある場合には緊急性が極めて高い場合を除き経営者から一定程度独立した者による当該割当の必要性および相当性に関する意見を入手するか，または当該割当てに

かかる株主総会決議等による株主の意思確認手続を経なければならないとしている（東証有価証券上場規程432条，同施行規則435の2）。

(3)　募集株式の発行等の手続

　募集株式の発行等（新株の発行・自己株式の処分）の手続としては，まず募集事項の決定がある。この募集事項には①募集株式の数・②募集株式の払込金額またはその算定方法・③現物財産を出資の目的とする場合のその旨ならびに当該財産の内容および価額・④募集株式と引換えにする金銭の払込または現物財産の給付の期日またはその期間・⑤株式を発行するときは増加する資本金および資本準備金に関する事項がある（会社199条1項）。

　この募集事項の決定には，株主の持株比率維持の要請が強い非公開会社の場合，株主総会の特別決議が必要であるが（会社199条2項，309条2項5号），これには例外が二つある。一つは株主総会の特別決議で取締役（取締役会設置会社では取締役会）に委任することができるというものである（会社200条1項前段）。この場合，その委任に基づいて募集事項の決定をすることができる募集株式の数の上限および払込金額の下限を定めなければならず（会社200条後段），また当該決議の日から1年以内の募集についてのみ効力を有する（同条3項）。もう一つは株主に株式の割当てを受ける権利を与える場合で定款の定めがある場合，取締役の決定（取締役会の決議）で定めることができるというものである（会社202条3項1号・2号）。

　公開会社の場合の募集事項の決定は，発行可能株式総数（授権資本枠）の範囲内であるならば取締役会の決議でよい（会社201条1項，202条3項3号）。これは資金調達の機動性に配慮するためである。ただし第三者に対してとくに有利な価額で募集株式を発行または自己株式を処分する場合（有利発行），公開会社であっても株主総会の特別決議が必要でありこの場合，取締役は株主総会において有利発行による募集が必要な理由を説明しなければならない（会社199条2項，309条2項5号，201条1項，199条3項）。

　公開会社の場合，取締役会の決議によって募集事項を定めたときは，募集株式と引換えにする金銭の払込みまたは現物財産の給付の期日またはその期間の初日の2週間前までに株主に対し当該募集事項の通知または公告をしなければならない（会社201条3項・4項）。ただし金融商品取引法に基づく有価証券届出書等をその払込・給付期日の2週間前までに届け出ている場合にはこの通

知・公告は不要である（会社201条5項，会社則40条）。

　募集事項の決定後，株式会社は募集に応じて募集株式の引受けの申込みをしようとする者に対し募集事項を通知するか目論見書（金商2条10項）を交付しなければならない（会社203条1項・4項）。

　それを受けて，募集株式の引受けの申込者は，①氏名・名称および住所，②引き受けようとする募集株式の数を記載した書面または電磁的記録を株式会社に交付・提供して申込みを行わなければならない（会社203条2項・3項）。

　次に，株式会社は申込者の中から募集株式の割当てを受ける者を定め，かつその者に割り当てる募集株式の数を定めて割当てを行わなければならない（会社204条1項）。株式会社は募集株式を原則として誰に何株割り当てようが自由である。これを割当自由の原則という。

　割当てについて決定した株式会社は，払込期日の前日または払込期間の初日の前日までに引受申込者に対し当該申込者に割り当てる募集株式の数を通知しなければならない（会社204条3項）。この通知が申込みに対する承諾となり株式引受契約が成立し申込者は募集株式の引受人となる（会社206条1号）。

　なお，募集株式の総数を第三者割当てにより，たとえば証券会社がまず一括して引受け（総数引受契約），その後それを公衆（投資家）に売り出すような場合には募集株式の引受申込みおよび割当てに関する規定（会社203条，204条）は適用されない（会社205条）。

　ところで，募集株式が譲渡制限株式である場合，募集株式の割り当てを受ける者を定め，かつその者に割り当てる募集株式の数を定めるためには，定款に別段の定めがない限り株主総会の特別決議（取締役会設置会社では取締役会の決議）によらなければならないが（会社204条1項，209条2項5号），2014（平成26）年会社法改正前は募集株式につき総数引受契約を締結する場合には会社法204条を適用しなかったため（会社205条1項），株主総会（取締役会）の決議は不要とされていた。しかし2014年の改正により，定款に別段の定めがない限り株主総会の特別決議（取締役会の決議）によって当該契約の承認を受けなければならないこととなった（会社205条2項，309条2項5号）。ちなみに譲渡制限新株予約権を募集する場合でも同様の改正がなされている（244条3項，309条2項6号）。

　ところで，募集株式の引受けの申込みおよび割当てならびに総数引受契約にかかる意思表示には，法的安定性のため心裡留保（民93条但書）・通謀虚偽表示

（民94条 1 項）の無効についての規定は適用されない（会社211条 1 項）。

　出資の履行に関しては，募集株式の引受人は支払期日または支払期間内に金銭出資の場合，株式会社が定めた銀行等の払込みの取扱いの場所においてそれぞれの株式の払込金額の全額を払い込まなければならず（会社208条 1 項），また現物出資の場合，それぞれの募集株式の払込金額の全額に相当する現物出資財産を給付しなければならない（同条 2 項）。この場合，払込みまたは給付（出資の履行）をする債務と募集株式の引受人の株式会社に対する債権とを相殺することはできない（同条 3 項）。

　募集株式の引受人は出資の履行をしなければ募集株式の株主となる権利を失うが（会社208条 5 項），出資の履行をすれば払込期日または払込期間を定めた場合は払込日に，現物出資の場合は給付日に株主となる（会社209条）。

　なお，株主となった日から 1 年を経過後またはその株式についての権利行使後は錯誤（民95条本文），詐欺・強迫（民96条 1 項）を理由として募集株式の引受けの取消しをすることはできない（会社211条 2 項）。

(4)　支配株主の異動を伴う募集株式の発行等

　2014（平成26）年会社法改正以前から公開会社の場合，有利発行でなければ募集事項の決定は取締役会の決議だけで行うことができるが（会社201条 1 項），2014年の改正により支配株主の異動を伴う募集株式の割当て等については特則が新たに設けられた。

　すなわち，公開会社は募集株式の引受人につき当該引受人（その子会社等を含む）がその引き受けた募集株式の株主となった場合に有することとなる議決権の数の，当該募集株式の引受人の全員がその引き受けた募集株式の株主となった場合における総株主の議決権の数に対する割合が 2 分の 1 を超える場合には，募集株式と引換えにする金銭の払込みまたは財産の給付の期日またはその期間の初日（会社199条 1 項 4 号）の 2 週間前までに株主に対し当該引受人（特定引受人）の氏名または名称および住所・その引き受けた募集株式の株主となった場合に有することとなる議決権の数および当該引受人の子会社等が有することとなる議決権の数・その他の法務省令で定める事項を通知または公告しなければならない（会社206条の 2 第 1 項本文）。

　さらに，総株主（株主総会において議決権を行使することができない株主を除く）の議決権の10分の 1 （これを下回る割合を定款で定めた場合はその割合）以上

の議決権を有する株主が当該通知または公告の日から2週間以内に，特定引受人（その子会社等を含む）による支配株主の出現をもたらす募集株式の引受けに反対する旨を公開会社に対し通知したときは，当該公開会社は当該特定引受人に対する募集株式の割当て・当該引受人との間の総数引受契約について株主総会の普通決議による承認を受けなければならない（会社206条の2第4項・5項）。ただし当該公開会社の財産の状況が著しく悪化している場合において当該公開会社の事業の継続のため緊急の必要があるときは，株主総会の決議による承認は不要である（会社206条の2第4項但書）。

なお，公開会社においては募集新株予約権の発行等についても同様の特則がある（会社244条の2）。

(5) 募集株式の有利発行

募集株式を引き受ける場合の払込金額（払い込む金銭または給付する金銭以外の財産の額）が募集株式の引受人にとってとくに有利な金額（払込金額とすべき公正な価額と比較してとくに低い価額）であるならば，他の株主は一株当たりの価値の希薄化が生じることによって経済的不利益を受けることになるので非公開会社であろうと公開会社であろうと株主総会の特別決議による株主間の利益調整が必要となることは前述の通りである（会社309条2項5号，199条2項，201条1項，199条3項）。

そこで，とくに有利かどうかの判断基準として市場価格があればそれを参考にした上で，まず払込金額が公正な価額からどれぐらいディスカウントされていればとくに有利な価額となるか，またそもそも公正な価額とは何か，さらに株価が急激に変動しているような場合において公正な価額をどのように算定すべきかが問題となる。

日本証券業協会の自主ルール「第三者割当増資の取扱いに関する指針」によれば，払込金額は当該第三者割当増資等にかかる取締役会決議の直前日の価額に0.9を乗じた額以上の価額でなければならず，ただし株価の急激な変動等により取締役会決議の直前日の価額が算出できない場合などやむを得ない事情がある場合については直近日または直近日までの価額または売買高の状況等を勘案し，当該決議の日から払込金額を決定するために適当な期間（最長6か月）を遡った日から当該決議の直前日までの間の平均の価額に0.9を乗じた額以上の価額とすることができるとしている。これを参考にすれば，直近の価額また

は一定期間における平均価額を公正な価額とし，それを下回ればとくに有利な価額ということになろう。

　次に公正な価額について判例は，払込金額決定前の当該会社の株価・その騰落習性・売買出来高の実績・会社の資産状態・収益状態・配当状況・発行済株式数・新たに発行される株式数・株式市況の動向・これから予測される新株の消化可能性等の諸事情を総合し旧株主の利益と会社が有利な資本調達を実現するという利益との調和の中に求められるべきとしている（最判昭50・4・8民集29・4・350）。

　また，株価が急激に変動している場合の公正な価額の算定方法について忠実屋・いなげや事件決定は，株価の高騰が相当長期間続いている場合にはその原因が大量取得にあるとしてもその価格を公正な価額の算定基礎から排除することは許されないとしている（東京地決平元・7・25判時1317・28）。

　他方，タクマ事件判決において裁判所は，会社の株式が不当な目的をもった大量買占めのため市場において極めて異常な程度にまで投機の対象とされ，その市場価額が企業の客観的価値よりはるかに高騰し，かつそれが不当な買占めの影響を受ける期間の現象に止まるような極めて例外的な場合においては，その払込金額決定直前の市場価額を新株発行における公正な価額算定の基礎から排除することが許されるとしている（大阪地判平2・5・2金判849・9）。

　なお，非上場会社において自己株式の処分が行われた場合の価額の算定について，規制の趣旨・目的を踏まえつつ処分が行われた経緯・目的・数量・会社の財務状況等の諸般の事情を考慮して判断すべきとし，当該自己株式処分における公正な価格を当該会社による取得時における取得価格と同額とした裁判例がある（東京高判平25・1・30判タ1394・281）。

　また，非上場会社が株主以外の者に新株を発行する場合において客観的資料に基づく一応合理的な算定方法によって発行価額が決定されていたといえる場合には，当該発行価額は特別の事情のない限りとくに有利な金額には当たらないとする判例がある（最判平27・2・19民集69・1・51）。

(6)　募集株式引受人による現物出資

　募集株式の引受人が金銭以外の財産等（動産・不動産または特許権・商標権等の無体財産権）の現物出資をする場合，会社設立時のそれとは異なり相対的記載事項として定款に記載すべき規定はない（会社199条，201条，28条参照）。

　しかしこの場合，会社設立時と同様に原則として検査役の調査が必要であるが（会社207条1項-8項），①引受人に割り当てる株式の総数が発行済株式総数の10分の1を超えない場合，②現物出資財産の価額が500万円を超えないような少額である場合，③市場価格のある有価証券が出資の目的である場合，④価額が相当であることについて弁護士等専門家の証明を受けた場合，⑤会社に対する金銭債権が現物出資財産であってその金銭債権について定められた出資価額（会社199条1項3号）が当該金銭債権の負債の帳簿価額を超えない場合には，当該現物出資財産について検査役の調査は不要である（会社207条9項）。

　このように，債務超過会社に対する金銭債権の現物出資が明文で認められていることから会社の債務を株式に振り替えること（債務の株式化）が可能である。これをデット・エクイティ・スワップ（DES）という。募集株式の引受人は払込みまたは給付をする債務と株式会社に対する債権とを相殺することはできないが（会社208条3項），反対解釈によれば会社の側からは相殺を主張できるからである。

　業績の悪化した会社を再建するため DES を行う際，一定の場合に検査役の調査を免除としているのはそれに要する費用負担を考慮してのことである。

(7)　募集株式発行等の差止め

　募集株式の発行等（新株の発行・自己株式の処分）が法令・定款に違反する場合（会社210条1号），または著しく不公正な方法により行われる場合（不公正発行，会社210条2号），これにより不利益を受けるおそれのある株主は当該募集株式の発行の差止めを請求できる。これは事前の救済手段である。実務では同時にこの募集株式発行等の差止請求権を被保全権利とする差止めの仮処分申請もなされることが多い（民保23条2項）。

　公開会社の場合，株主は募集株式と引換えにする払込・給付の期日（期間の初日）の2週間前に通知・公告（金商法上の目論見書が交付されている場合は不要）される募集事項を通じて差止請求の機会が確保される（会社201条3項-5項，会社則40条）。

　この差止請求権は，取締役の違法行為差止請求権（会社360条）と類似しているが，要件が異なる。募集株式発行等差止請求権の要件は株主が不利益を受けるおそれであり，取締役の違法行為差止請求権の要件は会社に回復しがたい損害または著しい損害が生じるおそれである。つまり前者は株主の利益保護が，

後者は会社の利益保護がその目的である。

　募集株式発行等の差止事由としての法令・定款違反の場合とは，たとえば①取締役会決議・株主総会決議等の手続の欠缺（201条1項，199条2項・3項），②募集事項の公示の欠缺（会社201条3項-5項），③発行条件が募集ごとに均等でないこと（会社199条5項），④現物出資の手続の欠缺（会社207条），⑤定款に記載されている発行可能株式総数における授権資本枠を超えた発行（会社37条1項，113条1項），⑥定款に定めのない種類株式の発行（会社108条2項）等が考えられる。

　また，「著しく不公正な方法」とは不当な目的を達成する手段として募集株式の発行等を利用するような場合で，たとえば会社の支配権に争いがある場合において具体的な資金需要がないにもかかわらず特定株主の持株比率を低下させ現経営陣の経営支配権を維持・強化する目的で第三者割当てを行う場合等がある。

　授権資本の枠内で機動的資金調達をするために新株の発行等をし第三者に自由に割り当てる決定は取締役会に付与された裁量権ではあるが，現経営陣の支配権維持・強化目的によりその権限が濫用されることがあってはならない。そもそも取締役の選任決議権は株主総会にあり，取締役の過半数を選任して経営支配権を争奪するのは本来，株主に分配されている機関権限のはずである。著しく不公正な方法による募集株式の発行および第三者割当てはこのような機関権限分配秩序の観点からも問題視されている。

　ところで，不公正発行の差止事由に関する司法審査基準には主要目的ルールがあり裁判例・判例が集積されつつある。この主要目的ルールは後述の新株予約権発行の差止請求事例においても適用される。

　まず主要目的ルールについて，不当な目的を達成するため新株を発行する場合というためには少なくとも取締役が新株発行を行うに至った種々の動機のうち不当な目的を達成するという動機が他の動機よりも優越しそれが主要な主観的要素であると認められる場合をいうとする裁判例がある（大阪地堺支判昭48・11・29判時731・85）。

　また，忠実屋・いなげや事件決定において裁判所は，株式会社においてその支配権につき争いがある場合に従来の株主の持株比率に重大な影響を及ぼすような数の新株が発行されそれが第三者に割り当てられる場合，その新株発行が特定の株主の持株比率を低下させ現経営者の支配権を維持することを主要な目

的としてされたものであるときは，その新株発行は不公正発行に当たるという
べきであり，また新株発行の主要な目的が右のところにあるとはいえない場合
であってもその新株発行により特定の株主の持株比率が著しく低下されること
を認識しつつ新株発行がされた場合はその新株発行を正当化させるだけの合理
的な理由がない限りその新株発行もまた不公正発行に当たるとした（東京地決
平元・7・25判時1317・28）。

これら二つの裁判例において，前者は支配権維持目的が資金調達目的に優越
していることの疎明責任が債権者にあるとしているのに対し，後者は当該新株
発行を正当化させる合理的理由についての立証責任を取締役に転換させている。

その後の裁判例には，会社に資金調達の必要性があったとさえ認定されれば，
取締役会の判断を尊重する傾向があった。たとえばベルシステム24事件決定に
おいて裁判所は，経営陣の一部が当該筆頭株主の持株比率を低下させて自らの
支配権を維持する意図を有していたとしても新株引受先の企業グループとの業
務提携という事業計画のために新株発行による資金調達の必要性があり当該事
業計画にも合理性が認められることから支配権の維持が新株発行の唯一の動機
であったとは認め難く，会社の発展や業績の向上という正当な意図に優越する
ものであったとまでは認め難いとした（東京高決平16・8・4金判1201・4）。

ところが，クオンツ事件決定において裁判所は，とにかく資金調達の必要性
がありさえすれば支配権維持が主要な目的であることを否定してきた裁判例の
傾向に警鐘を鳴らした（東京地決平20・6・23金判1296・10）。本裁判所は，現
経営者の支配権維持の目的による新株発行を窺わせる客観的諸事情がある場合
には他にこれを合理化できる特段の事情がない限り支配権の維持を主要な目的
としてなされたものであると推認できるとし，資金調達の一般的な必要性を認
めながらも資金の使途や調達方法の合理性に踏み込んで判断し，支配権の維持
が主要目的であると認定した。

しかし，支配権をめぐる争いがある状況で行われた新株発行であっても現実
に資金調達の必要性があり調達の金額も不相当とはいえず，新株の割当先の選
択も合理的であり，新株の発行によって既存株主の持株比率に重大な影響を及
ぼすこともない場合，現経営者の支配権維持という動機が存在したとしても
それが主要な目的であったとまでは認められないとして著しく不公正な発行では
ないとしたものがある（東京高決平21・12・1金判1338・40）。

また，従業員持株会を割当先とした場合において，経営支配権に争いがある

中で特定株主の持株比率の低下と経営支配権の維持強化の目的が否定できないような状況において日本版 ESOP 導入の名目で従業員持株会に第三者割当増資をしても不公正発行には当たらないとした裁判例もある（東京高決平24・7・12金商1400・45）。

　さらに，経営陣と特別決議を否決できる数の議決権を有する創業家大株主との間で支配権争いがあった中で行われた公募による新株発行には客観的な資金調達の目的があり，また取締役に反対する株主の支配権を減弱させる確実性は弱いため著しく不公正な方法により行われたとはいえないとしたものもある（東京高決平29・7・19金判1532・57）。

(8)　募集株式発行等の無効の訴え・新株発行等の不存在確認の訴え

　募集株式発行等の差止請求は事前の救済方法であるが，事後的救済方法として募集株式発行等の無効の訴え・新株発行等不存在確認の訴え制度がある。

　募集株式が発行等されてしまった後にその効力を否定することは取引の相手方を含む第三者に広範囲に影響を与え法的安定性を害することになるため，会社法は誰でもいつでもどのような方法でもそのような主張をし得るとする法の一般原則の適用を制限している。すなわち募集株式発行等の無効主張は訴えの方法（募集株式発行等無効の訴え）によらなければならず（会社828条1項，829条），提訴期間は効力発生日から6か月以内（非公開会社は1年以内）であり（会社828条1項2号・3号），提訴権者は株主・取締役・監査役・執行役・清算人に限られ（会社828条2項），無効判決の効力には対世効および将来効がある（会社838条，839条）。

　さらに，募集株式発行等の無効原因も解釈上狭く解されており，たとえば募集株式の発行等が有効な取締役会の決議を経ないでなされた場合でも（最判昭36・3・31民集15・3・645），また招集通知を欠いて開催された取締役会決議により著しく不公正な方法で発行された場合でも（最判平6・7・14判時1512・178），さらには第三者に対するとくに有利な発行において株主総会の特別決議を経ていない場合ですら（最判昭46・7・16判時641・97），募集株式発行等手続の瑕疵であるにもかかわらず取引の安全確保の観点から無効とはならないと解されている。これには機関権限分配秩序の関点から問題がある。

　他方，新株発行差止請求訴訟を本案とする新株発行差止めの仮処分命令があるにもかかわらずその仮処分命令に違反して新株発行がされた場合には，新株

発行無効の訴えの無効事由になるとされている（最判平5・12・16民集47・10・5423）。

　なお，新株発行等の事実に争いがある場合，新株発行等不存在確認の訴えが法定されている（会社829条）。この新株発行等には株式会社の成立後における株式の発行および自己株式の処分を合わせた募集株式等の概念に加え，新株予約権の発行（同条3号）がある。新株発行等不存在確認の訴えには提訴期間・提訴権者の定めはとくにないが，判決の効力として対世効は認められる（会社838条）。

(9)　仮装の払込みによる募集株式の発行等

　前述のとおり，2014（平成26）年改正会社法により，仮装の払込みによる募集株式の発行等についても仮装の払込みを行った引受人は払込金額の全額の支払義務（現物出資財産の場合はその給付義務等）を負い（会社213条の2），仮装の払込みに関与した取締役または執行役も無過失を立証しない限り仮装した支払金額等につき連帯して支払義務を負うこととなった（会社213条の3）。

3　新株予約権の発行

(1)　新株予約権の意義

　新株予約権とは，この権利を株式会社に対して行使することにより株式会社から新株または自己株式の交付を受けることができる権利のことである（会社2条21号）。新株予約権はあくまでも権利（オプション）であることからそれを実際に行使せずに放棄することもでき，また株式を購入する権利であることからいわゆるコールオプションでもある。

　新株予約権にはあらかじめ一定の権利行使期間と一定の権利行使価格が定められており，権利行使期間内に当該株式の市場価格が権利行使価格を上回れば権利行使価格を株式会社に払い込むことにより市場価格よりも安い価格で当該株式を取得することができる。

　新株予約権は株価がある一定の価格以上になればその権利を行使して時価より安い価格で新株を購入できる権利であり，それ自体，経済的価値を有しているため有償で発行されるが，無償で発行されることもある。しかしいずれにせ

よ新株予約権を行使する際には一定の出資を伴う。

　新株予約権はもともと旧商法下では社債との組み合わせによって新株予約権付社債（新株引受権付社債）として存在していたがその後，取締役や従業員の業績連動型報酬（インセンティブ報酬）としてのストックオプション制度の枠組みでも用いられるようになり，また近時は既存の株主・取締役・従業員に対してはもちろん誰に対しても発行可能な新しい制度として整備され，資金調達や業務提携等にも活用されるようになった。

　さらに，新株予約権は経営支配権の異動や敵対的企業買収の防衛手段にも利用されることになり，支配の公正を害する不公正発行や株式の希薄化に伴い株価の暴落を招くなど深刻な社会問題も引き起こしている。

　とりわけ，権利行使価格に修正条項が付いた新株予約権の発行とともに空売りを仕掛け，株価が下がると今度は株式を併合していったん株価を吊り上げ，再度そこからスパイラル的に行使価格を下方修正していくというような極めて悪質な手法も見られた。その後，MSSO（行使価格修正条項付新株予約権・MSワラント）も考案された。これにも権利行使価格修正条項が付いているため株価が下がると行使価格も下方修正されるが，それにリセット条項を付ければある一定の価格まで株価が下がると逆に行使価格が元に戻るという仕組みになっており，また行使価格が上方修正されることはあっても下方修正されることはないとするコミットメント条項も付けることもでき，これらは株価を下げようとするなんらかのバイアスを抑制することから既存株主にある程度配慮したものであるとはいえる。

(2)　募集新株予約権の発行手続

　募集新株予約権の発行手続は募集新株の発行等の手続と類似している（会社238条-240条）。ただし募集新株の発行等には新株の発行と自己株式の処分の両方が含まれているのに対し，募集新株予約権には自己新株予約権は含まれていないことに注意が必要である。

　募集新株予約権の発行の場合も，まず募集事項を決定しなければならない。公募または第三者割当てによる募集新株予約権の募集事項には，①募集新株予約権の内容および数，②募集新株予約権と引換えに金銭の払込みを要しないものとする場合にはその旨，③募集新株予約権の払込金額またはその算定方法，④募集新株予約権の割当日，⑤募集新株予約権と引換えにする金銭の払込期日，

⑥募集新株予約権が新株予約権付社債に付されたものである場合の募集社債に
関する事項（会社676条），⑦募集新株予約権が新株予約権付社債に付された募
集新株予約権についての新株予約権買取請求権（会社118条1項，777条1項，
787条1項，808条1項）がある（会社238条1項各号）。

　これに対し株主割当てによる募集新株予約権の募集事項には，⑧株主に対し，
株主が申し込みをすることにより募集新株予約権の割当てを受ける権利を与え
る旨，⑨募集新株予約権の引受けの申込みの期日が追加される（会社241条1項，
3項3号）。

　募集事項は募集新株予約権の募集ごとに均等に定めなければならない（会社
238条5項）。また公開会社の場合，募集新株予約権の割当日の2週間前までに
株主に対し募集事項を通知または公告（金商法上の目論見書が交付されている場
合は不要）しなければならない（会社240条2項-4項，会社則53条）。

　募集事項の決定方法として非公開会社の場合，株主総会の特別決議で決定し
なければならない（会社238条2項，309条2項6号）。ただし株主総会の特別決
議で①募集新株予約権の内容および数の上限，②募集新株予約権につき金銭の
払込みを要しないこととする場合はその旨，③募集新株予約権の払込金額の下
限を定めれば，募集事項の決定を取締役（取締役会設置会社では取締役会）に委
任することができる（会社239条1項・3項，309条2項6号）。

　もっとも，募集新株予約権を第三者にとくに有利な条件（募集新株予約権の
取得に金銭の払込みを要しないこととする無償発行がとくに有利な条件であるとき
（会社238条3項1号）またはとくに有利な払込金額（同条3項2号）で発行（有利
発行）する場合）はやはり株主総会の特別決議が必要であり（会社239条1項・
2項，309条2項6号），しかも取締役は株主総会で有利発行の理由を説明しな
ければならない（会社238条3項）。

　公開会社の場合の募集新株予約権の募集事項は有利発行に当たる場合を除き
原則として取締役会で決定しなければならない（会社240条，238条）。しかしと
くに有利な条件・払込金額で募集新株予約権を発行する場合（有利発行），株
主総会の特別決議が必要である（会社309条2項6号，238条2項，240条1項，
238条3項）。また株主割当て以外の場合，取締役が株主総会でその払込金額で
募集をすることを必要とする理由の説明が必要である（会社238条3項，240条
1項，241条5項）。

(3)　募集新株予約権の有利発行

　募集新株予約権の場合，なにがとくに有利な価格での発行（有利発行）に当たるかどうかは株式の場合とは異なる。前述のとおり募集株式の場合は直近のまたは一定期間の平均株価の 9 割以下での価額での払込みが有利発行と考えられている。それに対し，募集新株予約権の場合は無償発行であったとしても必ずしも有利発行となるわけではなく，また権利行使をした場合の払込金額がとくに有利であるかは結局，権利行使時の株価に左右される。よってとくに有利であるかどうかは発行時点における新株予約権の合理的な金銭的評価額をブラックショールズモデル，3 項ツリーモデル，2 項格子モデル，モンテカルロシミュレーション等で算出しそれを著しく下回っているかどうかによって評価される。

　取得条項付の募集新株予約権の発行が有利発行に当たるとしたサンテレホン事件決定において裁判所は，取得条項が付いていることによって理論的にオプション価額の算定を引き下げる余地があったとしても取得条項が直ちに行使される可能性がない場合，取得条項がないとして算定された本件新株予約権の価額を大幅に下回って払込金額（オプション価額）を引き下げる合理的な理由を見出すことは困難であるとしている（東京地決平18・6・30金判1247・6）。

　また，権利行使価格の修正条項付新株予約権の発行が有利発行に当たるとしたオープンループ事件決定で裁判所は，会社法が有利発行に株主総会の特別決議を要求しているのは取締役会のみの判断で既存株主に損害を与えることを防止する趣旨であるから「有利発行性を判断する際には取締役会が自由に決定できる裁量の範囲内のもっとも低い金額を」行使価格の基準とすべきであるとした（札幌地決平18・12・13金判1259・14）。

(4)　支配株主の異動を伴う募集新株予約権の発行等

　2014（平成26）年改正会社法では，支配株主の異動を伴う募集株式の発行等と同様の規制が募集新株予約権の発行等についてもなされている。すなわち公開会社の特則として，①募集新株予約権にかかる引受人およびその子会社等がその引受けた募集新株予約権にかかる交付株式の株主となった場合に有することとなる議決権数のうち最も多い議決権の数が総株主の議決権の数のうち最も多い数の 2 分の 1 を超えるような引受人（特定引受人）が生じる場合には割当

日の2週間前までに株主に対し当該特定引受人の氏名または名称および住所，当該引受人がその引受けた募集新株予約権にかかる交付株式の株主となった場合に有することとなる議決権数のうち最も多い数および当該引受人の子会社等が有する議決権の数に関する事項等を通知または公告しなければならないとし（会社244条の2第1項），さらに②総株主（株主総会において議決権を行使することができない株主を除く）の議決権の10分の1以上の議決権を有する株主が当該通知の日または公告の日から2週間以内に特定引受人による募集株式の引受けに反対する旨を公開会社に対し通知したときは当該公開会社は株主総会の普通決議による承認を必要とするとしている（同条5項本文・6項）。

ただし，当該公開会社の財産の状況が著しく悪化している場合において，当該公開会社の存立を維持するため緊急の必要があるときは，株主総会の決議による承認は不要とされている（同条5項但書）。

(5) 新株予約権の無償割当て（ライツ・オファリング）

株式会社は株主または種類株主に対して新たに払込みをさせないで無償で新株予約権を割り当てることができ（会社277条），これを新株予約権の無償割当てという。この無償割当ては定款に別段の定めがある場合を除き株主総会（取締役会設置会社では取締役会）の決議により新株予約権無償割当てに関する事項を決定することによってなされる（会社278条3項）。

ところで，株主全員に新株予約権の無償割当てをすることによる増資手法をライツ・オファリング（ライツ・イシュー）という。これを割当てられた株主は権利を行使することによって持株比率の希薄化を回避でき，また市場で当該新株予約権を売却することによって追加出資の負担を回避することもできる。

2014（平成26）年改正会社法では新株予約権無償割当てに関する割当通知の交付時期が見直され，手続期間の短縮（最短でおよそ2か月半からおよそ1か月半へ）が図られた。効力発生日から新株予約権の権利行使期間の開始日までの期間が長ければ発行会社・引受証券会社・株主が株価変動リスクに晒されるからである。同改正法は新株予約権無償割当てにおける割当通知の交付時期について，株式会社は新株予約権無償割当ての効力発生日後遅滞なく，かつ新株予約権の行使期間の末日の2週間前までに株主（種類株主）およびその登録株式質権者に対し当該株主が割当てを受けた新株予約権の内容および数を通知しなければならないとした（会社279条2項・3項）。

(6)　新株予約権の譲渡・自己新株予約権の取得および消却

　新株予約権の譲渡は原則として自由であるが（会社254条1項），新株予約権の内容として株式会社の承認を求める譲渡制限を付加することもできる（会社236条1項6号）。新株予約権付社債に付された新株予約権については，その社債が消滅しない限り新株予約権のみを譲渡することはできない（会社254条2項）。

　新株予約権は意思表示で譲渡できるが，証券発行新株予約権の譲渡は新株予約権証券を交付しなければその効力を生じない（会社255条1項）。新株予約権譲渡の株式会社または第三者に対する対抗要件を具備するためにはその新株予約権を取得した者の氏名または名称および住所を新株予約権原簿に記載し，または記録しなければならない（会社257条1項）。記名式の新株予約権証券の場合，新株予約権原簿への記載・記録は株式会社に対してしか対抗できない（同条2項）。無記名新株予約権の場合，証券の占有が株式会社または第三者に対する対抗要件となる（同条3項）。

　株式会社は一定の事由が生じたことを条件として新株予約権を取得することができ（会社236条1項7号），これを取得条項付新株予約権という（会社273条1項）。また，この場合に株式会社が取得した新株予約権を自己新株予約権という。

　自己新株予約権は取締役会設置会社の場合，取締役会の決議で消却する自己新株予約権の内容および数を定めておけば株式会社はこれを消却でき（会社276条1項），またそのまま保有し続けてもかまわない。もっとも資本の空洞化を防ぐため株式会社は自己新株予約権を行使することはできない（会社280条6項）。

(7)　新株予約権の行使

　新株予約権を行使するには株式会社に対して意思表示をし（証券発行新株予約権等の場合は提示も必要。会社280条2項-5項），行使価額の全額を払い込むか（会社281条1項），現物財産を給付しなければならない（同条2項）。現物財産を給付する場合，検査役の調査が必要となる（会社284条）。新株予約権を行使すれば株式会社から新株の発行または自己株式の移転を受けることができる。

(8)　募集新株予約権が譲渡制限新株予約権である場合の総数引受契約

　募集新株予約権を引き受けようとする者がその総数の引受けを行う契約を締結する場合（会社244条1項）であって当該募集新株予約権が譲渡制限新株予約権であるとき等についても，2014（平成26）年改正会社法によって募集株式が譲渡制限株式である場合等の総数引受契約と同様の規律が設けられ，株式会社は定款に別段の定めがない限り株主総会の特別決議（取締役会設置会社では取締役会の決議）によって当該契約の承認を受けなければならないこととなった（会社244条3項）。

(9)　募集新株予約権発行の差止め

　募集新株予約権の発行は募集株式の発行の場合と同様，法令・定款違反または著しく不公正な方法による発行であり，かつ株主が不利益を受けるおそれがあるときは事前の救済手段として株主は差止請求ができる（会社247条）。株主は割当日の2週間前までに通知・公告（金商法に基づく目論見書が交付されている場合は不要）される募集事項を通じて（会社240条2項-4項，会社則53条）差止請求の機会が確保される。たとえば有利発行であるにもかかわらず株主総会の特別決議で承認がなされていなければ法令違反となり（会社240条1項，238条2項，309条2項6号，238条3項），その発行が差し止められ得る。

　著しく不公正な発行であるかどうかについては募集株式発行の場合，主要目的ルールによって不当な目的と資金調達目的との優劣を比較して判断する傾向にあるが，募集新株予約権発行の場合，その発行目的が多様であり資金調達の必要性が明確でない場合も少なくない。

　まず，募集新株予約権の発行が法令・定款違反には当たらないとしたものに，ブルドックソース事件許可抗告審決定（最決平19・8・7民集61・5・2215）がある。本件において最高裁は，特定の株主による経営支配権の取得に伴い会社の存立，発展が阻害されるおそれが生ずるなど会社の利益ひいては株主の共同の利益が害されることになるような場合には，その防止のために当該株主を差別的に取り扱ったとしても当該取扱いが衡平の理念に反し相当性を欠くものでない限り，これを直ちに株主平等原則の趣旨に反するものということはできず，会社の利益ひいては株主の共同の利益が害されることになるか否かについては最終的には会社の利益の帰属主体である株主自身により判断されるべきもので

あるところ，株主総会の手続が適正を欠くものであったとか判断の前提とされた事実が実際には存在していないか虚偽であったなど判断の正当性を失わせるような重大な瑕疵が存在しない限り当該判断が尊重されるべきであると判示している。

　その上で最高裁は，株式会社が特定の株主による株式の公開買付けに対抗して当該株主の持株比率を低下させるためにする新株予約権の無償割当ては株主総会において相手方の企業価値の毀損を防ぎ株主の共同の利益の侵害を防ぐためには多額の支出をしてもこれを採用する必要があると判断されて行われたものであり，緊急の事態に対処するための措置であること，抗告人関係者に割り当てられた本件新株予約権に対してはその価値に見合う対価が支払われることも考慮すれば著しく不公正な方法ではないとした。

　それに対して，ライブドア対ニッポン放送事件抗告審決定（東京高決平17・3・23判時1899・56）は，会社の経営支配権に現に争いが生じている場面において特定の株主の経営支配権を維持・確保することを主要な目的として新株予約権の発行がされた場合には原則として著しく不公正な方法による新株予約権の発行に当たると判示している。しかし本裁判所は経営支配権の維持・確保を主要な目的とする新株予約権の発行であっても敵対的買収者に次のような目的があれば著しく不公正な発行に当たらないとした。すなわち，①真に会社経営をする意思がないにもかかわらずただ株価をつり上げて高値で株式を会社関係者に引き取らせる目的（グリーンメイラー），②会社経営を一時的に支配して当該会社の事業経営上必要な知的財産権・ノウハウ・企業秘密情報・主要取引先や顧客等を当該買収者等に委譲させる目的（焦土化経営），③会社経営を支配した後に当該会社の資産を当該買収者等の債務の担保や弁済原資として流用する目的，④会社経営を一時的に支配して当該会社の事業に当面関係のない不動産，有価証券など高額資産等を売却等処分させ，その処分利益を持って一時的な高配当をさせるか株価の急上昇の機会をねらって株式の高値売抜けをする目的である。

　また，ニレコ新株予約権発行差止事件抗告審決定（東京高決平17・6・15判時1900・156）において裁判所は，将来，一定割合以上を保有する敵対的買収者が現れた場合に取締役会決議による無償消却がなされない限り極めて低額の払込金額で株式を発行することになる譲渡制限条項付の新株予約権を現時点の株主に無償で割り当てるという内容の新株予約権の発行は，敵対的買収者以外の

株主に不測の損害を与えるから著しく不公正な方法によるものであると判示している。

さらに，ピコイ新株発行差止事件抗告審決定は新株予約権無償割当てが現経営陣の経営支配権を維持するためのものと認定し，株主平等の原則の趣旨に反し，また著しく不公正な方法によるものであるとして新株発行の差止めを認めている（東京高決平20・5・12判タ1282・273）。

(10) 新株予約権発行無効の訴え・新株予約権発行不存在確認の訴え

事後的救済手段として，新株予約権発行無効の訴え（会社828条1項4号）および新株予約権発行不存在確認の訴え（会社829条3号）の制度がある。

新株予約権発行無効の訴えの提訴期間は新株予約権の発行の効力が生じた日から6か月以内（非公開会社の場合は1年以内），提訴権者は株主等（株主・取締役・監査役・執行役・清算人）または新株予約権者である（会社828条1項4号・2項4号）。また無効の判決の効力には対世効および将来効がある（会社838条，839条）。

新株予約権発行不存在確認の訴えには提訴期間・提訴権者の定めはとくにないが，判決の効力として対世効は認められる（会社838条）。

(11) 新株予約権付社債

新株予約権付社債とは新株予約権を付した社債であり（会社2条22号），エクイティー・リンク債とも呼ばれるが，それにはMSCB（転換価額修正条項付転換社債型新株予約権付社債）も含まれる。かつては転換社債とか転換社債型新株予約権と呼ばれていた。

新株予約権付社債の発行・募集の手続は募集新株予約権の手続による（会社248条，236条1項7号ト，236条2項，238条1項6号・7号）。

新株予約権付社債の権利を行使する場合，社債（金銭以外の財産）を出資の目的とするものであり，新たな金銭の払込みは不要である（会社236条3項）。

新株予約権付社債権者は新株予約権を行使するまでは新株予約権と社債権の両方を保有することになるが，それらを切り離して個々別々に譲渡することはできない（会社254条2項・3項）。新株予約権を行使して株式を取得すれば社債権は消滅する。

4　社　債

(1)　社債の意義

　社債とは，会社が行う割当て（公衆に対する起債）により発生する当該会社を債務者とする金銭債権であって，募集社債に関して決定した事項（会社676条各号）に従い償還されるものである（会社2条23号）。

　社債は資金調達の手段の一つであり，社債発行会社にとって借金でもあるため約定の確定利息を支払い償還期限が到来すれば元本も弁済しなければならない。そのため社債は民法（債権）とも関係するが，①大量に発行されるため集団的処理が必要であること，また②償還期限も比較的長期にわたるものも少なくないこと，さらに③証券化されること（社債券）もあり技術的であることから会社法に規定が置かれている。

　近時，短期資金の調達のためのコマーシャル・ペーパー，適格機関投資家または少人数の投資家に引き受けてもらう私募債等も活用され，有価証券の無券面化もなされている。よって社債の定義およびその範囲があいまいになってきている。なお社債は株式会社だけでなく持分会社でも発行できる（会社676条）。

(2)　社債と株式の異同

　社債による資金は銀行からの借入金や支払手形と同様に他人資本であり，会社は償還期限が到来すれば元本を返済しなければならず（会社676条4号），また約定の確定利息も定期的に支払う必要があるため（同条3号），会社にとっては負債である。それに対して株式による資金は自己資本であり，会社は原則として株主に払い戻す必要はなく，また必ずしも剰余金の配当はしなくてもよい点で社債とは異なる。

　社債の場合，社債管理者を置かなければならず（会社702条），また社債の種類ごとに社債権者集会も組織されるが（会社715条），これは株主総会とは異なり会社の意思決定に参加するための組織ではなく，単に同一種類の社債の社債権者間の利益調整のために存在しているにすぎない。他方，株式を保有する株主は株主総会における議決権をはじめ各種の監督是正権の行使を通じて会社の運営に参画できるが，社債権者は会社の運営に参画できない代わりに会社清算

時の残余財産の分配について株主よりも優先的に弁済を受ける権利（優先弁済権）を有している。

　その他，株式には株主平等原則があるが社債の場合その発行の都度，内容が定まり，また社債ごとに内容が異なる場合もあって差別的取扱いもなされ得る点に違いがある。

　社債と株式の共通点は，①いずれも一般公衆から長期的かつ多額の資金を調達する手段であること，②原則として取締役会の決議等で発行できること，③社債は一口ずつ，株式は一株ずつ多数の単位に細分化されること，④社債も株式もいずれも証券は不発行が原則であるが発行することもできること（社債券の場合，会社676条1項6号，株券の場合，会社214条）等である。

　なお，社債と株式が近接しているものもある。たとえば新株予約権付社債（会社2条22号）は新株予約権を行使すれば株式に転換できるため株式に近い社債であり，また非参加的優先株式・累積的優先株式・取得条項付無議決権株式は社債に近い株式であるといえる。

(3) 社債の種類・記名社債・無記名社債

　社債には普通社債・短期社債・担保付社債・新株予約権付社債等がある。普通社債はストレート・ボンドとも呼ばれ，新株予約権等が付いていない社債のことである。また短期社債にはCP（コマーシャル・ペーパー）がある。

　担保付社債は社債権を担保するために物上担保が付いた社債であり，これには会社法のみならず担保付社債信託法も適用される。これは発行会社と信託会社との間の信託契約（担信2条1項）に基づき発行会社が委託者となり信託会社が受託者として総社債権者のために担保権を保存・実行し総社債権者が受益者となる仕組みとなっている（担信36条，37条）。

　新株予約権付社債にはワラント債と転換社債型新株予約権付社債（転換社債）があり，新株予約権を行使しない場合，社債として確定的な利息と元本の弁済を受けることができることからローリスク・ローリターンの比較的安全な金融商品である一方で，発行会社の株価が上昇し新株予約権の行使価額を上回ればその新株予約権を行使して時価よりも安く株式を取得できることからハイリターンの投機性ある金融商品でもある。発行会社にとっては新株予約権が付いている分，社債の金利をより低く抑えることができる利点がある。なお新株予約権付社債の新株予約権と社債は分離して発行・流通させることはできない

が，社債の償還と新株予約権の行使は別々に行われる。新株予約権が行使された場合，新株予約権付社債券に新株予約権が消滅した旨が記載される（会社280条3項）。

　ところで，社債は記名社債と無記名社債に分類される。記名社債は社債原簿に社債権者の氏名または名称および住所が記載されている社債であり，有価証券としての社債券を発行する必要はない（会社676条6号）。なお券面を発行しない場合で振替制度で決済される社債を振替社債という（振替66条以下）。それに対し無記名社債は社債原簿に社債権者の氏名・名称・住所は記載されてはいないが，無記名式の社債券が発行されているものである（会社681条4号括弧書）。

　社債券が発行されている場合，社債券には利札を付することができる（会社697条2項）。利札はクーポンとも呼ばれ，利息の支払請求権を表章する有価証券であり，券面から切り取って利息の支払いを受けるものである（会社700条2項）。

(4)　募集社債の発行手続等

　株式会社が社債を発行するためには発行の都度，社債に関する募集事項を定めなければならない（会社676条1項）。

　募集事項には，①募集社債の総額，②各募集社債の金額，③募集社債の利率，④募集社債の償還の方法および期限，⑤利息支払の方法および期限，⑥社債券を発行するときはその旨，⑦社債権者が会社法698条の規定による請求（記名式と無記名式との間の転換）の全部または一部をすることができないこととするときはその旨，⑧社債管理者が社債権者集会の決議によらずに会社法706条1項2号に掲げる行為（社債全部についてする訴訟行為・倒産手続行為等）をすることができることとするときはその旨，⑨各募集社債の払込金額もしくはその最低金額またはこれらの算定方法，⑩募集社債と引換えにする金銭の払込の期日，⑪一定の日までに募集社債総額について割当てを受ける者を定めていない場合において募集社債の全部を発行しないこととするときはその旨およびその一定の日，⑫その他法務省令で定める事項（会社則162条）がある（会社676条1号-12号）。

　取締役会設置会社の場合，取締役会が募集社債の総額およびその他社債を引き受ける者の募集に関する重要な事項として法務省令で定める事項を決定しなければならず，その決定を取締役に委任することはできない（会社362条4項5

号，会社則99条1項・2項）。

　他方，非取締役会設置会社の場合は取締役に（会社348条），指名委員会等設置会社の場合は執行役に（会社416条4項本文），その決定を委任することができる。

　募集社債に関する事項が決定されれば，会社は募集社債の引受けの申込みをしようとする者に対し会社の商号・当該募集事項を通知しなければならない（会社677条1項）。ただし金融商品取引法上の目論見書を交付している場合には通知は不要である（同条4項）。

　次に，募集に応じて引受けの申込みをする者は会社に対し，①申込みをする者の氏名または名称および住所，②引き受けようとする募集社債の金額ごとの数，③会社が募集社債の払込金額の最低金額を定めたときは希望する払込金額を記載した書面を交付，または電磁的方法で提供しなければならない（会社677条2項・3項）。

　会社は申込者の中から募集社債の割当てを受ける者，割り当てる募集社債の金額および金額ごとの数を定め（会社678条1項前段），払込期日の前日までに申込者に対し通知しなければならない（同条2項）。この場合，会社は金額ごとに割り当てる数について申込みを受けた数より減少することができる（同条1項後段）。

　引受け申込み者が募集社債の全部を引き受ける総額引受契約を会社と締結する場合，募集社債の申込みおよび割当てに関する規定は適用されない（会社679条）。

　なお，募集社債発行の場合，応募が予定された募集総額に達しなくても割り当てることができた募集社債だけを発行することも原則として可能であり，これを打切り発行という。

(5)　社債の管理

　会社は社債を発行した場合，発行の日以後遅滞なく社債原簿を作成し，①社債の種類，②種類ごとの社債の総額および各社債の金額，③払込日，④社債権者の氏名・住所，⑤社債権者の社債取得日，⑥社債券を発行した場合の社債券の番号・発行日・記名か無記名かの別・無記名式の社債券の数等，社債原簿記載事項を記載・記録しなければならない（会社681条）。さらに社債券を発行した場合（会社676条6号），社債券に社債発行会社の商号・社債の金額・社債の

種類を記載しなければならない（会社697条1項）。

　また，会社は社債を発行する場合，社債管理者を定め社債権者のために弁済の受領，債権の保全その他の社債の管理を行うことを委託しなければならない（会社702条本文）。ただし①各社債の金額が1億円以上（大口）である場合，②社債権者の保護に欠けるおそれがないものとして法務省令で定める場合（会社則169条），つまり社債権者の数が50名未満の場合は社債管理者を置く必要はない（会社702条但書）。なお銀行・信託会社およびこれらに準ずるものは社債管理者になれるが，証券会社はそれになることができない（会社703条，会社則170条）。

　社債管理者は社債権者のために社債にかかる債権の弁済を受け，または社債にかかる債権の実現を保全するために必要な一切の裁判上または裁判外の行為をする権限を有している（会社705条1項）。

　社債管理者が弁済を受けた場合，社債権者はその社債管理者に対し社債の償還額および利息の支払を請求することができる（会社705条2項）。また社債管理者はその管理の委託を受けた社債につき必要があるときは裁判所の許可を得て社債発行会社の業務および財産の状況を調査することができる（同条4項）。

　ただし，社債権者集会の決議によらなければ社債管理者がしてはならない行為として①社債の全部についてする債務免除・支払の猶予・その債務の不履行によって生じた責任の免除または和解，②社債の全部についてする訴訟行為または破産手続・再生手続・更生手続・特別清算に関する手続に属する行為がある（会社706条1項）。

　社債管理者は社債権者のために公平かつ誠実に社債の管理を行わなければならず，これを公平誠実義務といい（会社704条1項），また社債権者に対し善管注意義務を負う（同条2項，民644条）。社債管理者が会社法または社債権者集会の決議に違反する行為をした場合，社債権者に対し連帯して損害賠償責任を負う（会社710条1項）。

　さらに，社債管理者は社債発行会社が社債の償還もしくは利息の支払を怠り，もしくは社債発行会社について支払の停止があった後，またはその前3か月以内に社債管理者が一定の利益相反行為をした場合も社債権者に対して損害賠償責任を負い，この場合，社債管理者が誠実にすべき社債の管理を怠らなかったこと，または当該損害が当該行為によって生じたものでないことを証明したときは責任を免れる（会社710条2項）。つまりこれは管理懈怠のなかったこと，

および損害と行為との因果関係についての立証責任を社債管理者に転換するものであり，社債管理者の責任を加重するものである。

　なお，2019（令和元）年改正会社法は，社債発行会社は社債管理者を置く必要がない場合でも担保付社債を除き社債管理補助者を置くことができ，社債管理の補助を委託することができるとした（会社714条の2）。これには社債管理者の資格者に加え弁護士および弁護士法人もなれる（会社714条の3）。社債管理補助者の権限は社債管理者のそれよりも制限されている（会社714条の4）。社債管理補助者は社債管理者と同様に社債権者に対して公平誠実義務・善管注意義務を負う（会社714条の7，704条1項・2項）。

(6)　社債権者集会

　社債権者集会は会社法に規定する事項および社債権者の利害に関する事項について決議することができ（会社716条），社債の種類ごとに組織される（会社715条）。社債権者集会は会社法に規定されている事項および社債権者の利害に関する事項について決議をすることができる（会社716条）。社債権者集会は必要に応じて社債発行会社・社債管理者・社債管理補助者が招集するが（会社717条），ある種類の社債の総額の10％以上に当たる社債を有する社債権者は社債権者集会の目的である事項および招集の理由を示して社債権者集会の招集を請求することができ，その請求後遅滞なく招集の手続が行われないか当該請求日から8週間以内の日を社債権者集会の日とする招集通知が発せられない場合，裁判所の許可を得て自ら招集できる（会社718条）。

　社債権者にはその有する当該種類の社債の金額の合計額（償還済みの額を除く）に応じて議決権が付与され（会社723条1項），普通決議は社債権者集会に出席した議決権者の議決権の総額の2分の1を超える議決権を有する者の同意が必要であり（会社724条1項），社債権者に重大な影響を及ぼす一定の事項について求められる特別決議は社債権者の議決権の総額の5分の1以上で，かつ出席した社債権者の議決権総額の3分の2以上の同意が必要である（同条2項）。

　この社債権者集会の決議は裁判所の認可を受けなければその効力は生じず（会社734条1項），社債権者集会の決議の認可または不認可の決定があった場合には遅滞なくその旨を公告しなければならない（会社735条）。

　社債発行会社・社債管理者・社債管理補助者・社債権者が社債権者集会の目的である事項について提案した場合において当該提案について議決権者の全員

が書面または電磁的記録により同意の意思表示をしたときは当該提案を可決する旨の社債権者集会の決議があったものとみなされ（会社735条の2第1項），この場合，裁判所の認可なくその効力が生じる（同条4項）。

　なお，社債権者集会の決議の執行は社債管理者・社債管理補助者（権限事項に限る）・代表者債権者が行うが，社債権者集会の決議によって別に定めた場合はその者が行う（会社737条1項）。

第7章　株式会社の基礎的変更

　株式会社の基礎的変更には，①定款変更，②資本金の額の減少（減資），③組織再編（合併・会社分割・株式交換・株式移転・株式交付），④組織変更，⑤事業譲渡等，⑥解散・清算がある。

　基礎的変更には後述のように①それにより株主の投資内容（利害）に重大な変更がもたらされるため株主総会の特別決議による承認が必要であり（会社309条2項9号・11号・12号），②当該決議に反対の株主等には公正な価格でその株式・新株予約権を株式会社に買い取ってもらう反対株主の株式買取請求権・新株予約権買取請求権が認められる場合があり（退出の保障），③それが債権者にとって不利益となる場合には会社債権者を保護する手続（債権者異議手続）も求められる。

1　定款変更

　定款は会社の根本規則であり，株式会社においてそれを変更する場合，株主の利害に重大な影響を与える可能性がある。そこで株式会社の基礎的変更となる定款変更には原則として株主総会の特別決議が必要である（会社466条，309条2項11号）。

　ただし，定款変更が株主の利益を害しない場合，たとえば株式分割に伴って発行済株式総数を増加する定款の変更は株主総会の決議によらなくてよく，取締役会設置会社では取締役会の決議でよい（会社184条2項，183条2項2号）。また株式分割と同時に新たに単元株式制度を採用する定款変更によって1単元の株式数を増加させても各株主の有する議決権数が減少しない場合，あるいは1単元の株式数を減少させるか単元株式数についての定款の定めを廃止する場合（会社191条）も株主総会の決議によらないでよく，取締役会設置会社では取締役会の決議で，それ以外の会社では取締役の決定により定款変更をすること

ができる（会社195条 1 項）。

　また，逆に株主にとくに重大な影響を与える場合，株主総会の特殊決議を必要とする場合もある（会社309条 3 項 1 号）。たとえば①全部の株式に譲渡制限を付加する定款変更，②もともと公開会社である吸収合併消滅会社または株式交換完全子会社が当該株式会社の株主に譲渡制限株式を交付する定款変更（会社783条 1 項），③新設合併消滅会社または株式移転完全子会社の株主に対して交付する新設合併設立会社または株式移転設立完全親会社の株式が譲渡制限株式であるような定款変更（会社804条 1 項）がそれである。

　さらに，①株式会社が全部の株式の内容について一定の事由が生じたことを条件としてこれを取得することができる取得条項（会社107条 1 項 3 号）を設ける場合の定款変更（会社110条），②自己株式を特定の株主から取得する場合に他の株主に売主追加請求権（会社160条 2 項・ 3 項）を与えることを排除する定款変更（会社164条 2 項）には株主全員の同意が必要である。

　また，株式会社が二つ以上の種類株式を発行している場合において一定の定款変更をすることがある種類の株式の種類株主に損害を及ぼすおそれがあるとき，または種類株式に全部取得条項（会社108条 1 項 7 号）を設ける定款変更には種類株主総会の特別決議が必要である（会社322条 1 項 1 号，324条 2 項 1 号・ 4 号）。

　さらに，種類株式に定款で譲渡制限（会社108条 1 項 4 号）を設ける定款変更には議決権を行使できる株主の半数以上であって当該株主の議決権の 3 分の 2 以上に当たる多数をもって行う種類株主総会の特殊決議が必要である（会社324条 3 項 1 号）。

　また，種類株式に取得条項を設ける定款変更（会社110条，111条 1 項），または当該種類株主に損害を及ぼすおそれがあっても種類株主総会特別決議を要しない旨の定款変更をする場合（会社322条 2 項）には種類株主全員の同意が必要である（会社322条 4 項）。

2　資本金の額の減少（減資）

　前述のとおり，資本金の額の減少とはいわゆる減資のことであり，資本金の額を減少させることによって会社の資産それ自体を変動させるものではなく単にその数字を減少させることを意味する。減資はもっぱら欠損の塡補や分配可

能額の増加のために行われる。

　資本金の額は株主への剰余金の配当にかかる分配可能額を定める基礎となり，また会社債権者を保護するための一定の数字であることからそれを減少させるには株主総会の決議と会社債権者を保護するための債権者異議手続が必要となる。

　減資の手続としては原則として株主総会の特別決議が必要であるが（会社447条，309条2項9号），定時総会で行う欠損塡補を目的とした資本金の額の減少については株主総会の普通決議で十分である（会社309条2項9号イ・ロ）。

　減資における債権者異議手続において，株式会社は異議を述べた会社債権者に対して当該減資がその債権者を害するおそれがある限り①弁済，②相当の担保の提供，③当該債権者に弁済を受けさせることを目的とした信託会社等への相当の財産の信託のいずれかをしなければならない（会社449条5項）。債権者が異議を述べなかった場合は当該減資について承認したものとみなされる（同条4項）。

　この債権者異議手続に先立ち，株式会社は資本金等の額の減少の内容・株式会社の計算書類に関する事項として法務省令で定めるもの・会社債権者が一定の期間内（1か月以上）に異議を述べることができる旨を官報に公告し，かつ知れている債権者には各別にこれを催告しなければならない（会社449条2項）。ただしその公告を官報に加え日刊新聞紙または電子公告で行うときは，各別の催告は不要である（同条3項）。

　減資の手続に瑕疵がある場合，資本金の額の減少の無効は訴えをもってのみ主張することができる（会社828条1項5号）。提訴期間は効力発生日から6か月間，提訴権者は株主等（株主・取締役・監査役・執行役・清算人）・破産管財人・資本金減少を承認しなかった債権者である（同条1項5号・2項5号）。この無効判決には対世効および将来効がある（会社838条，839条）。

　なお，資本金等の額の減少はあくまでも数字上の減少であることから株主総会決議は不要とすべきとする立法論もある。

3　組織再編等

(1)　組織再編の分類

　組織再編は会社法上とくに定義があるわけではないが，一般にM&A（企業買収）とかRestructuring（事業の再構築）と呼ばれているものに近い。本書では①合併，②会社分割，③株式交換，④株式移転，⑤株式交付を狭義の組織再編とし，それに⑥事業譲渡および⑦組織変更を加えたものを広義の組織再編と整理する。

　合併と会社分割は会社の権利義務が他の会社に包括承継される点では共通しているが，合併の場合は必ず消滅会社があるのに対し，会社分割の場合はたとえ分割会社が抜け殻となっても法人格は残るため消滅会社がない点で異なる。

　会社分割と事業譲渡は事業に関する権利義務の全部または一部が他の当事会社に承継される点では共通しているが，会社分割は第三者（債権者・債務者）の承諾，動産の引渡しなど個別の移転手続（不動産登記を除く）を必要としない包括承継であり組織行為であるのに対し，事業譲渡は第三者の承諾，不動産登記，動産の引渡し等など個別の移転手続を必要とする特定承継であり取引行為である点で異なる。

　合併・会社分割と株式交換・株式移転は同じ狭義の組織再編として整理しているが，前者は権利義務の承継がなされるのに対し後者は完全親子会社関係が創設されるにすぎない点で異なる。

　また，株式交付は既存の会社どうしで親子会社関係を創設するという点では株式交換に類似したもの（部分的な株式交換）であるため本書ではそれを狭義の組織再編に含めてはいるが，株式交付はその当事者が株式交付親会社となるべき会社と対象会社（株式交付子会社となるべき会社）の株主である点，募集株式の発行と類似してはいるが現物出資の規制を受けないという特徴がある。

　以上，狭義の組織再編の共通点は①事前・事後の開示，②株主総会の特別決議による承認，③反対株主による株式買取請求手続，④債権者異議手続，⑤株主による当該行為の差止請求・無効の訴え等の存在であるのに対し，広義の組織再編として整理した事業譲渡には債権者異議手続が不要であり，また組織変更は会社単独の行為であり他社または他人との関係性がない。

なお，広義の組織再編のうち吸収合併・吸収分割・株式交換・株式交付・事業譲渡を吸収型組織再編といい，新設合併・新設分割・株式移転を新設型組織再編という。

⑵　株主総会の特別決議による承認を要する場合

組織再編を行うには，まず当事会社間で吸収型組織再編の場合には組織再編契約が締結され，新設型組織再編または株式交付の場合には組織再編計画が策定され，これらには原則として株主総会の特別決議による承認が必要である（会社783条1項，795条1項，804条1項，816条の3第1項，309条2項12号）。また種類株式発行会社の場合，種類株主総会の特別決議による承認も必要となる（会社324条2項4号，322条1項7号-13号）。

⑶　株主総会の承認を要しない場合（簡易組織再編・略式組織再編）

組織再編には例外的に株主総会の承認が不要となる場合があり，簡易組織再編と略式組織再編がそれに当たる。

簡易組織再編には，①合併において存続会社が消滅会社の株主に対して交付する対価の総額が存続会社等の純資産額（会社則196条）の5分の1以下の場合，存続会社の株主総会の承認が不要となるもの（簡易合併，会社796条2項），②会社分割において分割会社が承継会社または新設会社に承継させる資産の額が分割会社の総資産額の5分の1以下の場合，分割会社の株主総会の承認が不要となるもの（簡易分割，会社784条2項，805条），③株式交換において株式交換完全親会社が株式交換完全子会社の株主に対して交付する金銭等の額が当該親会社の純資産額の5分の1を超えない場合，株式交換完全親会社の株主総会の承認が不要となるもの（簡易株式交換，会社796条2項），④株式交付子会社の株式等の譲渡人に対して交付する公開会社である株式交付親会社の株式等の帳簿価額の合計額が株式交付親会社の純資産額の5分の1を超えない場合，株式交付親会社の株主総会の承認が不要となるもの（簡易株式交付，会社816条の4第1項）がある。いずれも当事会社の規模からして株主の利益に及ぼす影響が小さいと考えられ，小規模組織再編の手続の簡略化・迅速化が図られている。

また，略式組織再編とは一方の当事会社が他方の当事会社の議決権の10分の9以上を保有する場合を特別支配会社といい（会社468条1項参照），特別支配会社に支配されている他方の当事会社では株主総会の決議の結果が知れている

ため株主総会を開催しても意味がないことから株主総会の承認が不要となるというものである（略式合併・略式分割・略式株式交換，会社784条 1 項本文，796条 1 項本文）。なお株式交付は株式交付子会社との行為ではないことから略式株式交付は存在しない。

(4)　反対株主の株式買取請求権・新株予約権買取請求権

　組織再編の場合，株主総会の特別決議による承認が必要であるが，多数決の濫用から少数派株主を保護する必要がある。そのため反対株主には株式会社に対し自己が保有する株式を公正な価格で買い取ってもらう権利（株式買取請求権）が認められている（会社785条 1 項，797条 1 項，806条 1 項，816条の 6 第 1 項）。これは株主にとって会社からの退出の保障となる。

　また，合併において消滅会社が新株予約権を発行している場合，当該新株予約権者は消滅会社に自己の有する新株予約権を公正な価格で買い取ってもらう権利（新株予約権買取請求権）が認められている（会社787条 1 項 1 号）。

　さらに，会社分割の場合，分割会社の新株予約権者に対して承継会社または新設分割設立会社の新株予約権が対価として交付される場合に分割会社の新株予約権者に新株予約権買取請求権が認められている（会社787条 1 項 2 号イ，808条 1 項 2 号イ）。株式交換・株式移転の場合も会社分割の場合と同様である（会社787条 1 項 3 号，808条 1 項 3 号）。

　ところで，前述のとおり，組織再編等における株式買取請求等に関し，2014（平成26）年改正会社法（会社法および会社法の一部を改正する法律の施行に伴う関係法律の整備等に関する法律）は，①買取口座の創設，②株式等の買取りの効力が生ずる時，③株式買取請求にかかる株式等にかかる価格決定前の支払制度，④簡易組織再編・略式組織再編等における株式買取請求について規定した（ここでは組織再編以外に会社法116条 1 項各号の行為・株式併合・事業譲渡等も含まれる）。

　買取口座の創設については，いったん株式買取請求権を行使した後は反対株主は株式会社の承諾を得ない限り株式買取請求を撤回できないと定められているにもかかわらず（会社116条 7 項），実際には買取請求後，株式買取請求にかかる株式を市場で売却することができそれが骨抜きになっていたところ，株式買取請求にかかる株式が「社債，株式等の振替に関する法律」上の振替株式（振替128条 1 項）である場合，反対株主は振替機関等に対して株式買取請求に

かかる振替株式の振替を行うための口座（買取口座）の開設の申出をし振替株式の株主が株式買取請求をしようとする場合，当該株主は当該振替株式について買取口座を振替先口座とする振替の申請をしなければならないこととなった（振替155条3項）。これによって当該株主は株式買取請求にかかる振替株式を売却できなくなることにより株式買取請求の撤回禁止の実効性が確保されることになった。

　また，株券発行会社においては組織再編等に反対の株主が株式買取請求を行う場合，当該株券を提出しなければならなくなり（会社469条6項，785条6項，797条6項，806条6項，816条の6第6項），また株券不発行会社において買取請求の対象となった株式が振替株式でない場合において買取対象となる株式を譲り受けた者も株主名簿の名義書換請求（会社133条）をすることができなくなった（会社469条9項，785条9項，797条6項，806条9項，816条の6第9項）。これによって撤回制限の実効性が強化された。

　また，株式買取請求の効力発生日が組織再編等の効力発生日に統一されたことにより（会社470条6項，786条6項，798条6項，807条6項，816条の7第6項），株式買取請求後，裁判所によって買取価格が決定されるまでの間の反対株主による利息と剰余金配当の二重取りの弊害が是正された。

　さらに，株式買取請求にかかる株式等の価格決定前の支払制度については，発行会社は反対株主に対し裁判所による株式の価格の決定がされる前に公正な価格と認める額を支払うことができるものとし，発行会社の法定利率による利息の負担（会社117条4項）の軽減および株式買取請求権の濫用防止が図られた（会社117条5項）。

　なお，簡易組織再編および簡易事業譲渡においては株主等への影響が軽微であることから反対株主の株式買取請求権は廃止され（会社469条1項2号，785条1項2号，797条1項但書，806条1項2号，816条の6第1項但書），また略式組織再編等においても特別支配会社が反対株主となることは想定できず特別な保護も必要ないことから，特別支配会社の株式買取請求権も廃止された（会社469条2項・3項，785条2項・3項，797条2項・3項）。これにより発行会社の負担軽減が図られた。

(5) 事前・事後の開示手続

　組織再編には事前・事後の開示手続が必要である。

　まず，事前の開示手続として組織再編の当事会社は吸収型組織再編契約また
は新設型組織再編計画の備置開始日から効力発生日後 6 ケ月間（消滅会社は効
力発生日まで），吸収型組織再編契約（吸収合併契約・吸収分割契約・株式交換契
約）の内容・新設型組織再編計画（新設合併計画・新設分割計画・株式移転計画）
の内容・株式交付の場合の株式交付計画・その他法務省令で定める事項（対価
の相当性等）を記載・記録した書面または電磁的記録を本店に備え置かなけれ
ばならない（吸収型組織再編の場合，会社782条 1 項，794条 1 項，新設型組織再編
の場合，会社803条 1 項，株式交付の場合，会社816条の 2 第 1 項）。
　ここで備置開始日とは，①組織再編契約または組織再編計画について承認す
るための株主総会の 2 週間前の日，②株式買取請求に関する通知・公告の日，
③新株予約権買取請求に関する通知・公告の日，④債権者の異議に関する公
告・催告の日のいずれか早い日を指す（会社782条 2 項，794条 2 項，803条 2 項，
816条の 2 第 2 項）。
　株主および会社債権者（株式交換完全子会社および株式交付子会社の場合，新株
予約権者も含む）は株式会社の営業時間内はいつでもこの閲覧等を請求できる
（会社782条 3 項，794条 3 項，803条 3 項，816条の 2 第 3 項）。
　事前の開示手続の趣旨は，①株主にとってはとりわけ対価の相当性に関連し
て当該組織再編を株主総会で承認するかどうか，またはそれに反対して株式買
取請求権を行使するかどうか，②新株予約権者にとっては新株予約権買取請求
権を行使するかどうか，③債権者にとってはとりわけ債務の履行の見込みに関
連してそれに異議を述べるかどうかを判断する情報を提供することにある。
　次に，事後の開示手続として吸収型組織再編の存続会社は効力発生後 6 ケ月
間，また新設型組織再編の設立会社は会社成立の日後 6 ケ月間，組織再編の経
過・消滅会社から承継した権利義務等に関する事項または株式交付で株式交付
親会社が譲り受けた株式交付子会社の株式の数その他の株式交付に関する事項
を記載した所定の書面等を本店に備え置かなければならない（合併の場合，会
社801条 3 項 1 号，815条 3 項 1 号。会社分割の場合，会社791条 2 項，801条 3 項 2 号，
811条 2 項，815条 3 項 2 号。株式交換の場合，会社791条 2 項，801条 3 項 3 号，791
条 1 項 2 号。株式移転の場合，会社811条 2 項，815条 3 項 3 号，811条 1 項 2 号。株
式交付の場合，会社816条の10第 2 項）。
　事後の開示手続の趣旨は，株主にとって組織再編無効の訴え（会社828条 1 項
7 号-13号）を提起するかどうかを判断する情報を提供することにある。

(6) 債権者異議手続

　組織再編には原則として債権者異議手続が必要である。これは合併や会社分割のように包括承継を伴う組織再編または株式交換・株式移転・株式交付において対価が株式でない（新株予約権付社債等）による組織再編によって会社債権者の債権の回収が困難となる場合があるからである。

　債権者異議手続では，まず組織再編の当事会社から組織再編に関する事項について公告・催告がある。すなわち株式会社は，①組織再編をする旨，②当事会社の商号および住所，③当事会社の計算書類に関する事項として法務省令で定めるもの，④債権者が一定の期間内（１ケ月以上）に異議を述べることができる旨を官報に公告し，かつ知れている債権者には各別にこれを催告しなければならない（会社789条２項，799条２項，810条２項，816条の８第２項）。なおこの公告を官報に加え日刊新聞紙または電子公告で行うときは各別の催告は不要である（会社789条３項，799条３項，810条３項，816条の８第３項）。

　次に，その公告・催告を受けて一定の会社債権者は一定の当事会社に対し当該組織再編について異議を述べることができる。

　吸収型組織再編の場合で消滅株式会社等に対して異議を述べることができる債権者は，①吸収合併消滅株式会社の債権者，②吸収分割後吸収分割株式会社に対して債務の履行を請求することができない吸収分割株式会社の債権者，③株式交換契約新株予約権が新株予約権付社債に付された新株予約権である場合の当該新株予約権付社債についての社債権者である（会社789条１項-３項）。

　また，同じく吸収型組織再編の場合で存続株式会社等（株式交付の場合は株式交付親会社）に対して異議を述べることができる債権者は，①吸収合併存続会社の債権者，②吸収分割承継株式会社の債権者，③株式交換完全親会社の債権者（会社799条１項１号-３号），株式交付の場合は④株式交付親会社の債権者（会社816条の８第１項）である。

　さらに，新設型組織再編の場合で消滅株式会社等に対して異議を述べることができる債権者は，①新設合併消滅株式会社，②新設分割後新設分割株式会社に対して債務の履行を請求することができない新設分割株式会社の債権者，③株式移転計画新株予約権が新株予約権付社債に付された新株予約権である場合の当該新株予約権付社債についての社債権者である（会社810条１項１号-３号）。

　債権者が一定の期間内に異議を述べた債権者に対して当事会社は当該債権者

を害するおそれがある限り①弁済，②相当の担保提供，③会社債権者への弁済を目的とした相当の財産の信託会社等への信託のいずれかをしなければならない（会社789条 5 項，799条 5 項，810条 5 項，816条の 8 第 5 項）。

(7)　組織再編無効の訴え

　組織再編（合併・会社分割・株式交換・株式移転）の無効は，法的安定性を確保するためその主張を制限されている。すなわち組織再編の効力発生日から 6 ケ月以内に訴えをもってのみ主張でき（会社828条 1 項 7 号-13号），提訴権者は当事会社の株主等（株主・取締役・監査役・執行役・清算人）・破産管財人・当該組織再編を承認しなかった債権者等に限られている（同条 2 項 7 号-13号）。

　組織再編の無効原因には明文の規定はないが，一般には瑕疵の程度が軽微でないもの，たとえば①組織再編契約・計画の必要的記載事項の欠缺・意思表示の瑕疵，②組織再編承認のための株主総会の取消し・無効・不存在，④債権者異議手続の不履践，⑤開示の不備・重大な不実記載，⑥許認可の承継の便法としての組織再編の利用，⑦労働者との協議義務に違反した会社分割等がある。

　合併比率等，組織再編の条件の著しい不公正が無効事由になるかどうかは争いがある。判例は，合併比率が著しく不当であるとしても合併承認決議に反対した株主は会社に対し株式買取請求権を行使できるから合併比率の不当または不公正ということ自体が合併無効事由になるものではないとしている（最判平5・10・5 資料版商事116・196）。

　なお，組織再編の無効判決の効力には対世効および将来効がある（会社838条，839条）。

(8)　組織再編の差止請求

　2014（平成26）年改正前会社法においては，株主による組織再編の差止請求は，当事者の一方が他方の特別支配会社である略式組織再編の場合に限られていた（改正前会社784条 2 項，796条 2 項）。同年改正会社法ではその他の組織再編（簡易組織再編の要件を満たす場合を除く）にも差止請求権が認められ，さらに略式再編の差止請求に関する規定も見直された（会社784条の 2，796条の 2，805条の 2）。その理由は，従来このような場合の株主の救済措置として考えられていた①株主総会決議取消しの訴え（会社831条 1 項）を本案とする仮処分命令の申立て，②取締役の違法行為差止請求（会社360条 1 項），③組織再編無効

の訴え（会社828条），④募集株式の発行の差止め（会社210条）等による方法で
はいずれも決め手を欠き株主の救済として不十分であり，また同年改正前会社
法の略式組織再編における差止請求の要件に「対価が著しく不当であること」
が定められており，それでは裁判所における短期間の審理に支障があったから
である。

　同年改正会社法はこの対価の不当性を要件から外し，「組織再編が法令もし
くは定款に違反する場合であって株主が不利益を受けるおそれがあること」を
要件として定めた。

　なお，2019（令和元）年改正会社法で株式交付制度が創設された際に株式交
付親会社にも株式交付差止請求権が法定されている。

(9)　組織変更

　本書で広義の組織的再編として整理している組織変更とは，既存の会社が法
人格の同一性を保ちつつ株式会社が持分会社（合名会社・合資会社・合同会社）
に，または持分会社から株式会社に組織を変更することをいう（会社2条26号）。
ちなみに持分会社間の変更は組織変更には含まれず，持分会社の種類の変更と
いう（会社638条）。

　株式会社から合名会社に組織変更すると株主は有限責任社員から無限責任社
員になることになり，これは株主にとって重大な不利益変更であり，また合名
会社から株式会社に組織変更すると無限責任社員が存在しなくなることから，
債権者にとって重大な不利益変更となる。

　株式会社の組織変更については総株主の同意（会社776条1項）が，持分会社
の組織変更については総社員の同意（会社781条1項）が必要となり，またいず
れの会社においても債権者異議手続が必要となる（会社779条1項各号，781条2
項）。なお株式会社の新株予約権は組織変更の効力発生とともに消滅すること
となるため（745条5項），新株予約権者は当該株式会社に対し自己の有する新
株予約権を公正な価格で買い取ることを請求できる（会社777条，778条）。

　株式会社から持分会社への組織変更手続としては，①組織変更計画の作成
（会社744条），②株主および債権者に対する組織変更計画の事前開示（会社775
条），③組織変更計画についての総株主の同意（会社776条1項），④登録株式質
権者および登録新株予約権質権者への通知・公告（同条2項・3項），⑤株式会
社が新株予約権を発行している場合の新株予約権者の株式会社に対する新株予

約権の公正な価格での買取請求（会社777条，778条），⑥債権者異議手続（会社779条），⑦効力発生日（会社745条，780条）から 2 週間以内の本店所在地における変更前会社の解散登記および変更後会社の設立登記（会社920条）が必要である。

　また，持分会社から株式会社への組織変更の場合，①組織変更計画の作成（会社746条），②総社員の同意（会社781条 1 項），③債権者異議手続（会社781条 2 項），④効力発生日（会社747条，781条）から 2 週間以内の本店所在地における変更前会社の解散登記および変更後会社の設立登記が必要である（会社920条）。

　組織変更手続に瑕疵がある場合には，組織変更無効の訴えの制度があり（会社828条 1 項 6 号），提訴権者は株主・社員・破産管財人・組織変更について承認をしなかった債権者であり（会社828条 2 項 6 号），提訴期間は組織変更の効力発生日から 6 ケ月以内である。組織変更の無効判決の効力には対世効および将来効がある（会社838条，839条）。

⑽　合　併

　合併とは複数の会社が契約によって一つの会社になることである（会社748条）。合併当事会社のうち一方が存続し他方が消滅する場合を吸収合併といい（会社 2 条27号），そのいずれも消滅し新たに新会社を設立する場合を新設合併（同条28号）という。このように当事会社の少なくとも一方が必ず消滅するというのが合併の特徴である。

　吸収合併の場合，株式会社間の合併および持分会社間の合併はもちろん株式会社と持分会社の合併も認められる（会社749条，751条）。

　新設合併の場合，消滅会社および新設会社は株式会社でも持分会社でもどちらでもかまわない（会社753条，755条）。

　新設合併による新設会社は承継する消滅会社の事業について新たに許認可を取得する必要があるため，実際には吸収合併がよく利用される。

　合併消滅会社は解散し（会社471条 4 号），清算手続を経ることなく消滅し（会社475条 1 号参照），消滅会社のすべての権利義務は存続会社または新設会社に包括承継され（会社750条 1 項，754条 1 項），消滅会社の株主または社員は合併後は存続会社または新設会社の株式を対価として受け取れば存続会社または新設会社の株主または社員となる。

　承継される消滅会社の権利義務には財産のみならず消滅会社が締結した契約
や雇用関係なども含まれるが，それらは消滅会社の債権者・債務者の承諾なし
に法律上当然に包括承継され個別の移転手続は不要である（ただし不動産登記
は必要（民177条））。そのため合併には債権者異議手続が求められる（会社789条，
799条，810条）。

　消滅会社の株主または社員が受け取る対価は吸収合併の場合，とくに制約は
なく株式以外でも金銭等（金銭その他の財産）であればよいとされる（会社151
条，749条1項2号，750条3項）。さらに存続会社の親会社の株式を対価として
交付する三角合併も認められている（会社800条）。

　しかし，新設合併の場合の対価は新設会社の株式および社債等（社債・新株
予約権・新株予約権付社債）に限られる（会社753条1項6号-9号，754条2項・3
項）。

　なお，従来は合併等組織再編の対価は原則として存続会社の株式に限られ，
合併比率調整のため一部について現金を対価とすることも認められていた（交
付金合併）。しかし現在では対価の柔軟化に伴い吸収型再編の場合，現金のみ
を対価として消滅会社の株主・社員を締め出す「締出し合併」（スクイーズ・ア
ウトまたはキャッシュ・アウト）も認められるようになった。

　合併手続として，吸収合併の場合には当事会社である消滅会社と存続会社と
の間で吸収合併契約を締結し（会社748条，749条），新設合併の場合には新設会
社を設立するための定款を作成しなければならない（会社753条）。

　吸収合併契約の内容には，①存続会社および消滅会社の商号・住所，②存続
会社が消滅会社の株主・社員に対してその株式または持分に代えて交付する金
銭等に関する事項および株主への割当てに関する事項（対価と合併比率），③存
続会社が消滅会社の新株予約権者に対してその新株予約権に代えて存続会社が
交付する新株予約権に関する事項および新株予約権者への割当てに関する事項，
④吸収合併の効力発生日がある（会社749条1項）。

　株式会社が合併する場合，原則として株主総会の特別決議による承認が必要
である（会社783条1項，795条1項，804条1項，309条2項12号）。ただし消滅会
社の株式には定款の定めによる譲渡制限がなかったにもかかわらず存続会社の
定款には株式の譲渡制限の定めがある場合，消滅会社の株主総会では特殊決議
が必要となる（会社309条3項2号）。また消滅会社または存続会社が種類株式
発行会社である場合で当該合併が当該種類株主に損害を及ぼすおそれがある場

合には種類株主総会の承認も必要である（会社322条1項7号）。

　なお，一定の場合に株主総会の承認が不要となる簡易合併・略式合併がある
がこれについては前述の簡易組織再編・略式組織再編を参照されたい。また合
併当事会社が持分会社の場合，総社員の同意が必要である（会社793条1項，
802条1項，813条1項）。

　この決議に反対の株主や消滅会社の新株予約権者および新株予約権付社債権
者には公正な価格での株式買取請求権が認められる（会社785条-788条，797条，
798条，806条-809条）。

　吸収合併の場合，その効力発生日後2週間以内に登記が必要であり（会社
921条），新設合併の場合，株主総会の日から2週間以内に消滅会社は解散登記
（吸収合併の登記）が，新設会社は設立登記（新設合併の登記）が必要である（会
社922条）。

　なお，合併手続にも事前・事後の開示手続，債権者異議手続が求められるが
これについては前述のとおりである。

⑾　会社分割

　会社分割とは，株式会社または合同会社（分割会社）がその事業に関して有
する権利義務の全部または一部を他の会社に承継させることである。既存の会
社（承継会社）に承継する場合を吸収分割（会社2条29号），会社分割により設
立される新設会社にそれを承継させる場合を新設分割（同条30号）という。

　合併と異なり分割会社は分割後，当然に消滅することはない。分割の対価は
承継会社または新設会社から承継する権利義務の対価として分割会社に交付さ
れる。これを物的分割という。

　この対価は吸収分割の場合，吸収合併と同様なんら制約はなく，株式以外に
金銭等（金銭その他の財産）でもよいとされる（会社758条4号，759条4項）。た
だし新設分割の場合，対価は新設会社の発行する株式や社債等（社債・新株予
約権・新株予約権付社債）に限られる（会社763条6号-9号，764条4項・5項）。

　なお，2014（平成26）年改正前会社法では物的分割だけが規定されており，
人的分割について物的分割と剰余金配当（現物配当）を組み合わせることに
よって事実上，人的分割に相当する会社分割を行うことはできた。そこで同改
正前は人的分割に相当する会社分割を行う場合でも剰余金の配当が行われる以
上，準備金（資本準備金または利益準備金）を計上しなければならない（会社445

条4項，会社計算22条）と解され，会社法461条以下の財源規制に関する規定は適用を除外されていた（同年改正前会社792条2号，812条2号）。

2014（平成26）年改正会社法は，分割会社の会社債権者に対しては債権者異議手続が行われ財源規制が適用されない人的分割について準備金の計上を義務付ける理由に乏しいことから吸収分割株式会社または新設分割株式会社が吸収分割の効力が生ずる日または新設分割設立会社の成立の日に剰余金の配当（配当財産は株式または持分に限る）をする場合，会社法445条4項の規定による準備金の計上は要しないこととし適用除外規定に会社法445条4項を追加した（改正会社792条2号，812条2号）。

会社分割手続としては，まず吸収分割の場合には当事会社である分割会社と承継会社との間で吸収分割契約を締結し（会社757条，758条），新設分割の場合には分割会社は新設分割計画を作成しなければならない（会社762条，763条）。

吸収分割契約の内容には，①吸収分割会社および吸収分割承継会社の商号および住所，②吸収分割承継会社が吸収分割により吸収分割会社から承継する資産・債務・雇用契約・その他の権利義務，③吸収分割により吸収分割会社または吸収分割承継会社の株式を吸収分割承継会社に承継させるときはその株式に関する事項，④吸収分割承継会社が吸収分割会社に対してその事業に関する権利義務の全部または一部に代えて交付する金銭等に関する事項，⑤吸収分割承継会社が吸収分割会社の新株予約権者に対してその新株予約権に代えて吸収分割承継会社の新株予約権を交付する場合のその吸収分割承継会社の新株予約権に関する事項および新株予約権者への割当てに関する事項，⑥吸収分割の効力発生日，⑦吸収分割会社が効力発生日に株主総会の決議によって全部取得条項付種類株式の全部を取得するとき，および剰余金の配当をするときはその旨がある（会社758条）。

新設分割計画の内容には，①新設分割設立会社の目的・商号・本店所在地および発行可能株式総数，②その他定款で定める事項，③設立時取締役の氏名がある（会社763条）。

次に，①事前開示手続（会社782条1項，794条1項，803条1項，会社則182条，191条，204条）が行われなければならないこと，②株主総会の特別決議による承認（会社783条1項，795条，804条1項・4項・5項，309条2項12号）が必要であること，③反対株主には株式買取請求権が与えられること（会社785条，797条，806条），④一定の新株予約権者に買取請求権が与えられること（会社787条，

808条），⑤債権者異議手続が必要であること（会社789条 2 項，799条 2 項，810条 2 項），⑥吸収分割の登記・新設分割の登記が必要であること（会社923条，924 条），⑦事後開示手続が必要であること（会社791条 2 項，801条 3 項 2 号，811条 2 項，815条 3 項 2 号）は前述のとおりである。

　会社分割は，分割会社が事業に関して有する権利義務の全部または一部が第三者の承諾を得ることなく承継会社または新設会社に包括承継される点では合併に類似しているが，権利義務の一切が承継される合併と異なり会社分割は権利義務の一部でも承継される点，合併の場合には必ず消滅会社が存在するのに対し会社分割では分割会社も存続する点で異なっている。

　また，会社分割は事業に関する権利義務の全部または一部が承継される点で後述する事業譲渡等にも類似しているが，事業譲渡等の場合には譲渡会社の債権者・債務者といった第三者の承諾等の個別的移転手続が必要である。すなわち債務譲渡には譲渡会社と譲受会社との間の免責的債務引受契約および引受人である譲受会社に対する債権者の承諾（民472条 3 項），債権譲渡には譲渡会社である債権者の債務者への通知か債務者の承諾（民467条 1 項），その他，不動産譲渡の対抗要件（民177条），動産譲渡の対抗要件（民178条）などを具備することが必要であり，この場合を特定承継という。それに対し会社分割の場合にはそれらを必要とせず（ただし不動産登記は別）包括承継されるため移転手続が簡便である点が異なっている。そのため会社分割には債権者異議手続が設けられている（会社789条，799条，810条）。さらに会社分割の場合は簿外債務や偶発債務を引き受けるリスクもある。

　なお会社分割の場合，分割会社と労働者との間の労働契約は吸収分割契約・新設分割計画の定めにより労働者の承諾なく承継会社・新設会社に承継させることができるが，この労働契約の承継には特則がある。

　すなわち，承継会社・新設会社に承継される事業に主として従事する労働者であるにもかかわらず分割契約・分割計画に労働契約の承継について定めがない場合，異議申出期限日までに異議を申し出ることができ（労働承継 4 条 1 項），異議を申し出た場合，当該労働者の労働契約は承継会社・新設会社に承継される（労働承継 2 条 1 項 1 号，4 条）。

　また，承継会社・新設会社に承継される事業に主として従事していない労働者であるにもかかわらずその労働契約が承継会社・新設会社に承継される旨が分割契約・分割計画に定められている場合にも特則があり，当該労働者は異議

申出期限日までに異議を申し出ることができ異議を申し出た場合，当該労働契約は承継されない（労働承継2条1項2号，5条）。

　ところで，近時，濫用的または詐害的な会社分割が問題となっていた。経営不振に陥った分割会社から分割新設会社に意図的に優良事業部門にかかる資産だけが分割され分割会社には不採算部門と債務だけが残されるが，新設分割においては分割会社に残された残存債権者は債権者異議手続の対象とはなっておらず（会社810条1項2号），また会社分割無効の訴えの原告適格もない。他方で，分割会社には承継された権利義務の対価として非上場会社である分割新設会社の流動性に乏しい株式が交付されてもそれを換価することは著しく困難であることから分割会社に取り残された残存債権者が害されるというものである。

　このような問題が頻発した背景には，2005（平成17）年会社法制定前商法において会社分割の有効要件として分割会社および新設会社・承継会社の双方に会社分割後に「債務の履行の見込みがあること」が定められていたが，同年制定会社法で事前の開示事項が「履行の見込みに関する事項」とされたことにより（会社則183条1項6号，会社782条1項）「履行の見込みがあること」は要件ではないと解されることとなったことがある。

　裁判例には，新設分割はその性質上，詐害行為取消権の対象になり得，新設分割無効の訴えと詐害行為取消権は要件および効果を異にする別個の制度であり新設分割無効の訴えの制度があること，あるいは新設分割による新設分割設立会社に新たな法律関係が生じていることなどによって新設分割により害される債権者の詐害行為取消権の行使が妨げられると解すべき根拠はないとしたものがある（東京高判平22・10・27金判1355・42）。また判例も，新設分割において新たに設立する株式会社にその債権にかかる債務が承継されず新設分割について異議を述べることもできない新設分割株式会社の債権者は詐害行為取消権を行使して新設分割を取り消すことができるとしている（最判平24・10・12民集66・10・3311）。

　その他，法人格否認の法理（福岡地判平22・1・14金法1910・88，東京地判平22・7・22金法1921・117，福岡地判平23・2・17金法1923・95），破産法上の否認権（東京高判平24・6・20判タ1388・366），商号続用者の責任（会社22条1項）の類推適用（東京地判平22・7・9判時2086・144，東京地判平22・11・29金法1918・145）により，残存債権者を救済しようとする裁判例もある。

　この詐害的な会社分割等における債権者の保護について，2014（平成26）年

改正会社法は，吸収分割会社または新設分割会社（以下「分割会社」という）が吸収分割承継会社または新設分割設立会社（以下「承継会社等」という）に承継されない債務の債権者（以下「残存債権者」という）を害することを知って会社分割をした場合には，残存債権者は承継会社等に対して承継した財産の価額を限度として当該債務の履行を請求することができるとし，ただし吸収分割の場合であって吸収分割承継会社が吸収分割の効力が生じた時において残存債権者を害すべき事実を知らなかったときはこの限りではないと規定した（会社759条4項，761条4項，764条4項，766条4項等）。ちなみに事業譲渡等においても同様の規定が設けられた（会社23条の2，24条，商18条の2）。

　この「債権者を害すること」とは，基本的には詐害行為取消権について定める民法424条1項本文の「債権者を害する」法律行為と同様に解されるであろうが，これを広く解釈すると事業再生にとって有用な会社分割が活用されなくなる可能性もあるので会社分割を行う場合と行わない場合の残存債権者に対する弁済率の多寡で考慮すべきとの見解もある。また前述の詐害行為取消しに関する判例（最判平24・10・12民集66・10・3311）によれば，責任財産の減少と残存債権者と承継債権者との不平等性に詐害性を認めている。

　その他，分割会社に知れていない債権者の保護の問題もある。2014（平成26）年改正前会社法上，会社分割について異議を述べることができる分割会社の債権者は各別の催告をしなければならないものに限って格別の催告を受けなかった場合に分割会社および承継会社等に債務の履行を請求できるものとしていたが（同改正前会社759条2項・3項），会社分割について異議を述べることができる不法行為債権者であって分割会社に知れていないものに対しては各別の催告を要しないものとされているようにも読めることから（同改正前会社789条2項・3項），かかる不法行為債権者は分割会社または承継会社等のいずれか一方に対してしか債務の履行を請求できないのではないかとの疑念がもたれていた。

　そこで，2014（平成26）年改正会社法は，会社分割について異議を述べることができる不法行為債権者であって分割会社に知れていないものは分割会社と承継会社等の双方に対して債務の履行を請求できるとして（会社759条2項・3項，764条2項・3項），明確化を図っている。

⑿　株式交換・株式移転

　株式交換とは株式会社が契約によってその発行済株式の全部を他の株式会社または合同会社に取得させ（会社2条31号），既存の会社間で完全親子会社関係を創設するものである。この場合，株式を取得する会社を株式交換完全親会社といい，株式を100％取得される会社を株式交換完全子会社という（会社769条1項）。株式交換完全子会社となる会社の株主は一定の手続により株式交換完全親会社となる会社から強制的にその株式を取得され，株式交換完全親会社となる会社から対価，すなわち株式交換完全親会社の株式・金銭等（金銭その他の財産，会社151条，たとえば社債・新株予約権・新株予約権付社債）が交付される（会社768条1項2号，770条1項3号）。

　株式移転は1個または2個以上の株式会社がその発行済株式の全部を新設の株式会社に取得させ（会社2条32号），既存の会社が消滅することなく株式移転完全子会社となって新たに株式移転完全親会社を設立するものである（会社774条1項）。株式移転の対価は新設された株式移転完全親会社の株式・株式に代わる社債等（社債・新株予約権・新株予約権付社債）である（会社773条1項・5号-7号）。

　株式交換も株式移転も完全子会社となる会社の株式と完全親会社となる会社からの対価が一定の手続を経て交換される点で合併に類似しているが，合併の場合，消滅する会社が存在するのに対し株式交換も株式移転も当事会社の消滅を伴わない点で異なる。

　株式交換・株式移転の場合も対価が柔軟化されており株式はもちろん株式以外の財産（ただし株式移転の場合の対価は株式移転完全親会社の株式・社債等に限られ金銭等は想定されていない）を交付することも認められている。そのため完全親会社の財産が外部に流出する場合があることから債権者保護が必要となる。

　すなわち，株式交換の対価として完全親会社の株式以外のものが交付される場合がそうであり，対価が不相応に過大であるならば完全親会社の財産状態が悪化するおそれがあるため完全親会社の債権者が異議を述べることを認めている（会社799条1項3号）。また株式交換完全子会社において株式交換契約株式新株予約権が新株予約権付社債に付された新株予約権である場合，完全子会社の新株予約権付社債が完全親会社に免責的に債務引受けされるため当該社債権者は完全子会社に対して異議を述べることができる（会社789条1項3号）。

　他方，株式移転の場合，完全子会社となる会社の株式と引替えに交付される完全親会社となる新設会社は対価として通常はその株式を交付するであろうからその場合には新設会社の財産流出問題は生じないので完全親会社の債権者保護はとくに必要がないが，完全子会社の新株予約権付社債を完全親会社が承継する場合には，やはり完全子会社の当該社債権者は異議を述べることができる（会社810条 1 項 3 号）。

　なお，株式交換・株式移転の手続は合併や会社分割とほぼ同様であり，株式交換契約の締結または株式移転計画の作成（会社767条，768条，772条，773条），事前開示（会社782条 1 項，794条 1 項，803条 1 項，会社則184条，193条，206条），株主総会の特別決議による承認（会社783条，795条，804条，309条 2 項12号），反対株主の株式買取請求（会社785条，797条，806条），一定の場合の債権者異議手続（会社789条 1 項 3 号，799条 1 項 3 号），株式移転の登記（会社925条），事後開示（会社791条 1 項 2 号・ 2 項，801条 3 項 3 号，811条 1 項 2 号・ 2 項，815条 3 項 3 号，会社則190条，210条）の手続がある。

　また，略式株式交換（会社784条 1 項，796条 1 項）・簡易株式交換（会社796条 3 項）では，略式合併・簡易合併と同様に株主総会決議による承認が不要とされる。

⒀　株式交付

　株式交付とは，株式会社（譲受会社，株式交付の効力発生後は株式交付親会社）が他の株式会社（対象会社，株式交付の効力発生後は株式交付子会社）をその子会社とするために対象会社の株主から株式の過半数を譲り受け，譲渡人である株主に対してその対価として譲受会社（株式交付親会社）の株式を交付することである（会社 2 条32の 2 号）。これは2019（令和元）年会社法改正で新設されたものであり，対象会社の株主にその株式を現物出資させ譲受会社の募集株式を発行し割り当てるのに類似するが検査役の調査を必要とする現物出資規制を回避できる点，株式交換と異なり対象会社の株式を100％取得する必要はない点に特徴がある。

　株式会社が株式交付をする場合，まず株式交付計画を作成し（会社774条の 2 ），事前開示書類の作成およびその備置きをし（会社816条の 2 第 1 項），次に譲受会社において株主総会特別決議で承認を得て（会社816条の 3 ，309条 2 項12号），対象会社の株主と譲受会社の株式の交換契約を締結し（会社774の 6 ），対象会

社の株主が株式を譲渡する（会社774条の7）必要がある。

　譲渡人（株式交付子会社の株主）に交付される対価は定義上は株式交付親会社の「株式」ということになっているが，金銭等（株式交付親会社の社債，新株予約権，新株予約権付社債を含む）でもよいとされている（会社774条の3第1項5号）。

　株式交付計画には，①株式交付子会社の商号・住所，②株式交付親会社が株式交付に際して譲り受ける株式交付子会社の株式の数の下限，③株式交付親会社が株式交付に際して株式交付子会社の株式の譲渡人に対して当該株式の対価として交付する株式交付親会社の株式の数またはその数の算定方法ならびに当該株式交付親会社の資本金・準備金の額に関する事項，④株式交付子会社の株式の譲渡人に対する株式交付親会社の株式の割当てに関する事項，⑤株式交付親会社が株式交付に際して株式交付子会社の株式の譲渡人に対して当該株式の対価として金銭等（株式交付親会社の株式を除く）を交付するときは当該金銭等に関する事項，⑥株式交付親会社が株式交付子会社の株式と併せて新株予約権等を譲り受けるときは当該新株予約権等の内容・数または算定方法，⑦株式交付親会社が株式交付子会社の新株予約権等の譲受人に対して対価として金銭等を交付するときはその金銭等に関する事項および譲渡人に対する金銭等の割当てに関する事項，⑧株式交付子会社の株式・新株予約権等の譲渡しの申込期日，⑨株式交付の効力発生日等を定めなければならない（会社774条の3）。

　株式交付は株式交付子会社の株主の一部が株式交付親会社の株主となるのを典型としており，その場合，株主は変動するが株式交付親子会社間で財産が変動するわけではないため対価が株式である限りにおいては債権者異議手続の必要はないが，対価によっては株式交付親会社の債権者は異議を述べることができる（会社816条の8）。

　株式交付は部分的な株式交換であって財産の変動を伴う合併や会社分割とは異なるものの組織的な行為として他の組織再編と同様に，事前事後の開示（会社816条の2，816条の10）・株主総会の特別決議による承認（会社816条の3）・反対株主の株式買取請求（会社816条の6）にかかる手続が必要であり，また法令・定款違反があれば株式交付の差止め（会社816条の5）・無効の訴え（会社828条1項13号・2項13号）の制度がある。

4　取引行為としての事業譲渡等

　事業譲渡等とは，①株式会社の事業の全部の譲渡，②株式会社の事業の重要な一部の譲渡（当該譲渡により譲り渡す資産の帳簿価額が当該株式会社の総資産額の 5 分の 1 を超えないものを除く），③株式会社の子会社の株式または持分の全部または一部の譲渡（当該譲渡により譲り渡す株式または持分の帳簿価額が当該株式会社の総資産額の 5 分の 1 を超える場合，当該株式会社が効力発生日において当該子会社の議決権の総数の過半数の議決権を有しない場合に限る），④他の会社の事業の全部の譲受け，⑤株式会社の事業全部の賃貸・事業の全部の経営の委任・他人と事業上の損益の全部を共通にする契約その他これらに準ずる契約の締結・変更・解約，⑥当該株式会社の成立後 2 年以内におけるその成立前から存在する財産であってその事業のために継続して使用するものの取得（会社467条各号）である。

　事業譲渡は会社分割に類似しているが，事業譲渡の場合，あくまでもそれは取引であって取引の対象となる事業に関する権利義務は会社分割のように包括承継されるわけではなく個別承継（特定承継）されるため，事業譲渡の場合，会社債権者への個別の通知や対抗要件の具備等，個別財産の移転手続が別途必要となる。また事業譲渡において譲受会社がその対価として現金ではなく株式を交付する場合は現物出資となり，譲受会社において検査役の調査が必要となる（会社207条）。その意味では事業譲渡は会社分割に比べて煩雑な面もあるが，事業を譲り受ける側にとっては，簿外債務・偶発債務を遮断できるという利点がある。

　株式会社の子会社の株式の一部または全部の譲渡（会社467条 1 項第 2 号の 2 ）は，事業の一部または全部の譲渡と同じ影響が親会社（譲渡会社）にも及ぶであろうから事業譲渡と実質的に同じであると考えてよい。

　事業譲渡の意義について，2005（平成17）年会社法制定前旧商法上の営業譲渡の意味を明らかにした判例によれば，一定の営業目的のために組織化され有機的一体として機能する財産（得意先関係等の経済的価値のある事実関係を含む）の全部または重要な一部を譲渡し，これによって譲渡会社がその財産によって営んでいた営業活動の全部または重要な一部を譲受人に受け継がせ，譲渡会社がその譲渡の限度に応じ法律上当然に同法25条（現行商16条）に定める競業避

止義務を負う結果を伴うものをいうとされている（最大判昭40・9・22民集19・6・1600）。

当事者の別段の意思表示があれば譲渡会社の競業避止義務は排除できるが（会社21条1項），事業譲渡であれば，会社法上は譲渡会社が競業避止義務を負わないとしても株主総会の特別決議は必要である（会社467条1項，309条2項11号）。

なお，個人商人がその事業を譲渡する場合は「営業譲渡」とし，用語が区別されている（商16条）。個人商人は営業の数だけ商号を有するのに対して，会社は1個の商号しかもてないため複数の営業を営んでいる場合に1個の営業をまとめて事業と呼ぶのがその理由であるとされる。

譲渡会社においては事業譲渡等は少なくとも「重要な財産の処分」に当たるため，まず取締役会設置会社では取締役会の決議（会社362条4項1号）が，非取締役会設置会社では取締役の決定（会社348条）が必要である。

次に，株主に事業譲渡等の差止請求および株式買取請求の機会を与えるため効力発生日の20日前までに株主に対して事業譲渡等をする旨の通知・公告をしなければならない（会社469条3項・4項）。

そして，事業譲渡等の行為をする場合（会社467条1項），その効力発生日の前日までに株主総会の特別決議による承認を受ける必要がある（会社309条2項11号）。ただし当該譲渡資産の帳簿価額が当該株式会社の総資産額として法務省令で定めた方法により算定される額の5分の1以下の場合は，株主総会の承認は不要であり（会社467条1項2号），これを簡易事業譲渡という。

譲受会社においても譲り受ける事業は少なくとも「重要な財産の譲受け」に当たるため取締役会決議や取締役の決定が必要である。さらに譲受会社においては，他の会社の事業の全部の譲受けの場合に限って株主総会の特別決議による承認が必要である（会社467条1項3号）。そのため個人企業から全部の事業を譲り受ける場合には譲受会社では総会決議の承認は不要であり，株主保護の観点で問題がありそうである。

なお，他の会社の事業全部の譲受けの対価として交付する財産の帳簿価額の合計額が譲受会社の総資産額の5分の1以下である場合にも総会の承認は不要であり（会社468条2項），これを簡易事業譲受けという。

事業譲渡・譲受け契約の当事者間においてそのいずれかが相手方の議決権の10分の9以上を保有するような特別支配会社である場合，支配されている会社

における株主総会決議による承認は不要とされる（468条1項）。これは略式組織再編の一部であり，略式事業譲渡ともいう。ただし略式事業譲渡は略式組織再編と異なり株主の差止請求権が認められていない（会社784条2項，796条2項参照）。

　総会決議に反対の株主には自己の有する株式を公正な価格で会社に買い取ってもらう株式買取請求権が認められている（会社469条1項）。ただし事業の全部の譲渡において譲渡の承認決議と同時に会社の解散決議（会社471条3号）を行った場合，譲渡会社の反対株主には株式買取請求権は認められていない（会社469条1項1号）。会社が解散すると株主は残余財産の分配を受けられるからというのがその理由のようであるが，そもそも事業譲渡の対価が不公正であればやはり問題があるように思われる。

5　事後設立

　事後設立とは，会社の設立手続（会社25条以下）に従って成立した株式会社が会社成立後2年以内に成立前から存在する財産であって会社の事業のために継続して使用するものを取得することであり，この場合，株主総会の特別決議による承認が必要である（会社467条1項5号，309条2項11号）。

　事後設立は事業そのものではないが，事業のために継続して使用する財産を取得するという意味では事業の譲渡・譲受け等に類似しているため事業譲渡等に含め横断的な規制を行っている。

　この規定の趣旨は会社設立における現物出資規制の潜脱防止にあるが，検査役の調査までは要求されていない。

6　解　散

　会社解散とは，法人格を消滅させる原因となる事実である。ただし解散後の清算手続が結了するまでは清算株式会社の目的の範囲内で会社は存続する（会社476条）。

　解散事由には，①定款で定めた存続期間の満了，②定款で定めた解散事由の発生，③株主総会の特別決議（会社309条2項11号），④合併で消滅会社の場合，⑤破産手続開始の決定，⑥解散命令（会社824条1項）・解散判決（会社833条1

項）がある（会社471条）。

　なお，休眠会社（株式会社であって当該株式会社に関する登記が最後にあった日から12年を経過したもの）には「みなし解散制度」があり，法務大臣が休眠会社に対し２ヶ月以内にその本店の所在地を管轄する登記所に事業を廃止していない旨の届出をすべき旨を官報に公告し，登記所から通知があった場合において休眠会社がその届出をしないときは２ヶ月の期間の満了の時に解散したものとみなされる（会社472条１項・２項）。

　ただし，解散した場合には清算が結了するまで（「みなし解散制度」により解散したものとみなされた場合，みなされた後３年以内に限る），株主総会の特別決議により（会社309条２項11号），株式会社を継続できる（会社473条）。

　株主総会の特別決議を成立させることができない場合であっても，①株式会社が業務の執行において著しく困難な状況に至り当該株式会社に回復することができない損害が生じ，または生ずるおそれがあるとき，または②株式会社の財産の管理または処分が著しく失当で当該株式会社の存立を危うくするときで「やむを得ない事由」があるときは，総株主の議決権または発行済株式の10分の１以上の議決権を有する株主，または発行済株式の10分の１以上の数の株式を有する株主は訴えをもって株式会社の解散を請求することができる（会社833条１項）。これは少数株主権としての解散判決請求権である。

　ここで「やむを得ない事由」とは，会社が業務執行において著しい難局に逢着し，また会社に回復することができない損害が生ずるおそれがある場合であるとする裁判例がある（東京地判平元・７・18判時1349・148）。

7　清　算

　株式会社が解散し清算手続に入ると，取締役は原則として清算人となり（法定清算，会社478条１項１号），①現務の結了，②債権の取立て・債権者に対する債務の弁済，③株主に対する残余財産の分配（会社481条），④決算報告の作成と株主総会の承認（会社507条１項・３項），⑤清算結了登記（会社929条）といった清算事務を行い，事業を継続することはできない。このように会社は解散しても清算会社として事業目的以外の清算目的の範囲内で清算が結了するまで権利能力を有する。

　清算株式会社には一人または二人以上の清算人を設置しなければならず，定

款の定めにより清算人会・監査役・監査役会を置くこともでき，また監査役会を置けば清算人会を置かなければならない（会社477条1項-3項）。さらに清算株式会社では株主総会の開催も必要である（会社492条3項，497条）。

　清算手続には裁判所の監督に服さない通常清算（会社475条-509条）と裁判所の監督に服する特別清算（会社510条-574条）がある。債務超過の疑いがあれば清算人は裁判所に特別清算の申立てをしなければならない（会社511条2項）。

　清算株式会社は清算事務が終了したときは遅滞なく決算報告を作成しなければならず，株主総会の承認を受けると清算が結了し，これをもって清算会社の法人格は消滅する。そして決算報告を承認した株主総会の日から2週間以内に清算結了の登記をしなければならない（会社929条）。

第 8 章 外国会社

1 外国会社の意義

外国会社とは，外国の法令に準拠して設立された法人その他の外国の団体であって会社と同種のものまたは会社に類似するものである（会社2条2号）。外国会社が日本で活動しても外国における設立準拠法が適用され日本会社法は適用されない。

日本民法に基づき外国法人が認許されれば（民35条1項），原則として日本において成立する同種の法人と同一の私権（権利能力）が認められる（民35条2項）。

そして，他の法律（会社法以外）の適用に関して日本会社法は，外国会社を日本における同種の会社または最も類似する会社とみなすとしている（会社823条）。

なお認許されていない外国法人でも訴訟に関しては当事者能力があるとされている。

2 外国会社の日本における代表者

外国会社は日本において取引を継続しようとするときは日本における代表者を定めなければならず，この場合その日本における代表者のうち1人以上は日本に住所を有する者でなければならない（会社817条1項）。

外国会社の日本における代表者は当該外国会社の日本における業務に関する一切の裁判上または裁判外の行為をする権限を有し（会社817条2項），その権限に加えた制限は善意の第三者に対抗することができない（同条3項）。

外国会社はその日本における代表者がその職務を行うについて第三者に加えた損害を賠償する責任を負う（会社817条4項）。

　外国会社は日本における代表者を定めたときは 3 週間以内に①営業所が日本にない場合は代表者の日本の住所地に，②営業所が日本にある場合はその営業所の所在地において外国会社の登記をしなければならない（会社933条 1 項，商登129条，民36条）。

　外国会社の登記事項には，①外国会社の設立の準拠法，②日本における代表者の氏名・住所，③外国会社が日本の株式会社に類似している場合の公告方法等がある（会社933条 2 項）。

　なお，外国会社の日本における代表者が退任する場合，債権者異議手続が必要である（会社820条）。

3　登記前の継続取引の禁止等

　外国会社は外国会社の登記をするまでは日本において取引をすることができず，これに違反して取引をした者は相手方に対し外国会社と連帯して当該取引によって生じた債務を弁済する責任を負う（会社818条）。

　外国会社の事業が不法な目的に基づいて行われるなど一定の要件を満たせば，裁判所は法務大臣・株主・社員・債権者その他の利害関係人の申立てにより日本における継続取引の禁止または日本における営業所の閉鎖を命ずることができる（会社827条 1 項）。この要件は会社法上の解散命令（会社824条）のそれと類似している。

　外国会社が継続取引の禁止命令または営業所の閉鎖命令を受けた場合，裁判所は利害関係人の申立てにより，または職権で日本にある外国会社の財産の全部について清算の開始を命じることができる（会社822条）。

4　貸借対照表に相当するものの公告

　外国会社が日本の株式会社に相当する会社である場合，その計算書類等が定時株主総会で承認された後（会社438条 2 項），遅滞なく貸借対照表に相当するものを日本において公告しなければならない（会社819条）。

5　擬似外国会社

　日本に本店を置き，または日本において事業を行うことを主たる目的とする外国会社（擬似外国会社）は日本において取引を継続してすることはできない（会社821条1項）。

　この規定に違反して取引をした者は相手方に対し外国会社と連帯して当該取引によって生じた債務を弁済する責任を負う（会社821条2項）。

　わが国は会社の内部組織に関する法律関係についてはその会社が設立された国の法律が準拠法となる設立準拠法主義を採用しているので，外国会社が日本で認許を受けないで日本で事業活動を展開すれば法の潜脱を招くことになるためこのような擬似外国会社の制度が設けられている。

事項索引

264

判例索引

＜著者プロフィール＞

楠元　純一郎（くすもと　じゅんいちろう）

KUSUMOTO, Junichiro
東洋大学法学部教授（Professor of Toyo University）
単著『サマリー商法総則・商行為法（第2版）』（中央経済社，2021年）
監訳『中国の法律』（中央経済社，2016年）
その他，著書・論文多数。

サマリー会社法（第2版）

2016年3月10日　第1版第1刷発行
2022年6月1日　第2版第1刷発行

著　者　楠　元　純一郎
発行者　山　本　　　継
発行所　㈱中　央　経　済　社
発売元　㈱中央経済グループ
　　　　　パ ブ リッシング

〒101-0051　東京都千代田区神田神保町1-31-2
電　話　03（3293）3371（編集代表）
　　　　03（3293）3381（営業代表）
https://www.chuokeizai.co.jp

印刷／東光整版印刷㈱
製本／㈲井上製本所

©2022
Printed in Japan